투자에 성공한 감은숙 따라하기
지금부터 주식공부 다시 시작이다

1판 1쇄 발행 | 2021년 6월 10일

지 은 이 | 감은숙
펴 낸 이 | 이성범
펴 낸 곳 | 도서출판 타래
교정 · 교열 | 박진영
표지 디자인 | 김인수
본문 디자인 | 권정숙

주소 | 서울특별시 영등포구 양평로30길 14, 911호(세종앤까뮤스퀘어)
전화 | (02)2277-9684~5 / 팩스 | (02)323-9686
전자우편 | taraepub@nate.com
출판등록 | 제2012-000232호

ISBN 978-89-8250-141-8 13320

- 이 책은 저작권법에 의해 한국 내에서 보호를 받는 저작물이므로
  무단 전재와 무단 복제를 금합니다.
- 값은 뒤표지에 있습니다.
- 파본은 구입한 서점에서 교환해 드립니다.

투자에 성공한 감은숙 따라하기

지금부터 주식 공부 다시 시작이다

감은숙 지음

도서출판 **타래**

"왜 주식을 하려고 하세요?'라는 질문을 제가 여러분께 먼저 드립니다. 마음속으로 답해 보세요. 답을 제가 쓰지는 않겠습니다. 쓰지 않아도 답은 모두 같을 겁니다."

'주식'이라는 두 글자는 나 '감은숙'을 다시 태어나게 해준 내 인생의 선물이다. 오래전 갓 결혼한 후 일가친척 중에서 주식으로 힘들어하는 삶을 너무나 오랫동안 보아왔고 직장에서 나름대로 최고의 자리까지 올랐던 지인이 잘못된 주식투자로 무너지는 모습을 지켜보며 나는 마음속으로 다짐했다.

'주식은 쳐다보지도 말고 열심히 일해 벌어 모아 부자가 되자.' 그렇게 아등바등 연년생 두 아이를 키우고 새벽에는 우유배달, 낮에는 각종 자격증 시험공부 그것도 돈이 되는 자격증을 따려고 2~3년 동안 무던히 애쓰던 어느 날 큰돈을 벌어야 하고 나 스스로 일어나지 않으면 안 될 일이 생겼다.

내게 주어진 24시간 중 잠자는 5~6시간, 아이들 케어하는 시간을 빼면 불과 10시간도 안 되는 시간 동안 무엇을 해 돈을 벌 건지 나 자신에게 물었을 때 무슨 일이든 무한대의 돈을 벌 수 있는 일을 하고 싶었다. 그 일이 옳고 그름을 떠나 법적인 문제가 없고 도덕적 범위 내의 일이라면 뭐든지 하고 싶었다. 하지만 4살, 5살 두 아이를 둔 33살의 엄마인 내가 막상 할 수 있는 일은 아무 것도 없었다.

정성을 들여 음반을 발매할 때 한 장이 팔리든 100장, 10,000장이 팔리든 처음 작업할 때 최고의 작품을 만들기 위해 노력하는 마음가짐은 어느 가수나 똑같다. 하지만 판매량에 따라 수입은 최저가 될 수도 무한대가 될 수도 있다. 1대1 과외 선생님은 아무리 고액 과외를 하더라도 금액은 정해져 있고 하루에 가르칠 수 있는 학생 수도 한계가 있다. 즉, 내게 주어진 시간 내에서 내가 소득을 일으킬 수 있는 대상이 무한대인 직업을 갖고 싶었다. 자본금도 없다. 기술도 없다. 학력이 뛰어나지도 않다. 전문직도 없다. 내가 자신할 수 있었던 것은 성실, 노력, 진심, 양심 그리고 오기뿐이었다.

그렇게 시작한 것이 바로 주식이었다. 아르바이트부터 시작해 전업으로,

전문가로 거듭나며 때로는 많은 시련과 아픔도 겪었지만 현재의 내 위치에서 이 책을 집필할 수 있는 것은 그런 아픔과 시련에 굴하지 않고 그 후 더 성장한 나를 발견하면서 감사하고 더 열심히 노력한 것이 원동력이 된 것 같다.

태어나면서부터 부자인 사람은 없다. 엄마 뱃속에서 알몸으로 태어나지만 부모의 경제력에 따라 내 의사와 상관없이 부와 가난이 나뉘고 내 경제력이 생기기 전까지는 부모의 역량으로 부잣집과 가난한 집의 구성원이 된다. 물론 부자라고 반드시 행복하고 가난하다고 불행한 것은 아니다. 하지만 이 책을 접하는 여러분은 왜 주식을 하려고 하는가? 중년에 접어든 사람 중 부모로부터 큰 재산을 물려받았거나 특허를 내고 대박 나는 사업을 하지 않았다면 큰 부자가 된 사람은 평범한 사람 중에서 얼마나 될까?

자고 일어나면 집값은 오르고 나는 하루하루 늙어만 가는데 아이들은 쑥쑥 커가고 사교육비는 늘고 물가는 내 월급과 상관없이 뛰고 세금은 악착같이 잘 떼가고 상사는 매일 쪼아대고 후배들이 치고 올라오는 월급쟁이들의 비애… 한 달 벌어 열심히 아껴 쓰며 살아온 우리 중년의 삶. 절대로 비하하거나 무시하는 것이 아니다. 절실히 공감하는 이것이 바로 우리의 삶이었고 현재의 모습이다. 그렇다면 이제 좀 더 야무진 우리의 미래 꿈을 꿔보자.

코로나19로 인해 주식 인구가 엄청 늘었다. 심지어 초등학생부터 대학생에 이르기까지 자의 반 타의 반 직장을 잃은 사람의 돌파구 선택 등 식당에서 두 명 이상만 모이면 술잔을 기울이며 열띤 토론을 벌이는데 10개 테이블 중 5~6개는 주식 얘기다. 정말 반가운 현상이다. 하지만 안타깝게도 산업의 성장성, 수급 히스토리 등의 업종 관련 토론보다 오늘은 얼마를 벌었느니, 단타를 몇 건 했느니, ○○ 종목이 1,000원에서 4,000원까지 며칠 만에 급등했느니, 물렸느니 등의 얘기로 넘친다. 심지어 요즘 주린이는 3시간 보유가 중기투자라고 한다.

수많은 리딩 방이 생기고 유명 주식 리딩 전문가를 사칭해 도처에서 주린이의 돈을 노리는 손길이 너무나 많다. 어떤 일이든 쉽게 돈을 버는 경우는 없다. 노력해야 하고 운도 따라줘야 한다. 그 운도 노력의 대가라고 생각한다. 무분별한 뇌동매매나 단기 매매로는 절대로 주식투자로 성공할 수 없다. 잠시 벌 수는 있지만 그렇게 번 돈은 결국 한 방에 날리기 쉽다. 꾸준히 수익을 내 모아가자.

필자는 매우 건강하고 재미있는 재테크 수단으로 주식시장이 자리매김하길 바란다. 특히 이제 막 주식을 시작하는 주린이는 반드시 처음부터 잘 배우자. 당장 수익이 나지 않더라도 차곡차곡 잘 배워 주식투자야말로 인생의 돈줄이 된다고 생각하면 얼마나 행복하고 황홀한가! 부동산처럼 초기 자본이나 사업 투자금이 크지 않아도 괜찮다. 하고 싶은 만큼만 시작해 조금씩 자신감이 쌓이고 수익이 늘면서 성공투자의 길을 가면 된다. 이왕 시작하는 거 마음 독하게 먹고 제대로 하자. 나이가 몇이든 젊고 건강한 재테크로 주식투자를 하자. 잘못된 투자 인식은 버리고 제대로 된 주식투자를 배우자. 이거야말로 학생들을 단과 학원에 보내는 것보다 값지고 보람 있는 미래 경제교육이 될 것이다.

노래 가사에도 있지 않은가. '내 나이가 어때서'… 주식하기 딱 좋은 나이, 이미 멍든 계좌만 쳐다보며 낙심하지 말고 툴툴 털고 일어나 시작해보자. 투자의 왕도는 없다. 언제든 누구든지 실패할 수도 있고 다시 일어날 수도 있다. 그런 무한한 가능성과 꿈이 주식투자를 쉽게 끊지 못하는 중독성 마약 같다고 하는 것이다. 그렇다면 긍정적이고 좋은 중독이 되어보자. 나의 가난을 자식에게 대물림하지 않고 현재보다 질적으로 나은 삶을 살고자 주식투자를 재테크로 선택한 개인투자자 모든 분에게 이 책을 선물한다.

우리의 삶은 주식으로 인해 명품인생이 될 것이다.

PROLOGUE 4

CHAPTER 1

주린이의 탄생

1. 2020년 코로나19와 함께 태어난 주린이   17
2. 주린이 Q&A   23
   (1) 주식이 뭐예요?   23
   (2) 주식 용어는 너무 어려워요. 꼭 알아야 하는 걸 알려 주세요   25
   (3) 주식 거래시간은 어떻게 되나요?   30
   (4) 주식 주문은 한 가지인가요?   33
   (5) 기관, 외국계, 외국인, 투신, 연기금, 기타 법인은 뭐예요?   36
   (6) 투자 주의, 경고, 위험 등 종목명의 앞글자는 뭐예요?   38
   (7) 테마주와 산업주의 차이는 무엇인가요?   46
   (8) 단기, 중기, 장기 투자기간에 대한 종목 구분과
       대응 전략은 어떻게 할까요?   48
   (9) 주식을 하면서 꼭 지켜야 할 유의사항은 무엇인가요?   50

CHAPTER 2

주린이 초등학교 입학

1. 기술적 분석   53

　(1) 기술적 분석의 의미   53
　(2) 캔들은 주가의 변동성이다   55
　(3) 이동평균선은 주가의 현재다   61
　(4) 거래량은 주가에 선행한다   68
　(5) 추세는 주가의 방향성이다   76

2. 기본적 분석   82

　(1) 기본적 분석의 의미   82
　(2) 기업의 적정 주가를 알고 가자   83
　(3) 기업의 안정성 지표   86
　(4) 기업의 수익성 지표   87
　(5) 기업의 활동성 지표   88
　(6) 기업의 성장성 지표   89

CHAPTER 3
주린이 중학교 성장기

1. 주식은 타이밍: 각 지표를 이용한 매수·매도의 급소   93
2. 추세선, 추세대를 이용한 매수·매도의 급소   95
3. 패턴 매수·매도의 급소   104
4. 이동평균선, 매수·매도의 급소   123
5. 거래량, 매수·매도의 급소   140
6. 사업보고서에서 반드시 확인해야 할 내용   144

CHAPTER

주린이 고등학교 철들기 과정

1. 명품주, 매력주 → 1,000% 수익률 만들기 153

 (1) 명품주 VS 매력주란? 153
 (2) 명품주 VS 매력주 급등을 위한 명분 조건 160
 (3) 명품주 VS 매력주 급등을 위한 기본적 분석 조건 172
 (4) 명품주 VS 매력주 급등을 위한 기술적 분석 조건 183
 (5) 명품주 VS 매력주 정보의 급등 시나리오 계보 194
 (6) 진짜 작전주 '루보'의 작전 명령 199

CHAPTER 5
주린이 S대 수석 입학

1. 화려한 급등주의 오프닝 차트 211

    (1) 기린목 거래량을 기억하자 212
    (2) 지루하다고 돈을 포기하지 말자 219
    (3) 위꼬리를 사랑하자 224
    (4) 밑그림을 잘 그려보자 227
    (5) 세력선과 심리선 이용하기 234
    (6) 물량 털기와 물량 매집형 대량거래 구별하기 246

2. 화려한 급등주도 눌림목이 있다 252

    (1) 급등주 눌림목이란? 252
    (2) 급등주 눌림목 판별법 255
    (3) 급등주 고가권 눌림목 매매 260
    (4) 급등주 눌림 비율에 따른 매매 262
    (5) 급등주 눌림목 매매 후 목표가 잡기 265

6 CHAPTER

감은숙의 돈버는 실전 매매

– 매수와 수익극대화

1. 매수와 매도 중 중요한 것은?   273
2. 급등 세력 매력주 심리선(3일선)   279
3. 급등 세력 매력주 생명선(5일선)   281
4. 급등 세력 매력주 지지선(10일선)   283
5. 급등 세력 매력주 분봉 활용   285

– 매도와 리스크 관리

1. 홀로서기 외봉 매도   291
2. 짝짓기 쌍봉 매도   294
3. 삼각관계 삼봉 매도   297
4. 캔들과 이평선 매도   300
5. 거래량 매도   305

EPILOGUE   308

1
CHAPTER

주린이의 탄생

1

2020년 코로나19와 함께 태어난 주린이

요즘 증시에 코로나와 함께 등장한 새로운 단어들이 있다. 그 대표적인 단어가 동학개미운동, 주린이, 주생이다. 필자는 회원들의 필명 중 '노 답, 주린이', '슬기로운 주린이'를 처음 보았을 때 사실 별 느낌이 없었다. 나중에 물어보니 답이 없는 주식 어린이, 즉 '주식+어린이 주식 초보자'를 호칭하는 단어여서 알게 됐다. 특히 2020년 2~3월 코로나 때문에 유입된 스마트한 자금은 과거 IMF 사태(1997년 12월 3일~2001년 8월 23일) 당시 유입된 대규모 자금처럼 여유가 있는 중기적 관점의 자금이었다.

부동산이 발목 잡히고 풍부한 유동성 랠리가 전 세계 시장에 펼쳐지면서 은행 금리는 떨어져 거의 제로 금리 수준에 이르자 중·장년층의 여유자금뿐만 아니라 증시 붐이 일면서 고등학생, 대학생까지 누구나 주식에 관심을 갖기 시작했다. 바로 '동학개미운동' 자금으로 불리며 시장에 유입되기 시작했다. 하지만 지수가 어느 정도 반등을 보이고 코로나로 인한 추가 하락 우려가 줄어들자 4월부터 2030세대의 주식활동 계좌가 본격적으로 증가하기 시작했다. 비대면 계좌가 40%가량 증가했는데 그중 2030세대가 60% 이상을 차지했다. 3월 19일부터 7월 19일 무렵까지 4개월 동안 다음 그림처럼 코스피는 53%, 코스닥은 87%나 급등했다.

[그림 1-1] 코스피 일봉

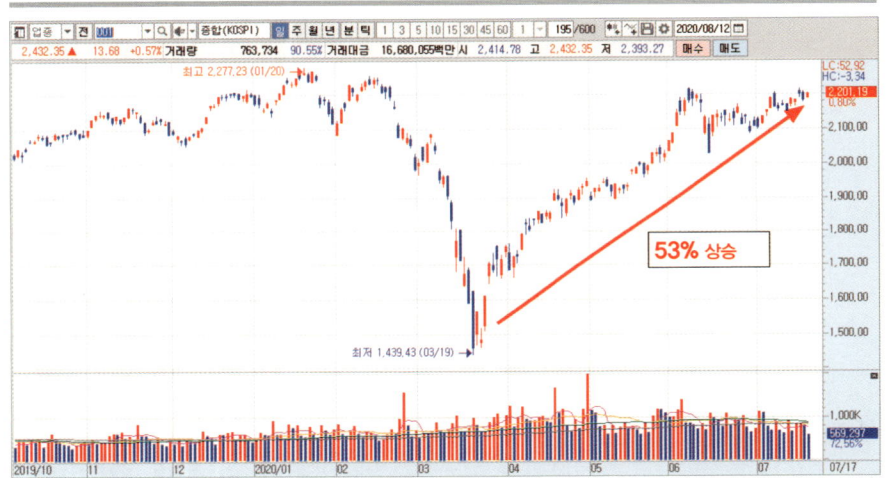

[그림 1-2] 코스닥 일봉

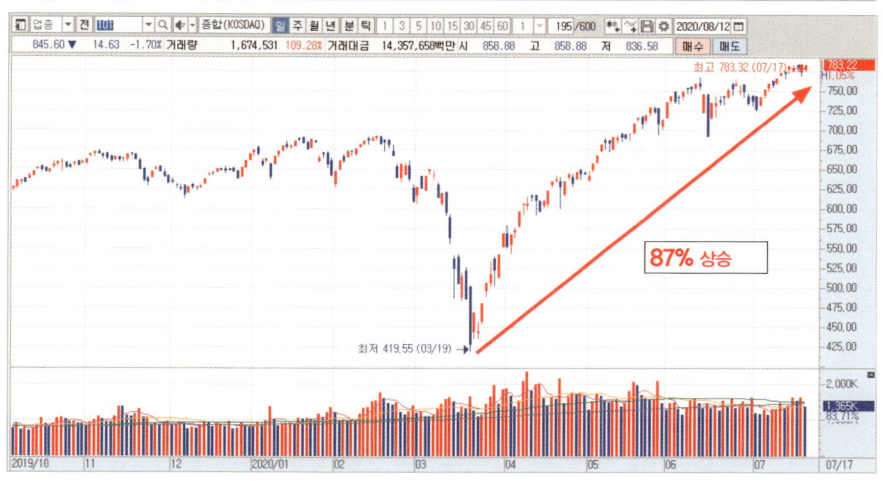

　2분기 실적에 키움증권을 비롯한 각 증권사는 창사 이래 최고의 영업이익을 달성했으며 실제로 아침 시간에 개장 이후 30분가량 HTS 자체가 순조롭지 못한 모습을 보였다. 코로나19로 실제로 증시 급락이 심했던 2, 3월 주린이 자금은 뚝심으로 일희일비하지 않고 긴 관점의 투자 성격을 가졌다. 급격한 삼성전자 쏠림현상이 나오면서 그 외 시장 대표주인 LG화학, 삼성SDI, 셀트리온, 삼성바이오로직스 등 시총 상위종목들에 강한 매수세가 유입됐다. 하지만 4월 20일 WTI 5월 인도분이 −37.65달러로 거래가 마감되면서 시장은 이전과 다른 양상으로 흘러가기 시작했다. 쉽게 말해 기름을 사면 37달러 65센트를 오히려 받는 것이다.

　그 원인도 바로 코로나였다. 매일 일정한 원유시추량이 있는데 수요가 그것을 못 따라가고 원유가 저장소에 계속 쌓이다 보니 이제 원유를 보관할 저장소 공간까지 부족해진 것이다. 1년 전 배럴당 60달러대였던 원유가격은 점점 하락해 20달러대까지 이르렀고 OPEC 기구와 러시아가 감산 합의에 실패한 후 트럼프 대통령이 합류하자 한때 28달러까지 오르기도 했다. 결국 투자자는 원유가격의 안정과 상승에 투자했지만 설마설마하던 원유는 배럴당 10달러대까지 내려갔고 코로나로 인한 세계시장 마비로 원유 소비량이 감소하고 감산은 그를 따라가지 못하다 보니 결국 5월 WTI 인도분은 마이너스까지 떨어졌다. 그때 주식시장에 처음 발을 들인 주린이들은 투자가 아닌 투기를 하면서 4월 원유선물 주린이들이 탄생하기 시작했다. 매일 업데이트되는 금융투자협회의 현 시장의 자금흐름을 보면 이 많은 자금이 도대체 어디서 유입되었나 의아하기까지 하다.

2010년 당시 고객 평균예탁금은 20조 원대에서 움직였다. 그런데 현 시점에서 유동성이 풍부하다지만 2020년 8월 고객예탁금은 50조 원을 넘고 있다. 신용융자 물량도 코로나로 급락했던 3월 19일 6조 원대에서 4개월 남짓 130여 일이 지난 현재 15조 원대를 돌파한 모습이다. 다음 표와 같이 7월 31일 시점과 비교해도 8월 접어들어 급증하고 있다.

〈표 1-1〉 신용융자 물량 2020.08.11

구분	신용거래융자 전체	유가증권	코스닥	신용거래대주 전체	유가증권	코스닥	예약자금 대출	예탁증권 담보융자
2020/08/11	15,380,515	7,339,907	8,040,608	1,102	865	238	0	17,796,123
2020/08/10	15,172,725	7,211,608	7,961,116		865	262	0	17,756,912
2020/08/07	15,053,761	7,160,223	7,893,537		866	262	0	17,770,566
2020/08/06	14,814,683	7,010,331	7,804,352		868	262	0	17,917,145
2020/08/05	14,667,003	6,917,019	7,749,984		868	262	0	17,693,016
2020/08/04	14,544,653	6,841,859	7,702,794	1,130	868	262	0	17,687,392
2020/08/03	14,420,830	6,789,876	7,630,955	1,130	868	262	0	17,591,192
2020/07/31	14,325,916	6,771,467	7,554,449	1,135	873	262	0	17,682,223

(10일 동안 1조 원 증가)

〈표 1-2〉 투자자예탁금 2020.08.11

구분	투자자예탁금 (장내파생상품 거래예수금제외)	장내파생상품 거래예수금	대고객 환매 조건부 채권(RP) 매도잔고	위탁매매 미수금	위탁매매 미수금 대비 실제 반대매매금액	미수금 대비 반대매매비중(%)
2020/08/11	50,726,386	12,147,728	82,601,782	292,085	16,385	5.5
2020/08/10	51,126,266	11,982,843	82,902,901	297,252	16,949	6.0
2020/08/07	49,219,608		83,029,787	284,211	15,597	4.8
2020/08/06	48,874,945		82,321,689	325,540	12,368	4.2
2020/08/05	48,056,324		82,397,659	291,886	13,749	5.5
2020/08/04	49,234,645		82,443,307	248,703	13,580	5.4
2020/08/03	50,354,642	11,391,289	83,032,684	253,532	15,092	5.6
2020/07/31	47,786,310	11,460,145	81,315,881	268,599	14,119	5.0

10일 동안 3조 원 증가

　작년까지만 해도 기존 개인 투자자들은 자신이 주식매매를 하는 데 떳떳하지 못했다. 정말 외로운 재테크 수단이었고 전업 투자자들은 인정받지 못하는 직업이었다. 수익이 났어도 자랑할 수가 없었고 손실이 나면 더더욱 위로 받지 못하고 힘들어 했어야 했다. 배우자나 가족에게는 더더욱 기밀사항이었고 가끔 주식에 손대면 이혼까지 운운하는 배우자들도 있었다. 그런데 이번 코로나 이후 주식에 대한 고정관념이 바뀌었다. 성인 남녀가 삼삼오오 모이면 주식 얘기에 여념이 없고 대학생들도 비대면 계좌로 매매하고 주식을 안 하기라도 하면 시대에 뒤처진 듯한 취급을 당한다.

　부동산은 큰 자금이 투입되어야 하지만 주식은 자기 능력에 맞게 수익이 날 수 있는 종목을 매수해 수익 매도를 하면 되니까 그동안 접근하지 못했던 개인 투자자들도 이번 지수급락을 통해 쏠쏠한 재미를 본 것이다. 하지만 지금부터가 매우 중요하다. 필자는 이번 코로나를 통해 탄생한 주린이들이 정말 제대로 된 주식을 하길 바란다. 1,000만 원으로 500만 원 수익을 내보니 별천지 같은 이 주식시장이 만만해 보이기 시작한다면 큰 오산이다. 그래서 여기저기서 대출받은 투자금 5,000만 원을 1억 원으로 늘리기 시작하면 그때부터는 주식의 노예가 되기 시작한다. '적은 돈으로 할 때는 수익이 나는데 욕심에 큰돈을 투자하면 막대한 손실이 난다'라는 말이

도박판에 있다. 자금을 늘리기 시작하는 주린이와 계란을 한 바구니에 담으려는 '몰빵' 주린이가 늘고 있다. 주식시장은 결코 만만치 않다. 이 책에서 기초부터 하나씩 차근차근 공부하고 평생 주식투자로 만족스러운 수익을 내는 개인 투자자가 되도록 함께 공부해보자.

주린이 Q&A

(1) 주식이 뭐예요?

> 네, 주린이님들 주식투자에 앞서 먼저 주식이 뭔지 알고 시작하시죠.

　사전적 의미로 주식은 주식회사 주주의 출자에 대해 교부하는 유가증권이다. 한자로는 株式, 영어로는 stock, share로 표기한다. 주식회사의 자본을 이루는 단위와 그 단위를 나타내는 증서로 주식회사란 이것을 발행해 자본을 투자받은 회사를 말한다. 개인이나 단체가 특정 회사에 일정 금액을 투자하고 그 대가로 정해진 기간에 투자금과 매도 금액에 의해 수익과 손실이 발생하는 제도가 주식거래이며 투자회사의 기본적 분석에 의한 내실에 따라 투자금에 비례하는 이익을 배당받거나 대주주는 경영권 행사도 할 수 있다.

주식을 보유한 사람을 주주라고 하며 주식의 주인으로 소유한 주식 물량에 비례해 주주총회나 회사 경영권 참여도 가능하다. 하지만 중요한 것은 나의 선택으로 투자한 것이므로 회사 과실에 대해서는 자신이 투자한 금액에 책임을 지지 않는다는 것이다. 그래서 가장 무서운 것은 상장폐지다. 회사가 당장 문을 닫지 않더라도 주식시장에서 상장폐지되면 자신이 투자한 지분은 휴지조각이 될 뿐 그 이상의 책임과 피해는 없지만 내 투자금은 사실상 허공에 사라진다.

증권시장에 상장된 주식은 증권사를 통해 매매 가능하며 증권사는 매매 수수료를 받는데 최근 주식투자자 증가로 인한 투자자금 유치를 위해 매매 수수료를 무료로 해주는 증권사도 많이 생겼다. 주식은 일반적으로 보통주와 우선주로 나뉘며 보통주는 경영에 참여하는 주주의 권리, 즉 의결권이 있는 주식이고 우선주는 배당을 좀 더 많이 받거나 먼저 받는 대신 의결권이 없는 주식이다. 코로나 사태 기간의 특징은 우선주의 급등이다. 우선주의 매매 팁과 특징은 차후 다른 단원에서 자세히 다룰 예정이다.

(2) 주식 용어는 너무 어려워요. 꼭 알아야 하는 걸 알려 주세요

> 맞아요. 주식 용어들은 비속어부터 사전적 의미의 단어까지 엄청 많아요. 그래도 기본은 알고 가야겠죠?

주식 용어는 정말 엄청나게 많다. 그 단어들을 모두 나열할 수는 없지만 주린이가 기본적으로 꼭 알아야 할 용어들만 간략히 살펴보자.

2-1. 거래시장에 따른 용어

유가증권시장: 증권거래소에 상장된 주식, 채권, 수익증권이 매매되는 곳

→ **KOSPI200:** 유가증권시장에서 거래되는 대표적인 200개 종목으로 구성

코스닥시장: 벤처기업, 유망중소기업의 자금조달을 위해 설립된 시장으로 성장성 높은 기업들로 구성

→ **STAR지수:** 코스닥을 대표하는 30개 종목으로 구성

2-2. 주식의 분류와 종류에 관한 용어

보통주: 주가가 가진 각종 권리를 평등하게 부여한 주식. 이익배당이나 잔여재산 분배 등의 경우, 우선적 지위나 후배적 지위를 결정하는 기준으로 주주총회 참여 의결권 행사 가능

우선주: 경영 참여 의결권은 없지만 이익배당이나 잔여재산을 분배하는 경우, 보통주보다 우선권이 있는 주식

대형주: 납입 자본금이 750억 원 이상인 회사로 시가총액이 크고 업종을 대표할

수 있는 주식으로 유가증권시장이나 코스닥시장 모두 시가총액 1~100위까지를 대형주로 간주

중형주: 납입 자본금 규모가 350~500억 원인 기업으로 대형주보다 시가총액이 낮고 유가증권시장에서는 시가총액 101~300위, 코스닥시장에서는 101~400위

소형주: 납입 자본금 규모가 350억 미만인 회사로 대형주와 중형주에 포함되지 않는 종목

블루칩: 주식시장에 거래되는 주식 중 수익성, 성장성, 안정성이 높은 대형 우량주로 비교적 고가 종목이며 시장점유율 면에서 업종 대표주(외국인의 선호도가 높음)

옐로칩: 블루칩에 비해 시가총액과 주식가격은 낮지만 재무구조가 안정적이고 블루칩과 더불어 업종을 대표하는 우량종목

2-3. 주식매매 관련 용어

매수: 주식을 사는 것

매도: 보유한 주식을 파는 것

익절: 자신이 종목을 매수한 금액보다 더 높은 가격에 매도해 수익을 내는 것

손절: 익절의 반대 의미로 손해를 보고 파는 것

시가: 9시 개장 때 거래가 시작되는 가격

종가: 3시 30분 장 마감 무렵 정해지는 가격

호가: 주문 창에 부르는 종목의 가격. 매수나 매도의 유리한 가격을 제시해 주문 창에 접수

HTS: 'Home Trading System'의 약자로 온라인 거래 시스템

MTS: 'Mobile Trading System'의 약자로 스마트폰으로 거래하는 시스템

예수금: 자신의 증권계좌에 입금되어 있는 현금. 예수금 한도만큼 주식거래가 이루어짐(미수금이나 신용융자를 사용하지 않는 경우)

미수금: 결제일 전 예수금에서 증거금을 뺀 나머지 금액. 3일간 증권사로부터 빌린 자금. 상환일에 납부하지 못하면 익일 아침 강제로 반대매매가 이루어짐(주린이는 매우 위험함). 1개월간 미수 동결계좌로 미수 사용이 금지됨

증거금: 주식을 살 경우, 각 종목의 증거금 비율에 따라 먼저 거두는 금액. 주식매매 전 보증금의 성격

반대매매: 미수로 주식을 매수한 경우, 사용한 날로부터 4일째 아침 9시까지 미수를 갚지 못하면 미수 금액만큼 증권사가 강제매도함(보통 하한가로 주문이 들어감). 그 사이 매도했더라도 미수 사용금액만큼 4일째 아침까지 현금으로 계좌에 입금하지 않으면 미수 동결계좌로 지정됨

상한가, 하한가: 주식이 최대폭으로 오르면 상한가, 최대폭으로 하락하면 하한가. 우리나라는 상한가 30%, 하한가 30%로 하루 최대 60%까지 변동 가능(급등주는 매우 무서움)

거래량: 매매거래가 성립된 수량. 10,000주 매수, 10,000주 매도일 때 거래량은 10,000주로 체크(거래량은 투자 시 매우 중요한 지표임. 거래량만 잘 파악해도 기술적 분석의 50%는 마스터)

자사주 매입: 회사 측이 주가 방어 차원에서 자사주를 매입함. 자기 회사 주식을 자기가 매수하는 것(그만큼 자기 회사 주식에 자신이 있다는 의미임)

자전거래: 주가조작의 대표적인 사례로 특정 집단이 보유한 주식을 같은 시간대에 다수의 계좌로 매수·매도하는, 여기저기로 계좌를 옮기는 행위. 가격을 상승시키면서 돌리므로 주가는 상승하지만 그들의 물량은 줄지 않고 수수료만 내면서 주가 급등을 만들어 냄(여기에 개미들 특히 주린이는 영혼까지 탈탈 털림)

설거지: 급등한 종목이 문자로 연일 떨어질 때가 있다. 끝을 모를 만큼 급등한 종목의 주가는 언젠가는 급락하는데 그때 이런 문자를 통해 매수한 주린이를 설거지라고 부른다(이 책을 읽은 후에는 절대로 설거지하면 안 된다.)

2-4. 주식 관련 기본 용어

시가총액: 전체 발행 상장주식을 시가로 곱해 평가한 금액

액면가: 주권에 표시된 가격. 액면가가 표시된 액면주식과 표시가 안 된 무액면주식이 있다.

증자·감자: 증자에는 유상증자와 무상증자가 있다. 말 그대로 주식 수를 늘리는 것이다. 무상증자는 조건 없이 무료로 주식을 정해진 비율에 따라 늘리는 것이고 유상증자는 정해진 금액의 비용이 발생한다. 감자는 주식 수를 줄이는 것이다. 줄어든 주식 수만큼 현금이 지급되지 않으므로 주가에는 대형 악재다.

공매도: 주가의 하락세가 전망되면 주식을 빌려 매도 주문을 내고 추후 저점에서 매수한 후 물량만큼 상환하므로 시세차액을 본다. 코로나로 인해 2020년 3월 16일부터 12개월 동안 공매도가 금지되었는데 시장에는 긍정적인 이슈다.

우회상장: 비상장 기업이 상장기업과 합병 등을 통해 정상적인 신규 상장심사를 거치지 않고 바로 증권시장에 상장됨(우회상장이 비교적 더 쉬움)

액면분할: 한 장의 주권, 채권을 소액으로 교환함. 삼성전자는 1주에 265만 원이었는데 1/50으로 분할하면서 2018년 5월 4일 1주에 53,000원으로 새로 상장되었다. 액면분할은 간단히 유동성이 풍부해지고 진입장벽이 낮아지는 것으로 받아들여진다.

액면병합: 액면가가 적은 주식을 합쳐 액면가를 높이는 것. 주식 수는 감소(주식의 표면적 퀄리티를 높이거나 너무 동전주일 때 이루어짐)

전환사채(CB): 일정 조건에 따라 주식으로 전환할 수 있는 권리가 부여된 회사채

신주 인수권부 사채(BW): 사채 발행주. 일정 기간 내에 미리 약정된 가격으로 당해 발행회사에 일정한 수 또는 그 금액에 해당하는 신주의 교부를 청구할 수 있는 권리가 부여된 사채

2-5. 선물옵션시장 관련 용어

선물거래: KOSPI200을 표준화된 상품으로 미래 시점에 인수, 인도할 것을 정해둔 거래(주린이는 아예 포기함. 선물거래로 돈을 번 개인을 본 적이 없음)

옵션: 미래 시점에 상품 자체가 아닌 해당 상품을 사고팔 수 있는 권리를 거래함

옵션 만기일: 매월 둘째 주 목요일, 해당 월 물의 옵션을 청산하는 최종 거래일로 1년에 12번 있다.

트리플 위칭 데이(Triple Witching Day): 3, 6, 9, 12월 둘째 주 목요일로 주가지수선물, 주가지수옵션, 개별주식옵션의 동시 만기일이다.

베이시스: 선물가격에서 현물가격 즉, KOSPI200을 뺀 값

콘탱고(Contango): 현물가격보다 선물가격이 높은 정상 수준의 시장(프로그램 매수세 유입 가능)

백워데이션(Backwardation): 콘탱고의 반대 개념으로 선물가격보다 현물가격이 높은 비정상적인 시장

프로그램매매: 현물과 선물의 가격 차이를 이용한 투자 전략으로 온라인 자동진행 시스템 매매다.

2-6. 시장 변동성 운용 관련 용어

서킷브레이커(Circuit Breaker): 주식시장의 급격한 변동성 때문에 일시적으로 거래를 중단하는 제도. 코스피, 코스닥 지수가 전일 대비 10% 이상 폭락한 상태가 1분간 지속되면 발동되며 증권거래소에서 상장법인이나 상장 법인이 일정 요건에 해당할 때 유가증권거래를 강제로 정지시키는 조치다.

사이드카(Sidecar): 주가가 급등락하는 경우, 매매를 일시 중단시키는 제도로 선물가격이 떨어지면서 현물매도 물량이 급증해 현물시장까지 급락할 위험이 있을 때 선물·현물의 프

로그램매매를 5분간 중단시켜 시장을 냉각시키는 조치다. 선물가격이 전일 종가 대비 코스피 5%, 코스닥 6% 이상 급등락하는 상황이 1분 이상 지속되면 시스템에 의해 자동 발동되며 거래는 5분간 정지된다.

임의 종료제: 단일가 매매 중 예상 체결가를 이용한 허수 호가를 방지하기 위해 가격 결정 5분 동안인 8시 55분~9시, 15시 25분~15시 30분 사이의 최고·최저 예상가격과 잠정 시가 사이에 5%의 괴리가 발생한 경우, 연장된 5분 내의 임의의 시간에 시가나 종가를 결정함

대략 이 정도가 주린이 여러분이 알아야 할 기초적인 주식 용어들이다. 그 이상은 차근차근 공부해 나가면서 익히자.

(3) 주식 거래시간은 어떻게 되나요?

네. 먼저 주식을 사고파는 매매시간을 알고 가는 건 기본이죠. 토요일에 거래가 안 되는 게 안타깝다는 분들이 가끔 있는데… 그건 주린이의 생각. ^_^

조금 오래된 투자자들은 토요일이 마냥 감사할 따름이죠. ^_^

3-1. 국내 주식시장

주식투자를 하기 전에 먼저 매매시간부터 정확히 알고 시간 외라도 유사시 매매할 수 있도록 준비태세를 갖추어야 한다. 국내증시와 해외증시를 포함한 주식 거래시간을 총정리해 살펴보자. 한국 증권거래소에서 주식이나 ETF, ELS 등을 사고팔려면 정규 거래시간 내에 주식을 거래하는 것이 기본

이다. 오전 9시부터 오후 3시 30분까지가 정규 거래시간이다.

그 외에 장 시작 전과 장 마감 시점의 동시호가 거래시간이 있다. 장 시작 전 동시호가 거래는 8시 반부터 9시까지이며 장 마감 동시호가는 3시 20분부터 3시 30분까지다. 동시호가 제도를 왜 넣었을까? 동시호가 제도는 장 시작 전과 장 마감 시점에 거래량이 갑자기 몰리면서 주가가 왜곡되거나 큰 변동성이 나오는 것을 막기 위해 생겼다. 장중에 어떤 종목이 주가에 큰 영향을 미칠 만한 공시가 나오게 되면 바로 30분가량 거래가 정지되는 제도도 같은 맥락에서 해석할 수 있다.

동시호가 종료 시점에 모두 같은 시간에 제시된 가격으로 취합해 원하는 주식의 매수가와 매도가가 매칭되면 서로 필요충분 조건에 의해 맞교환이 이루어지면서 가격이 형성된다. 그 밖에 시간 외 종가 거래가 있는데 장전 시간 외 종가와 장후 시간 외 종가로 나뉜다. 장전 시간 외 종가 거래는 8시 반부터 8시 40분까지 10분간 전일 종가로 이루어지며 장후 시간 외 종가는 3시 40분부터 4시까지 20분간 당일 종가로 실시간으로 이루어진다. 물론 가격이 고정된 상태에서의 실시간 거래이므로 주문을 먼저 낸 사람이 우선이다.

마지막으로 시간 외 단일가 매매는 오후 4시부터 6시까지 이루어지며 10분 단위로 체결되고 당일 종가의 플러스, 마이너스 10%(가격제한폭)로 거래가 이루어진다.

<표 1-3> 국내 증시 거래시간

시간 외 종가 거래	장전 시간 외 종가	08:30 ~ 08:40(전일 종가 거래)
	장후 시간 외 종가	15:40 ~ 16:00(당일 종가 거래)
동시호가	장 시작 동시호가	08:30 ~ 09:00
	장 마감 동시호가	15:20 ~ 15:30
정규시간	장중 매매	09:00 ~ 15:30(1/2일 10:00 ~ 15:30)
시간 외 단일가	장 마감 후 매매	16:00 ~ 18:00 (10분 단위 종가 대비 +·− 10%)

3-2. 해외 증시

- **미국**

현지 시간 9시 반부터 4시까지이며 한국 시간으로는 밤 11시 30분부터 아침 6시까지다.

- **일본**

오전 9시부터 11시 반까지이며 특이하게도 11시 반부터 12시 반까지는 점심시간이다. 해당 시간에는 주식거래가 중단되고 12시 반부터 3시까지 거래가 다시 재개된다.

- **중국**

오전 9시부터 11시 반까지이고 일본과 동일하게 점심시간에는 휴장한다. 1시간 반 동안 휴장하므로 1시부터 다시 개장해 3시까지 거래가 재개되는데 중국과 한국은 1시간 시차가 있으므로 한국 시간으로는 10시 반부터 12시 반까지, 점심시간 이후는 오후 2시부터 4시까지 거래된다.

〈표 1-4〉 해외 증시 거래시간

국가	현지 시간	한국 시간
미국	09:30 ~ 16:00	23:30 ~ 06:00(서머타임 적용시 1시간씩 당겨짐
일본	09:30 ~ 11:30 / 12:30 ~ 15:00	09:00 ~ 11:30 / 12:30 ~ 15:00
중국	09:30 ~ 11:30 / 13:00 ~ 15:00	10:30 ~ 12:30 / 14:00 ~ 16:00
홍콩	09:30 ~ 12:00 / 13:00 ~ 16:00	10:30 ~ 13:00 / 14:00 ~ 17:00
영국	08:00 ~ 16:30	17:00 ~ 01:30(서머타임 적용 시 1시간씩 당겨짐)
독일	09:00 ~ 17:30	17:00 ~ 01:30(서머타임 적용 시 1시간씩 당겨짐)

(4) 주식 주문은 한 가지인가요?

 아뇨. 매매 주문을 내는 방법은 다양해요. 몇 가지 꼭 필요한 것은 숙지한 후 실제로 매매할 때 적절히 적용하면 좋겠죠.

4-1. 지정가 주문

매매하려는 종목의 수량과 가격을 지정해 내는 주문으로 어쩌면 주식 매매자들이 가장 많이 이용하는 주문 형태다. 지정가 주문을 낸 후 현재 시세가 나의 주문가격과 너무 안 맞는다면 지정 호가를 정정해 주문을 다시 낸다.

4-2. 시장가 주문

매매하려는 종목의 수량만 입력하고 가격은 직접 지정하지 않고 내는 주문이다. 그럼 현재 시장에서 형성된 가격에 체결된다. 가장 빠른 시간 안에 가장 정확히 체결된다는 장점 때문에 단타 매매 시 많이 사용하지만 호가창의 공백이 크다면 매우 불리해진다.

4-3. 조건부 지정가 주문

매매하려는 종목의 가격을 지정해 주문을 냈지만 그 가격에 체결되지 않은 경우, 장 마감 전 10분간의 동시호가 시간에 시장가 주문으로 전환되는 것이다. 증시 현황을 지속적으로 볼 수 없는 투자자가 특정 종목을 반드시 매수해야 할 때 이용하기 편하지만 한 치 앞도 모르는 것이 주가이므로 변동성이 심할 때는 원치 않는 가격에 원치 않는 매매가 이루어질 위험도 있다.

4-4. 최유리 지정가 주문

매매하려는 종목과 수량만 지정하고 가격은 지정하지 않는 주문이다. 매수 주문인 경우, 최우선 매도가로 바로 체결되며 매도 주문인 경우, 최우선 매수가로 체결된다. 정규 거래시간에만 체결 가능하다.

4-5. 최우선 지정가 주문

매매하려는 종목의 수량만 지정하며 매수 주문인 경우, 최우선 매수호가로 체결되고 매도 주문인 경우, 최우선 매도호가로 지정된다. 정규 거래시간에만 체결 가능하다.

여기서 하나 더 확인해야 할 내용이 있다. 같은 주린이 1, 2가 동시에 주문을 낸다면 누가 먼저 체결될까? 매매 체결 순서를 간단히 숙지하고 넘어가자.

4-6. 가격 우선 체결 원칙

유리한 가격의 주문, 즉 매수 주문은 높은 가격일수록 체결이 빠르고 매도 주문은 낮은 가격일수록 우선 체결된다. 즉, 빨리 체결되길 원한다면 매수는 높게, 매도는 낮게 결국 반드시 빨리 사기 위해 조금 손해보는 장사를 하는 것이다.

4-7. 시간 우선 체결 원칙

시간적으로 먼저 낸 주문이 나중에 낸 주문보다 먼저 체결된다. 가격이 같을 때 해당한다.

4-8. 수량 우선 체결 원칙

같은 시간에 같은 가격의 주문이 접수된다면 수량이 더 많은 주문자에게 먼저 체결이 주어진다. 따라서 수량이 많은 주문이 같은 가격과 같은 시간대라면 더 유리하다.

4-9. 위탁매매 우선 체결 원칙

동시호가 시간에는 증권사의 주문보다 고객의 주문이 우선이다.

(5) 기관, 외국계, 외국인, 투신, 연기금, 기타 법인은 뭐예요?

> 주식은 개인과 기관, 외국인만 있나 생각했는데 정말 여러 군데서 매수·매도가 산출되죠. 기관, 외국인, 외국계, 기타 법인 등으로 표현되는 매매 창구를 정확히 숙지해 봅시다.

각 증권사 프로그램 HTS에는 투자자별 매매 종합 창이 있다. 다음과 같이 매일 실시간 각 시장에서 어떤 투자자들이 매매에 참여하고 있는지를 확인할 수 있다.

〈표 1-5〉 투자자별 매매 종합

시장구분		개인	외국인	기관계	금융투자	보험	투신	기타금융	은행	연기금등	사모펀드	기타법인
코스피	매도	143,537	23,232	27,883	12,625	1,159	2,231	60	81	10,340	1,387	1,906
	매수	156,391	18,517	20,085	7,514	884	1,665	80	82	9,290	569	1,527
	순매수	+12,854	-4,715	-7,798	-5,111	-275	-565	+20	+1	-1,050	-818	-379
코스닥	매도	128,017	12,165	4,694	1,783	158	1,335	56	12	579	771	1,522
	매수	130,258	11,845	3,485	1,072	270	897	15	24	687	520	813
	순매수	+2,241	-320	-1,208	-711	+112	-437	-40	+12	+108	-251	-709
선물	매도	54,907	227,246	49,770	36,124	739	10,420	449	42	1,996	0	2,163
	매수	51,436	236,371	43,871	33,602	746	6,444	334	108	2,637	0	2,408
	순매수	-3,471	+9,125	-5,899	-2,522	+7	-3,976	-115	+66	+641	0	+245
콜옵션	매도	383,869	765,063	157,911	156,346	0	454	959	100	52	0	12,871
	매수	384,568	771,585	149,507	147,735	0	452	948	320	52	0	14,054
	순매수	+699	+6,522	-8,404	-8,611	0	-2	-11	+220	0	0	+1,183
풋옵션	매도	386,418	853,014	98,923	95,584	0	2,234	786	265	54	0	13,969
	매수	362,768	872,105	107,224	99,166	0	2,146	754	5,104	54	0	10,227
	순매수	-23,650	+19,091	+8,301	+3,582	0	-88	-32	+4,839	0	0	-3,742
주식선물	매도	,050,226	,644,923	,913,716	763,688	1,302	225,170	5	0	923,551	0	23,280
	매수	,098,514	,657,822	,847,071	792,670	2,255	105,289	291	100	946,466	0	28,738
	순매수	+48,288	+12,899	-66,645	+28,982	+953	-119,881	+286	+100	+22,915	0	+5,458
달러선물	매도	22,041	144,302	56,161	44,388	249	448	0	441	0	0	10,635
	매수	23,058	121,499	77,947	67,943	536	1,467	0	821	0	0	7,180
	순매수	+1,017	-22,803	+21,786	+23,555	+287	+1,019	0	+380	0	0	-3,455

위 표의 투자자 주체를 간략히 살펴보자.

개인: 법인 등 어디에도 소속되지 않은 투자자(흔히 개미라고 한다)

기관: 금융투자, 보험, 투신, 사모펀드, 은행, 연기금 등

외국인: 일별 투자 동향 등을 통해 외국계와 외국인으로 구분할 수 있다. 외국인 기관과 개인 투자자인데 여기서 외국인은 외국 국적을 가진 진짜 외국인으로 외국계 금융사를 통한 매매이거나 외국인이 국내 증권계좌를 이용하는 경우이고 외국계로 구분되는 수량은 외국인이든 내국인이든 외국계 증권 계좌를 통해 매매가 이루어지는 경우다. 모건스탠리, JP모건, 메릴린치, CLSA, USB 등이다.

기관(금융투자): 금융투자업(증권회사, 선물회사, 투자 자문회사)이 운용하는 자산

기관(투신): 투자 자문회사를 제외한 투자신탁회사 등의 자산운용사

기관(보험): 보험사가 보유한 자금으로 주식투자를 한다. 말 그대로 보험사다.

기관(기타 금융): 종합금융사, 저축은행, 기타 법인 중 법적으로 전문 투자자인 금융기관(증권금융회사, 여신전문금융회사, 새마을금고연합회, 신협 중앙회 등)

기관(연기금): 연금과 기금을 합쳐 부르는 말. 국민연금, 공무원연금, 사학연금 등이 해당한다.

기관(사모펀드): 소수 투자자로부터 모집한 자금을 주식, 채권, 파생상품 등에 투자하는 펀드

국가 지자체: 국가 · 지자체, 기타 법인 중 전문 투자자인 비금융 공공기관(한국은행, 예금보험공사, 한국자산관리공사, 한국주택금융공사, 우정사업본부)

기타 법인: 금융기관과 공공기관을 제외한 나머지 기관

> 투자 주체별 매매 동향을 알아야 하는 가장 큰 이유는 시장 움직임의 큰 방향을 알아야 주가 추세를 예측할 수 있기 때문이다.

(6) 투자 주의, 경고, 위험 등 종목명의 앞글자는 뭐예요?

주린이들은 종목명 앞의 주, 경, 위, 환 등 위험한 느낌의 앞글자들을 보셨을 거예요. 안전한 매매를 위해 꼭 체크하고 공부할 부분이네요.

주식은 매우 매력적인 재테크 수단이지만 잘못되면 회복하기 힘든 큰 손해도 볼 수 있는 '하이리스크 하이리턴(High Risk-High Return)'이다. 투자 위험이 높은 만큼 높은 운용수익을 기대할 수 있지만 하이리스크를 원하는 투자자는 아무도 없다. 그렇다면 원칙을 지켜야 한다. 기술적 분석과 기본적 분석에서는 나만의 철칙 같은 원칙이 중요하다. 주식시장에서는 문제가 예상되는 종목들을 투자자들에게 주의를 주기 위해 예방 차원에서 공시를 한다. 기본적으로 3가지로 분류되는데 그 외 위험 요소들도 살펴보자.

6-1. 투자주의 종목

1일간 지정되며 공시일 다음 매매거래일에 해당한다. 가장 낮은 수준의 경고이지만 주의하라는 의미가 있다. 시장감시위원회에서 종목들의 비이성적인 변동성과 과열 등의 투기 조짐이나 불공정한 거래가 예상되는 종목을 투자주의 종목으로 지정해 뇌동매매 방지와 잠재적 불공정거래 행위에 대한 경각심을 고취할 목적으로 주의 조치한 종목이다. 투자주의 종목 지정 사유는 다양하지만 모두 의심스러운 거래 형태를 말한다. 대표적인 몇 가지 지정 원인만 알아두자.

♣ 소수 지점 거래집중 종목

<표 1-6> 소수 지점 거래집중 종목: 최근 3일간 다음 모두에 해당

번호	대상 종목	사유
1	주식, 증권예탁증권 또는 상장지수 펀드(이하 "주권 등"이라 함)의 경우에는 다음의 모두에 해당하는 종목	· 주권 등의 가격(이하 주가라 함) 상승률이 15% 이상 · 특정 지점의 매수 관여율이 20% 이상이거나 5개 지점의 매수 관여율이 40% 이상 · 매수 관여율이 가장 높은 지점의 매수 관여 일수가 2일 이상 · 일평균거래량이 30,000주 이상
2	주권 등의 경우에는 다음의 모두에 해당하는 종목	· 주가 하락률이 15% 이상 · 특정 지점의 매도 관여율이 20% 이상이거나 5개 지점의 매도 관여율이 40% 이상 · 매도 관여율이 가장 높은 지점의 매도 관여 일수가 2일 이상 · 일평균거래량이 30,000주 이상
3	주식워런트증권의 경우에는 다음의 모두에 해당하는 종목	· 주식워런트증권의 가격이 상승한 경우 · 1개 지점 매수 관여율이 70% 이상이거나 5개 지점 매수 관여율이 90% 이상 · 매수 관여율이 가장 높은 지점의 매수 관여 일수가 2일 이상 · 일평균거래량이 100,000증권 이상
4	주식워런트증권의 경우에는 다음의 모두에 해당하는 종목	· 주식워런트증권의 가격이 하락한 경우 · 1개 지점 매도 관여율이 70% 이상이거나 5개 지점 매도 관여율이 90% 이상 · 매도 관여율이 가장 높은 지점의 매도 관여 일수가 2일 이상 · 일평균거래량이 100,000증권 이상

위의 3 및 4의 경우, 매매 관여율 계산 시 지점의 매매 수량 및 일평균거래량에서 유동성 공급자의 거래량은 제외함

출처: 생활법령 시장관리제도

♣ 소수 계좌 거래집중 종목

〈표 1-7〉 소수 계좌 거래집중 종목

번호	대상 종목	사유
1	주식, 증권예탁증권 또는 상장지수 펀드(이하 "주권 등"이라 함)의 경우에는 다음의 모두에 해당하는 종목	· 주권 등의 가격(이하 주가라 함) 상승률이 15% 이상 · 특정 지점의 매수 관여율이 20% 이상이거나 5개 지점의 매수 관여율이 40% 이상 · 매수 관여율이 가장 높은 지점의 매수 관여 일수가 2일 이상 · 일평균거래량이 30,000주 이상
2	주권 등의 경우에는 다음의 모두에 해당하는 종목	· 주가 하락률이 15% 이상 · 특정 지점의 매도 관여율이 20% 이상이거나 5개 지점의 매도 관여율이 40% 이상 · 매도 관여율이 가장 높은 지점의 매도 관여 일수가 2일 이상 · 일평균거래량이 30,000주 이상
3	주식워런트증권의 경우에는 다음의 모두에 해당하는 종목	· 주식워런트증권의 가격이 상승한 경우 · 1개 지점 매수 관여율이 70% 이상이거나 5개 지점 매수 관여율이 90% 이상 · 매수 관여율이 가장 높은 지점의 매수 관여 일수가 2일 이상 · 일평균거래량이 100,000증권 이상
4	주식워런트증권의 경우에는 다음의 모두에 해당하는 종목	· 주식워런트증권의 가격이 하락한 경우 · 1개 지점 매도 관여율이 70% 이상이거나 5개 지점 매도 관여율이 90% 이상 · 매도 관여율이 가장 높은 지점의 매도 관여 일수가 2일 이상 · 일평균거래량이 100,000증권 이상

위의 3 및 4의 경우, 매매 관여율 계산 시 지점의 매매 수량 및 일평균거래량에서 유동성 공급자의 거래량은 제외함

출처: 생활법령 시장관리제도

♣ 종가 급변 종목

- 종가가 직전 가격 대비 5% 이상 상승 또는 하락
- 종가 거래량이 당일 전체 거래량(정규시장 기준)의 5% 이상
- 당일 전체 거래량이 3만 주 이상

위의 요건을 모두 충족한 경우, 지정된다. 다만, 종가와 직전 가격의 차이가 1원인 경우에는 제외한다.

♣ 상한가 잔량 상위종목

- 당일 장 종료 시 상한가 매수 잔량이 10만 주 이상이면서 상한가 매수 잔량 상위 10개 계좌의 상한가 매수 잔량 합이 전체 상한가 매수 잔량의 90% 이상

♣ 단일 계좌 거래량 상위종목

- 당일 정규시장 중 특정 계좌에서 순매수 수량이 상장주식 수 대비 2% 이상이고 당일 종가가 전날 종가보다 5% 이상 상승
- 당일 정규시장 중 특정 계좌에서 순매도 수량이 상장주식 수 대비 2% 이상이고 당일 종가가 전날 종가보다 5% 이상 하락

위의 요건 중 하나라도 해당하면 지정된다.

♣ 15일간 상승 종목의 당일 계좌 매수관여 과다종목

- 당일 종가가 15일 전날 종가보다 75% 이상 상승하고 당일 상위 20개 계좌의 매수관여율 30% 이상

♣ 특정 계좌 매매관여 과다종목

- 당일 종가가 3일 전날 종가보다 15% 이상 상승
- 당일 포함 최근 3일간의 특정 계좌(군)의 시세 영향력을 고려한 매수관여율이 5% 이상인 일수가 2일 이상
- 당일 포함 최근 3일간의 일평균거래량(정규시장 기준)이 3만 주 이상

위의 요건에 모두 해당하면 지정된다.

♣ 그 외에 몇 가지 더 있지만 ELW, 스팸 과다관여 등이므로 이 정도만 알아도 될 것 같다. 하지만 사실 위와 같은 실례들을 투자자가 직접 분석하고 대응하기는 어렵다. 매매하기 전에 투자주의 종목인지 살펴보고 매수한 후에는 주의를 기울여야 한다.

6-2. 투자경고 종목

특정 종목의 주가가 급등한 경우, 투자자들의 주의와 불공정거래의 발생을 방지하기 위해 투자경고 종목으로 지정한다. 투자주의 종목과 동일하게 공시를 통해 알려지며 해당 종목 옆에 별도로 표시한다. 하지만 투자경고 종목은 투자주의 종목과 달리 사전에 경고 종목 지정을 예고하고 이후 변동에 따라 경고 종목으로 지정된다.

♣ 투자경고 종목 지정예고 조건

- 초단기 급등: 당일 종가가 3일 전날 종가보다 100% 이상 상승한 경우
- 단기 급등: 당일 종가가 5일 전날 종가보다 60% 이상 상승한 경우
- 중·장기 급등: 당일 종가가 15일 전날 종가보다 100% 이상 상승한 경우
- 투자주의 종목 반복 지정: 최근 15일 중 5일 이상 투자주의 종목으로 지정 + 당일 종가가 15일 전날 종가보다 75% 이상 상승한 경우
- 단기상승 및 불건전 요건: 당일 종가가 5일 전날 종가보다 45% 이상 상승하고 다음 불건전 요건 중 하나에 해당하는 경우

- 최근 5일 중 전일 대비 주가가 상승하고 동일계좌가 일 중 전체 최고가 매수 거래량의 10% 이상을 매수한 일수가 2일 이상
- 최근 5일 중 특정 계좌(군)의 시세 영향력을 고려한 매수관여율이 5% 이상인 일수가 2일 이상
- 최근 5일간 일 중 특정 계좌의 매수 거래량과 매도 거래량이 98% 이상 일치하는 계좌 수(거래량 5천 주 이상) 비중이 전체 거래계좌 수의 5% 이상

– 중·장기 상승 및 불건전 요건: 당일 종가가 15일 전날 종가보다 75% 이상 상승하고 다음 불건전 요건 중 하나에 해당하는 경우
- 최근 15일 중 전일 대비 주가가 상승하고 동일계좌가 일 중 전체 최고가 매수 거래량의 10% 이상을 매수한 일수가 4일 이상
- 최근 15일 중 특정 계좌(군)의 시세 영향력을 고려한 매수관여율이 5% 이상인 일수가 4일 이상
- 최근 15일간 일 중 특정 계좌의 매수 거래량과 매도 거래량이 98% 이상 일치하는 계좌 수(거래량 5천 주 이상) 비중이 전체 거래계좌 수의 5% 이상

– 투자경고 종목 지정 해제에 따른 재지정 예고: 투자경고 종목 지정이 해제된 모든 종목

♣ 투자경고 종목의 지정 조건

　초단기 급등(예고) + 초단기 급등, 단기 급등 또는 중·장기 급등 예고 또는 투자주의 종목 반복 지정예고 등 정말 많은 지정 조건이 있지만 대부분 짧은 시간 내에 비정상적으로 높은 상승을 보이는 것이 공통점이다. 하지만 주식시장에서 개인 투자자를 위한 진정한 경고는 상승 중인 종목을 한 템포 쉬어가는 차원의 경고보다 급락 중인 종목들에 대한 제재가 더 필요할 것 같다.

♣ 투자경고 종목 지정 해제 조건

▶ '초단기 급등', '단기 급등', '중·장기 급등' 또는 '투자주의 반복'으로 지정된 투자 경고 종목은 지정일로부터 10일째 이후 특정일(T)에 다음 사항에 모두 해당하지 않으면 해제됨

- 특정일(T) 종가가 5일 전날(T-5) 종가보다 60% 이상 상승
- 특정일(T) 종가가 15일 전날(T-15) 종가보다 100% 이상 상승
- 특정일(T) 종가가 15일 종가 중 최고가

▶ '단기상승 및 불건전 요건' 또는 '중·장기 상승 및 불건전 요건'으로 지정된 투자 경고 종목은 지정일로부터 10일째 이후 특정일(T)에 다음 사항에 모두 해당하지 않으면 해제됨

- 특정일(T) 종가가 5일 전날(T-5) 종가보다 45% 이상 상승
- 특정일(T) 종가가 15일 전날(T-15) 종가보다 75% 이상 상승
- 특정일(T) 종가가 15일 종가 중 최고가

▶ '투자위험 종목 지정 해제'에 따라 투자 경고 종목으로 지정된 종목은 지정일로부터 10일째 이후 특정일(T)에 투자위험 종목 해제 요건에 해당하면 해제됨

▶ '투자경고 종목으로 재지정된 종목'은 재지정일로부터 10일째 이후 특정일(T)에 직전 투자경고 종목 해제 요건에 해당하면 해제됨

6-3. 투자위험 종목

투자 경고 종목 지정에도 불구하고 계속 투기적 흐름이 보이거나 뇌동 매매로 불안정한 상승을 보이면 투자위험 종목으로 지정한다.

♣ **투자위험 종목 지정예고 조건**

- **초단기 급등**
  투자경고 종목 지정일로부터 3일째 이후 특정일의 종가가 3일 전날 종가보다 45% 이상 상승한 경우

- **단기 급등**
  투자경고 종목 지정일로부터 5일째 이후 특정일의 종가가 5일 전날 종가보다 60% 이상 상승한 경우

- **중 · 장기 급등**
  투자경고 종목 지정일로부터 15일째 이후 특정일의 종가가 15일 전날 종가보다 100% 이상 상승한 경우

♣ **투자위험 종목 지정 조건**

초단기 급등예고, 초단기 및 단기 급등 또는 중·장기 급등예고 등도 투자 경고 종목처럼 다양한 조건으로 관리하지만 결국 주요 원인은 단기 급등으로 비정상적인 높은 상승을 보인 종목에 대한 내용이다.

6-4. 투자주의 환기 종목

♣ 절대 투자금지

♣ 기업부실 위험 및 기준에 해당할 때

♣ 내부 회계관리제도의 비적정 등

🎯 투자주의 환기 종목 및 관리종목은 절대로 매매하면 안 된다.

(7) 테마주와 산업주의 차이는 무엇인가요?

주식을 시작하고 보니 '테마'라는 용어를 참 많이 쓰네요. 테마란 무엇이고 산업의 정의를 어떤 차이로 분류하면 되는지 궁금해요.

♣ 테마주

주식시장에는 그때그때 흐름에 맞게 새로운 사건이나 현상이 발생해 시장에 영향을 미친다. 발생하는 그 현상과 관련 있는 종목군을 테마주라고 부른다. 새로운 이슈나 사건이 발생하면 투자자의 이목이 집중되고 결과적으로 아무 관련이 없는데도 혹시 있을 수도 있다는 가정하에 실리는 기대감으로 매매가 활발해지고 시장의 중심이 되기도 한다. 하루 시장 움직임에서도 여러 테마가 순환매로 움직이며 특히 지수가 보편적으로 약보합 또는 강보합에서 큰 변동성이 없는 지루한 장세에서 테마주들이 기승을 부린다.

수급 요인으로 보면 대부분 개인 투자자의 코스닥 매수가 많을 때 테마주가 더 활발히 움직인다. 2020년 코로나 팬데믹으로 글로벌 경제가 침체기에 돌입했을 때 제약·바이오, 언택트 관련주들이 100~1,000% 이상 급등하는 경우가 속출했다. 질병이 창궐하면 맨 먼저 상승하는 테마와 업종은 제약·바이오다. 질병 때문에 사람들은 건강에 관심을 보이고 경기침체로 다른 소비는 안 하더라도 자신의 건강과 직결된 소비 지출은 하게 되어 있다. 또한, 질병을 물리칠 백신과 치료제 등 각국의 지원과 정책이 나오거나 평소 안 먹던 비타민이나 각종 건강식품을 챙기므로 실제로 테마이지만 실적이 증가하며 이유 있는 테마주 상승으로 이어지기도 한다.

코로나 의심환자들의 검사 증가로 진단 키트, 언택트 문화로 인한 택배, 각 사업장에서의 확진자 발생과 예방 차원의 재택근무 관련주 등 초기에는 실적이 뒷받침되지 않았지만 각종 테마가 급등하고 시간이 갈수록 실적이 증명되는 종목들이 대장주 역할을 한다. 물론 같은 재료와 비슷한 크기의 이슈에도 세력 매집 흔적에 따라 100% 증가 종목과 1,000% 증가 종목이 탄생하지만 재료의 크기와 가장 중요한 차트의 매집 흔적이 테마주의 급등 탄력을 좌우한다. 즉, 초기 급등할 때 해당 이슈의 연관으로 실적이 창출되지 않더라도 ○○일 거라는 기대감으로 상승하는 종목들이 테마주다. 개인과 세력이 매우 선호하는 섹터다.

♣ 산업주

농업, 공업, 수산업, 임업, 광업 등의 분야의 주식을 산업주라고 한다. 통틀어 산업주라고 부르지만 세부적으로 보면 기계, 전기·전자, 2차전지, OLED, 반도체 소재, 장비부품 등 기업들마다 이윤 추구를 위해 정관에 기록된 사업 목적 등을 통해 실질적인 매출과 영업이익이 발생하는 것을 산업주 안에서 실적주와 성장주로 구분할 수 있다. 즉, 현재 이슈는 되고 있지만 해당 이슈로 기업의 영업이익이 아직 발생하지 않은 채 기대만으로 상승하는 것이 테마주이며 산업주는 해당 이슈로 기업 실적이 발생해 연관성이 있다면 해당 산업주로 보면 된다.

2018년 말부터 2019년 초까지 수소전기차 테마주가 급등할 당시 기업

실적은 동반되지 않았다. 하지만 2020년 중반 무렵 테슬라 전기차가 국내에서도 주행하고 전기차나 수소차 보조금, 충전 인프라 확충 등으로 매출이 발생하면서 전기·수소산업 섹터가 된 것이다. 산업은 중기적 관점에서 실적과 함께 종목 대응을 하면 되지만 테마는 단순한 이슈와 수급 거래량과 주포 세력에 의해 움직이므로 특히 잦은 매매와 테마주 매매를 하는 투자자들은 기술적 분석에 더 능통해야 한다.

(8) 단기, 중기, 장기 투자기간에 대한 종목 구분과 대응 전략은 어떻게 할까요?

> 장기투자, 중기투자, 단기투자라는 말들을 방송에서 많이 하던데 일반적으로 기간의 기준을 어떻게 나누면 될까요?

음… 기간의 기준을 말하기 전에 자신의 매매 환경부터 확인해야 한다. 이 부분에서는 기관과 계좌 운용전략 등도 함께 공부하자. 자신이 직장인인지, 전업 투자자인지, 자금 여유는 있는지 등을 정확히 판단해야 한다. 자금이 천만 원뿐인 투자자가 매우 무거운 중·장기 종목만 사놓고 매일매일 바라본다면 주식투자의 진정한 묘미를 모르는 것이다. 약 천만 원을 가진 투자자가 중·장기 종목에 투자하지 말라는 뜻이 아니라 매수해놓고 일희일비하면서 매일 잔고 확인이나 하면 안 된다는 말이다. 직장인이라면 포트폴리오의 약 60%를 중·장기 우량주와 실적주에 비중을 두고 약 20%는 스윙 관점에서 매매하되 단타 성향이 강한 급등주보다 기술적 분석의 맥점을 잡아 매수해 기다리는 방식으로 수익을 내야 하고 전업 투자자라면 중기 성향의 비중을 줄이고 스윙이나 단기매매에 더 주력해야 한다. 고정 소득이 없는 전업 투자자는 주식으로 매월 수익을 반드시 내야 하며 주식 투자가 직업이다. 물론 더 많은 공부와 수십 배의 노력을 해야 한다.

단기매매는 단타매매와 스윙으로 나뉜다. 단타는 당일 원데이 매매나 1박 2일 정도의 매매전략으로 매수하자마자 수익이 나려면 급등주의 눌림목 공략이나 당일 대량거래가 발생한 종목을 잘 공략해야 한다. 스윙은 3~4일에서 2~3주가량 기간으로 생각하면 된다. 초단기 매매가 아니라면 스윙도 전업 투자자가 가장 선호하는 매매 스타일이며 필자도 중기투자 외에 권하는 매매 패턴이다. 하지만 원칙도 없이 자칫 급등주를 고점에 사서 물렸거나 대응이 안 되는 직장인들은 피해야 할 매매 패턴이다.

중기투자는 말 그대로 장기도, 단기도 아닌 그 중간쯤으로 본다면 기간은 1~3개월 정도다. 스윙 관점의 매집 차트 종목을 매수했는데 세력이 매집 중일 때는 종목이 쉽게 상승하지 못하고 주가를 관리한다. 어쩌면 개인 투자자들에게 가장 힘든 구간이다. 기술적 분석을 공부하는 것은 그 구간이 심리적으로 고통스럽지만 큰 수익을 위해 버티는 투자법을 배우기 위해서다.

장기투자 기간은 사실 자신의 의지이기도 하다. 우량종목을 매수해 5년, 10년 보유할 수도 있다. 실제 비대면 대표주 NAVER는 2010년 35,000원이던 주가가 10년 후인 2020년 347,000원을 돌파했다. 심지어 2018년 액면분할 이후 70,000원대까지 가격 형성이후 급등한 것이다. 이처럼 우량

종목은 장기투자라는 기간이 의미가 없다. 6개월 이상 투자 기간과 종목의 장기적 성장성을 보고 1년이든 2년이든 주봉과 월봉 추세만 살아 있다면 끝장 수익을 보는 것이다.

(9) 주식을 하면서 꼭 지켜야 할 유의사항은 무엇인가요?

주식매매를 하면서 원칙을 지키는 것은 매우 중요한 습관이다. 그 원칙은 기간별로는 단기, 중기, 장기이고 이슈별로는 산업, 실적, 테마 등 다양한 매매에서 가져오는 각자의 원칙이 있겠지만 모든 매매에는 절대불변의 대원칙이 있다. '저점매수'와 '실적'이다. 상장폐지나 관리종목으로 전락하는 예측 불가능한 경우를 나름대로 피하려면 우선 실적이 어느 정도 뒷받침된 종목에 투자해야 하고 급등주도 분봉에 의한 눌림목 저점 매수다. '카카오'를 한 명은 15만 원에 매수하고 다른 한 명은 30만 원에 매수했다면 그 종목에 대응하는 심리는 '하늘과 땅' 차이일 것이다. 앞으로 여러 가지 원칙을 공부해 나가겠지만 주식시장의 영원한 테마인 실적과 저점매수 공부만 잘해도 주식시장에서 절반은 성공한 것이다.

2
CHAPTER

주린이 초등학교 입학

한국 교육 과정 중 가장 긴 것은 초등학교 과정이다. 코로나로 학기제가 바뀔 수 있다는 말도 나오지만 초등학교 6년, 중학교 3년, 고등학교 3년 과정을 거쳐 대학과 대학원에 진학하는 학제가 아직 유지되고 있다. 이 교재에서는 초등학교 입학 과정이 가장 기초적이며 중요한 부분이 될것이다.

기술적 분석

(1) 기술적 분석의 의미

기술적 분석(技術的分析, Technical Analysis)은 주식시장을 비롯한 금융시장을 분석하고 예측하는 기법이다. 주로 HTS로 항상 접하는 주가 그래프(차트)를 이용해 분석한다. 분석 기법에서 기본적 분석과 대비된다고 할 수 있다. 주식투자에서 기술적 차트 분석은 기본 중의 기본이며 대한민국 사람이 한글을 익히고 국어 수업이 국어 시험을 치룰때만 필요한 것이 아니라 영어, 수학, 세계사 등 다른 모든 학문을 다룰때 필수 과정과 요소 인것처럼 차트 분석은 좋은 종목의 좋은 가격을 찾아내는 매수 급소의 지표이다. 이처럼 차트 분석은 주식을 어느 가격에 사느냐에 따라 수익과 손실을 안겨주므로 특히 정보가 느린 개인 투자자들은 정보 비대칭에 당하지 않으려면 차트 분석을 반드시 숙지하고 저점매수 습관을 익혀야 한다.

　기술적 분석은 시장가격 자체에만 관심을 갖고 그 가격 움직임의 원인 즉, 명분을 찾는 것이다. 몇 가지 전반적인 종목의 가격 움직임의 결과를 바탕으로 가격흐름에 대한 습관적인 가정과 과거와 현재의 가격 움직임에 따른 미래의 가격 동향을 예측한다. 기술적 분석은 이론적 뒷받침이 거의 없으며 분석의 유효성은 과거의 시장 경험에 의존한다. 개인용 컴퓨터가 보급되면서 확산되었다. 기관투자자들은 대부분 기본적 분석을 중심으로 시장에 대응하며 개인 투자자들은 주로 기술적 분석에 의존해 시장에 참여하고 있다.

　18세기에 이미 일본에서는 쌀 선물시장이 발달했다. 상인 혼마 무네히사(本間宗久)는 오사카 시장에서 쌀가격 예측에 '적삼병' 패턴 분석을 이용했고 캔들스틱 차트(Candlestick Chart)도 그가 고안한 것으로 전해지고 있다. 또한, 현대적인 기술적 분석의 역사는 19세기 말 미국의 찰스 다우로부터 시작되었다. 다우가 〈월스트리트저널〉에 연재한 논설에서 전개한 기법을 종합해 오늘날의 '다우이론'이라고 부르며 추세의 기본 개념 확립 등 이후 기술적 분석의 근거가 되었다. 이후 기술적 분석은 다양하게 발전해 오면서 개인 투자자들이 습득하기 시작했다. 1930~1940년대 엘리엇은 독특한 '엘리엇 파동이론'을 발전시켰고 갠은 각도 연구, 그랜빌은 이동평균선 매매법칙과 거래량 지표라는 유명한 기술적 지표를 선보였다. 존 머피는 기술적 분석의 기본 전제를 다음과 같이 제시했다.

시장의 움직임은 모든 것을 반영한다.
가격은 추세를 만들면서 움직인다.
역사는 반복된다.

(2) 캔들은 주가의 변동성이다

가. 캔들 표시

　캔들 분석은 기술적 분석의 기초 중의 기초다. 일봉 차트는 캔들의 아침 시가를 시작으로 종가까지의 당일 고가와 저가의 움직임, 주봉 차트는 캔들의 월요일 시가부터 금요일 종가까지의 움직임을 나타내며 1주간의 최저가와 최고가를 나타낸다. 그 외에 월봉이나 연봉, 또는 일봉을 세부적으로 나눈 분봉과 초 차트도 캔들의 시가와 종가, 고가와 저가로 이루어진다. 종가가 시가보다 상승한 날은 적색, 양봉이라고 하며 종가가 시가보다 낮은 날은 청색, 음봉이라고 한다. 당일 매수와 매도의 힘겨루기를 알 수 있어 매매세력의 의도가 숨어 있고 미래의 주가 흐름을 예측하는 기초적인 분석법이다.

[그림 2-1]

1. 시가: 당일 처음으로 거래된 주가(오전 9시 기준)
2. 고가: 당일 가장 높게 거래된 주가
3. 저가: 당일 가장 낮게 거래된 주가
4. 종가: 당일 마지막으로 거래된 주가(오후 3시 30분 기준)

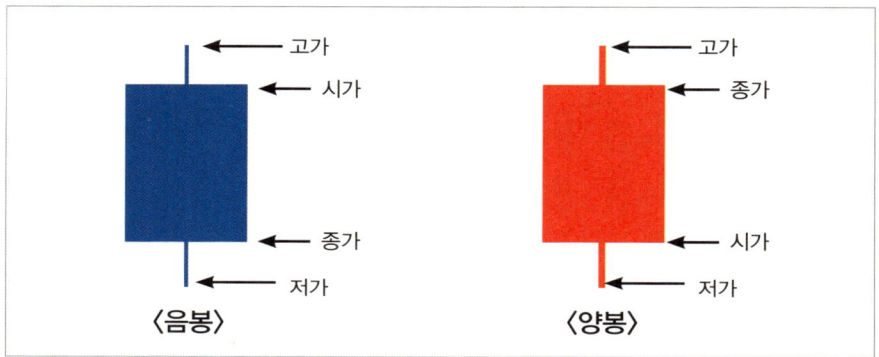

나. 기본적으로 알아두어야 할 캔들의 종류와 의미

♣ 장대 양봉

[그림 2-2]

시가가 당일 최저가로 시작해 장중 시가를 한 번도 이탈하지 않고 종가까지 상승해 당일 최고가로 마무리된 캔들 형태다. 저점에서 발생하면 추세전환 신호를 알리는 강력한 움직임으로 해석된다.

장중 시간이 흐를수록 매도세보다 매수세의 우세로 강력한 매수세가 집중 유입된 형태다. 신뢰도를 높이기 위해서는 바닥에서 20일선 추세가 우상향 또는 최소한 횡보하는 모습을 보여야 하며 점진적인 거래량 증가가 바람직하다. 기존 보유자라면 당연히 홀딩이며 대기 매수자라면 분할 매수 관점에서 바라보아야 한다.

센스톡 변동성이 크거나 단타매매가 잦은 종목에서는 나타나기 힘든 캔들이지만 바닥권에서 출현하면 신뢰도가 높다. 다만, 장대 양봉 다음날 강보합 또는 약한 갭 상승으로 출발한 후 위꼬리가 짧거나 시초가 이후 음봉이 나오는 속임수 패턴이 나올 수도 있지만 음봉 거래가 많지 않다면 무시해도 좋다.

♣ 장대 음봉

[그림 2-3]

거래량에 따라 다소 다르게 해석하기도 하지만 거래량을 동반한 장대 음봉은 고점이든 저점이든 신뢰도가 높으므로 강력한 매도 시점이다.

센스톡 장대 음봉에 거래량이 없다면 속임수 패턴으로 분할 매도도 가능하지만 하락하는 추세에서는 단기투매 가능성을 예측할 수 있고 고가권에서는 하락 추세 전환점이므로 단기매도할 급소 시점이다.

♣ 망치형

[그림 2-4]

추세 전환의 신호다. 천정권에서는 하락추세 전환 신호, 바닥권에서는 상승전환 신호로 해석된다. 시가를 형성한 후 장중 변동성에 의해 주가하락이 이어지면서 밀리다가 오후장 접어들면서 시초가를 뚫고 강력한 매수세와 함께 상승하며 최고가에 종가가 형성된다. 아랫꼬리가 몸통의 2배 이상 만들어진다는 점과 거래량이 동반되면 캔들에 대한 추세전환의 완성도를 높일 수 있다. 주가가 저점이라면 매수 신호로 활용되지만 다음날 일시적으로 전일 아랫꼬리에 매수된 물량의 단기 차익실현 또는 세력의 물량 매집을 위해 갭 상승한 후 음봉이 출현하기도 한다. 주의할 점은 앞에서 말했듯이 급상승 도중 이런 캔들이 발생한다면 세력의 물량이 고점에서 출회되고 다시 주가 하락을 만들어 저점 매집을 위한 속임수일 수 있으므로 반드시 1주간의 추후 주가 흐름을 확인해야 한다.

♣ 역망치형

[그림 2-5]

망치형의 반대로 당일 시초가를 형성한 후 장중 매수세에 의해 고가권까지 상승하다가 차익실현 매물에 의해 매도세가 나오면서 되밀려 장중 조정을 받은 캔들 형태다. 위꼬리가 길게 형성된 양봉이다. 하락추세 도중 역망치형 캔들은 상승 추세로의 전환으로 해석되며 고가권에서의 형성은 단기 조정을 암시할 수 있으므로 부분 매도도 훌륭한 전략이다.

신규 매수 관점이라면 당일 저가가 좋겠지만 고가에 추격 매수할 필요는 없다. 주가가 바닥권이거나 추세전환의 초기라면 조만간 상승할 수 있다는 의미로 해석되며 대부분의 주식 차트를 보면 저점에서 주가가 상승할 때 아랫꼬리보다 위꼬리가 훨씬 많다.

센스톡 역망치형 캔들은 필자가 개인적으로 선호하는 형태다. 이 글을 읽는 독자들은 급등한 종목의 여러 차트를 돌려보면 급등 초기 아랫꼬리보다 위꼬리 형성이 훨씬 많이 나타난다. 또한, 고점에서 주가가 하락할 때는 위꼬리보다 아랫꼬리가 더 많이 나타난다. 아마도 그동안 알고 있던 내용과 정반대일 것이다.

♣ 교수형

[그림 2-6]

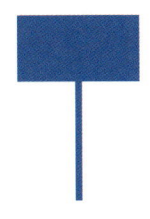

아침에 시초가를 형성한 후 시가를 돌파하지 못하고 장중 내내 많이 하락하면서 매도 물량이 출회되다가 시간이 지나면서 매수세의 유입으로 아랫꼬리를 달고 상승하지만 시가를 돌파하지 못하고 결국 음봉으로 마무리된 캔들이다. 교수형도 추세전환 신호로 해석되며 고가권에서는 상승이 마무리되고 하락추세로 반전할 가능성이 높고 저점에서 발생한다면 상승전환의 신호로 해석된다.

♣ 비석형 / 잠자리형

[그림 2-7]

비석형(추세전환 신호)　　　　　잠자리형

· 비석형
시가와 종가가 같게 형성된다. 장중 고가까지 상승한 후 되밀려 결국 시가에서 마감된 흐름으로 장 초반 매수 대기자가 많다가 후반으로 갈수록 매도 물량의 출회로 제자리에서 마감된 모습이다. 바닥권에서 위꼬리를 보이는 캔들이 연속적으로 나타나며 최근 3개월 동안 저점을 이탈하지 않고 지지해주는 모습이라면 매집 형태일 가능성이 높다. 고점에서의 음봉 비석형은 상투 임박의 신호다. 보유자는 일단 매도 전략, 신규 매수 대기자는 매수 금지다.

· 잠자리형
비석형과 마찬가지로 시가와 종가가 같게 형성되지만 반대 개념이다. 장중 저가까지 하락한 후 재상승해 시가까지 밀어올린 형태다. 고가권에서 발생하면 하락 반전의 신호이고 상승 초기의 주가라면 저가에 매수세가 있다는 의미이며 세력이 대기 매수세의 강도를 확인하려고 할 때 만들어진다. 상승 중이라면 아랫꼬리가 짧을수록 신뢰도가 높으며 저점에서 나타나면 강력한 상승전환 신호다.

♣ 십자형

[그림 2-8]

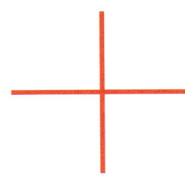
장중 상승과 하락을 반복하다가 시가와 종가가 같은 가격에 형성된 캔들이다. 매수세와 매도세가 힘겨루기를 하면서 결국 균형을 이룬 상태로 추세전환의 신호다. 상승 추세라면 다음날 하락 가능성이 높고 하락 추세라면 다음날 상승 추세전환을 암시한다. 십자형 캔들 이후 다음날 캔들의 위치와 주가가 중요하다.

(3) 이동평균선은 주가의 현재다

가. 이동평균선의 중요성

주식투자자의 목적은 무엇일까? 열이면 열, 백이면 백, 돈을 버는 것일 것이다. 수익창출이 주 목적이다. 전업 투자자든 직장인의 재테크 수단이든 모든 매매의 목적은 수익이다. 그렇다면 수익을 내기 위한 주식매매는 어떻게 해야 할까? 많은 주린이들이 코로나에도 불구하고 지수가 오르던 3~5월 무렵 얼떨결에 주식시장에 입문해 '아! 주식에 이런 재미가? 뭔가를 사면 이렇게 수익이 막 나는데 지금까지 언론은 왜 개미들만 손실을 보고 수익을 내기 어렵다고 말한 걸까? 이 좋은 걸…'이라고 생각하기 쉽다. 하지만 2020년 늦가을 무렵 입성한 주린이들은 쉽게 벌 것만 같던 시장이 결코 녹록치 않다는 것을 느꼈을 것이다.

주식투자 성공법 즉, 수익을 내는 방법은 간단히 말해 남들보다 싼 가격에 매수하고 높은 가격에 매도해 시세차익을 남기는 것이다. 부동산 등 여러 재테크 수단은 매수한 후 시간이 걸리고 팔고 싶어도 원하는 시기에 매도하기 어렵고 강남 아파트값이 아무리 오르더라도 주가에 비하면 거북이 투자여서 대부분의 주식투자자가 매력을 느껴 매매하고 있다. 반면, 펀드 투자는 증권사 직원이나 주변 지인의 권유로 펀드에 가입하고 −20%, −30%가 되더라도 해지하는 개인 투자자는 거의 없다. 수익이나 원금으로라도 오를 때까지 고이 모셔둔다. 그런데 주식은 매수하는 순간부터 계속 수익이 나야 한다고 생각하는 것이 가장 큰 문제이자 고질병이다. 대부분의 개인 투자자들은 싸게 사서 비싸게 판다는 이 간단한 원리를 잘 알면서도 번번이 안타까운 실수를 저지른다. 그 이유는 뭘까? 바로 주가의 현재 위치를 모르기 때문이다. 이 가격이 이 종목의 저가인지 고가인지 도대체 알 수가 없다. 지나고 나면 '2020년 3월 20일 급락했을 때 매수했어야 했어.', '북한이 미사일을 쏠 때 그때가 저점이었는데…', '아! 그 뉴스가 나왔을 때 진작 매도했다면…' 등의 안타까움을 매일 몇 번씩이나 들었을 것이다. 내가 매수·매도 타이밍을 왜 놓쳤는지 이 책을 보면 처음부터 차근차근 깨우쳐 나갈 수 있을 것이다.

이번 단원에서 공부할 내용은 이동평균선의 원리다. 주가의 현재 위치가 고점인지 저점인지 파악하는 기본 원리는 이동평균선이다. 이동평균선만 잘 파악하고 매매에 임해도 큰 리스크는 피할 수 있으며 큰 수익을 낼 수 있음을 명심하길 바란다. 대부분의 주린이나 차트 분석을 할 줄 모르는 투자자는 주가의 현재 위치 파악보다 상승하는 종목을 매수하려고 애쓴다.

다음은 필자와 주식에 입문한 지 2개월째인 투자자의 대화 내용이다.

진원생명과학, 8월 27일 34,500원에 매수

투자자: 진원생명과학이 최근 코로나로 급등했는데 연말에 치료제 개발 기대감도 있고 연일 뉴스에도 보도되고 최근 많이 급등했고 더 오를 것 같아 매수했습니다. 8월 27일 34,500원에 샀습니다.

필자: 네. 진원생명과학은 치료제 기대감이 있죠. 제넥신 등과 현재 연구 중인 임상 결과에 대한 기대감이 큰 회사입니다. 그런데 이미 너무 많이 올랐습니다. 제가 지난 8월 8,700원대에서 매수하시라고 권해드렸는데 왜 그때는 안 사시고…

투자자: 아… 그때는 이런 좋은 재료가 있는 줄도 몰랐고 주가 변동성도 너무 없어서 안 샀습니다. 그런데 바로 급등하더니 400%나 오르더군요. 정말 좋은 주식이라는 걸 알았습니다. 주위에서도 좋은 주식이라고 말하고 장 마감 후에는 모르는 사람들로부터 추천 문자도 오더군요.

필자: 현재 저희는 VIP 회원들에게 비중을 50% 축소해 보유 중입니다. 워낙 저가에 매수해 추세를 더 관망하려고 합니다.

투자자: 그렇군요. 저는 지금 오늘 하루 만에 31.3% 손실입니다. 걱정이네요.

(며칠 후 9월 9일 대화 내용)

투자자: 휴… 대표님, 진원생명과학 손절했습니다. 겁이 나 도저히 못 들고 있겠더군요. 나름대로 저점 공부를 했는데 지난 8월 28일의 저점을 오늘 장중에 이탈하기

에 올 매도 손절했습니다.

필자: 그러셨군요. 손실이 크겠네요. 손절할 차트 자리는 아닌데요. 주식은 저가에 사서 고가에 파는 매우 간단한 원리입니다. 투자자님은 기본 원칙을 지키지 못해 큰 손실이 났습니다.

그리고 얼마 지나지 않아 진원생명과학은 다시 반등하기 시작했다. 다음의 진원생명과학 차트에서 이평선과 주가의 이격을 확인할 수 있다.

[그림 2-9] 진원생명과학 일봉

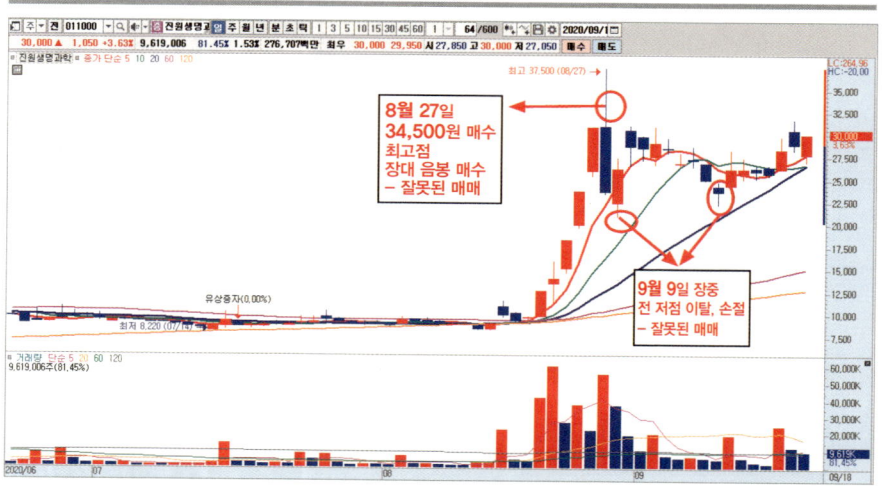

여기서 진원생명과학을 매수했던 투자자가 이동평균선의 원리만 알았더라도 주가가 저 위치일 때 주식을 매수하지는 않았을 것이다. 즉, 이동평균선은 주가의 현재이며 매수하기에 적절한 가격인지, 이미 오른 가격인지 판단하는 근거가 된다. 한국 최고 기업 삼성전자도 높은 가격에 매수한다면 투자자에게 결코 좋은 주식이 아니다. 매수하면 안 되는 것이다. 이것은 주식매매법칙의 제1항이다.

나. 이동평균선의 생성 원리

이동평균선은 산술적 근거에 의해 만들어지며 기간별 평균가를 산출해 선으로 연결한 것이다. 이동평균선의 굵기, 색상 등은 HTS 설정에서 각자 쉽게 바꿀 수 있다. 먼저 이동평균선의 종류부터 알아보자.

♣ 이동평균선의 종류

이동평균선은 자신이 사용하는 HTS에 어떻게 설정해 쓰느냐에 따라 다소 차이가 있지만 증권사 HTS 화면에서 기본적으로 제공하는 이동평균은 5일선, 20일선, 60일선, 120일선, 180일선이다. 필자는 3일선, 10일선, 240선을 추가로 본다.

· 5일선

1주 이내의 단기매매 기준선이다. 단기 생명선, 단기 추세선이라고도 부른다(월~금, 화~월, 수~화의 개념). 심리적으로 1주 동안 주식을 보유하고 매매한 사람들의 심리 상태를 알아볼 수 있는 단기 심리선이다. 5일선의 각도가 가파른 우상향이라면 보유자로서 지금 당장 매도하기보다 더 큰 수익을 기다리면서 보유하려고 할 것이다. 반면, 주가가 하락추세라면 고점에서 매수한 보유자들은 큰 불안감에 손절하고 싶은 유혹을 느끼는 구간이다. 이처럼 5일선은 산술적으로 5일간 종가의 평균가격선이지만 심리적으로 1주 동안 주식을 보유하고 매매한 사람들의 심리선이므로 세력 즉, 주포의 의도를 파악하려면 5일선의 변동성 방향을 잘 파악해야 한다.

· **20일선**

1주의 거래일은 5일이며 20일선은 한 달간의 이동평균선의 평균값이다. 단기와 중기의 교차 지표가 될 수 있으며 중기 생명선이나 중기 추세선으로 활용된다. 심리적으로 약 20일 동안 보유한 사람들의 관점이므로 중기 심리선이며 20일선의 기울기는 현재의 주가 방향이므로 상승, 하락, 횡보에 따라 매매전략이 크게 바뀌며 필자는 20일선의 기울기 즉, 횡보하거나 상승 중인 종목만 관심 종목으로 편입시키고 하락하는 구간의 종목은 쳐다보지도 않는다.

· **60일선**

한 달에 20일 동안 거래하므로 60일선은 3개월, 즉 한 분기의 종가 평균값을 산출한 선이다. 1~3개월의 중기 매매전략에 자주 이용되며 수급선, 실적선이라고도 한다. 기업실적이 3개월에 한 번씩, 1년에 네 번 신고되므로 실적선으로 활용되고 기관과 외국인의 자금 유입 여부가 기업실적 발표 사이클과 관련 있다. 따라서 주가가 60일선을 이탈한다면 다음 분기의 실적이 불투명할 수 있다는 우려감에 외국인과 기관의 매도 물량이 출회될 때가 많다. 특히 시가총액 상위종목이나 우량주에서 흔히 볼 수 있다.

· **120일선**

6개월간의 종가 평균값을 산출한 이평선으로 3개월 이상의 장기 매매전략에 사용된다. '주식은 경기보다 6개월 선행한다'라는 말이 있어 경기선이라고도 불린다. 기업들은 3개월마다 분기 보고서를 제출하고 6개월마다 반기 보고서를 제출한다. 상반기는 1~6월, 하반기는 7~12월로 구분된다. 120일선은 반기에 대한 기업전망을 가늠하며 60일선과 마찬가지로 120일선을 이탈하면 외국인과 기관의 매도 물량이 출회될 수 있고 현재 주가보다 120일선이 높은 가격에 있다면 120일선을 돌파하기 위한 상당한 시도와 주가 변동성이 나타날 수 있다.

♣ 이동평균선의 종류

9/1	9/2	9/3	9/4	9/5	9/6	9/7	——	——	9/20
1,000	1,050	1,120	1,080	1,200	1,250	1,310			1,950
				1,090	1,140	1,192			

· 5일 이동평균 주가

5일째 종가가 1,200원일 때: $(1{,}000+1{,}050+1{,}120+1{,}080+1{,}200) \div 5 = 1{,}090$원

6일째 종가가 1,250원일 때: $(1{,}050+1{,}120+1{,}080+1{,}200+1{,}250) \div 5 = 1{,}140$원

7일째 종가가 1,310원일 때: (   )$\div 5 = 1{,}192$원

위의 괄호 안의 빈칸을 산출해 채워본다.

· 20일 이동평균 주가

20일째 종가가 1,950원일 때:

$(1{,}000+1{,}050+1{,}120+1{,}080+1{,}200+ \cdots +1{,}950) \div 20$

· 기타

60일, 120일 이동평균선의 주가도 위와 같은 방법으로 계산하면 된다.

일봉 이외에 주봉, 월봉, 분봉도 같은 원리다.

다. 거래량 이동평균선

거래량 이동평균선을 구하는 방법도 주가 이동평균선 산출 방법과 비슷하다. 주가 대신 일일 거래량의 산술 평균값을 구하면 된다. 대부분의 거래량 이동평균선은 5일선과 20일선을 사용하지만 주가 분석에서 가장 정밀한 분석이 필요한 거래량은 이동평균선의 평균값에 의존하기보다 설정할 때 전날 거래량과 비교할 수 있도록 이전값으로 설정해 분석하면 훨씬 보기에도 좋고 분석하는 데도 유리하다.

(4) 거래량은 주가에 선행한다

기술적 차트 분석에서 가장 중요한 핵심이자 심오한 분석은 거래량이다. 필자가 가장 중시하는 거래량을 공부하라고 항상 강조한다. 캔들이나 이평선은 주포에 의해 인위적으로 만들어질 수 있고 속임수 패턴이 나올 수 있지만 거래량은 절대로 속일 수가 없다. 선취매 세력의 움직임과 차후 주가 흐름의 변동성까지 거래량으로 분석할 수 있으며 주가보다 항상 선행하는 특징이 있다.

2020년 3월 증시는 코로나로 초토화되었다. 백신이 없어 마스크와 손 소독제가 유일한 예방수단이던 당시 마스크 품귀 현상을 예상하고 누군가는 대량으로 미리 사들인 반면, 사람들이 마스크를 구하느라 온통 혈안일 때 실제로 어떠했는가? 마스크 가격은 평소보다 5~10배까지 올랐다. 이처럼 상품가격은 수급이 결정한다. 주식도 경매와 같고 수급 논리로 가격이 결정되는 대표적인 상품 중 하나다. 실적이 아무리 좋아도 매수 대기자가 없으면 주가는 오르지 못하고 힘을 잃을 것이고 그런 상황을 견디다 못한 보유자들은 불안감과 지루함에 실적이 좋다는 것을 알면서도 매도할 수밖에 없는 심리 상태로 몰린다.

즉, 매수 대기자가 많으면 주식이 상승하고 매도하려는 보유자가 많으면 하락하는 것은 지극히 당연한 논리다. 여기에 매수·매도 공방이 치열할수록 거래량은 증가하고 상승이든 하락이든 거래량이 증가한다는 것은 매매의 주체가 많고 시장의 관심이 집중되고 있다는 의미다. 앞에서 설명한 캔들이 후행성 지표라면 거래량은 선행성 지표다. 대표적인 기술적 분석인 차트 분석은 과거의 흐름이므로 무의미하다고 말하는 투자자들은 사고방식부터 이미 주식으로 수익을 볼 수 없는 구조다. 하수는 캔들을 보고 일희일비하고 고수는 거래량을 보고 주가의 미래 흐름을 머릿속에 그린다.

가. 본격적인 상승을 알리는 신호, 거래량 파악

함께 생각해보자. 특정 종목의 주식을 개인들이 골고루 많이 보유하고 있다면 주가 상승이 쉬울까? 어려울까? 아마도 상승하기 어려울 것이다. 개인은 세력이 아니므로 필요하면 언제든지 매물을 내놓을 수 있고 대외 악재나 시장 변동성에 버티기 힘들기 때문이다. 개인에게 골고루 배분된 주식은 상승할 힘을 갖기 어렵고 그러다 보면 지루한 흐름을 견디다 못한 개인들의 물량 출회로 대기 매수자가 없는 상황에서 하락한 후 오랫동안 지루한 횡보를 보이거나 급등하기 직전 한 번 더 하락 충격을 던져주면서 매도하게 만든다. 개인 투자자들에게는 이 시간이 가장 힘들다. 투자자들은 대부분 손절매한다. 기다릴 만큼 기다려 이제 좀 오를 거라고 기대했는데 횡보한 이후 또 하락이라… 이때 나오는 물량을 선도세력은 모두 사들인다. 그렇게 어느 정도 물량을 확보하면 본격적으로 상승하기 시작한다. 현명한 투자자라면 과연 지루한 횡보 종목을 매수해 오랫동안 기다려야 할까? 아마도 모두 그 마지막 구간의 물량 매집 단계에서 매수하고 싶을 것이다. 그렇다면 상승 임박, 물량 매집의 조짐을 어떻게 알 수 있을까? 바로 **거래량**이다. 오랜 하락과 횡보를 거듭하고 거래량이 줄었던 주식의 20일선이 하락 기울기를 서서히 멈추고 횡보하기 시작하면서 거래량이 점진적으로 유입된다면 매수 관점으로 보아야 한다.

다음은 화일약품의 주가 차트다. 3월 약 300%나 1차 상승한 후 주가는 35%가량 급락해 2개월 동안 횡보하며 거래량이 줄고 단기 이평선이 수렴되었다. 7월에는 횡보하던 구간에서마저 이탈하며 개인에게 더 큰 충격을 주었지만 거래량은 없다. 그리고 7월 중순 점진적인 거래량 증가와 함께 박스권 상단을 돌파하고 3월 고점까지 돌파했다.

[그림 2-10] 화일약품 일봉

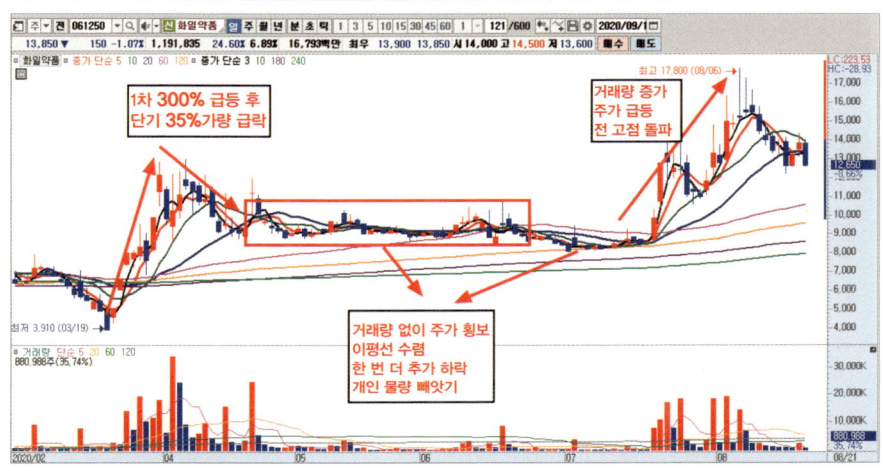

나. 주가 위치에 따른 거래량 해석

일반적으로 거래량이 증가하면 주가가 상승하고 거래량이 감소하면 주가는 하락한다. 하지만 주린이들이 꼭 짚고 넘어가야 할 내용이 있다. 거래량은 현재 주가의 위치에 따라 다르게 해석되므로 현재 주가의 위치가 이미 급등이나 대시세를 이룬 고가권인지, 이제 상승하기 시작한 바닥권인지를 판단해야 한다.

▶ 주가 바닥권에서 거래량 증가 → 주가 상승 임박으로 해석한다.
▶ 주가 고가권에서 거래량 증가 → 주가 하락 임박으로 해석한다.

이미 고점에서 거래량이 증가하는 것은 이미 선취매한 매수자들이 주가가 이미 많이 상승했으므로 하락할 수도 있다는 불안감과 어느 정도 자신이 낸 수익에 만족하고 차익매물을 쏟아낼 수 있다는 의미다. 반대로 주가가 바닥권일 때 거래량이 증가하는 것은 누군가가 이 종목이 오를 가능성을 예측해 매수세가 유입되기 때문이다. 이 2가지만 알고 있다면 거래량 분석에 대한 초등학교 입학은 성공한 셈이다.

센스톡 일반적인 거래량 사이클

거래량 바닥(주가 저점) → 거래량 증가(주가 상승 시작) → 거래량 폭증(주가 고점, 상투 가능성) → 거래량 감소(주가 하락) → 거래량 바닥(주가 저점)

센스톡 거래량에 따른 일반적인 대응 전략

거래량	주가	주가 변화	대응전략
거래량 증가	상승	급등	보유: 보유자의 영역
		점진적 상승	보유: 신규 또는 추매 가능
	하락	급락	매도: 무조건 매도
		점진적 하락	매도
	횡보	바닥권	분할매수: 거래량의 점진적 증가 시 적극 매수
		고가권	매도 준비: 일단 비중 축소
거래량 감소	상승	급등	보유: 보유자의 영역
		점진적 상승	보유: 신규 또는 추매 가능
	하락	급락	매도: 무조건 매도
		점진적 하락	매도
	횡보	바닥권	분할매수
		고가권	매도 준비

▶ 거래량의 유형별 실전 사례

★ 거래량 증가 → 주가 상승 → 급등

[그림 2-11] 엑세스바이오 일봉

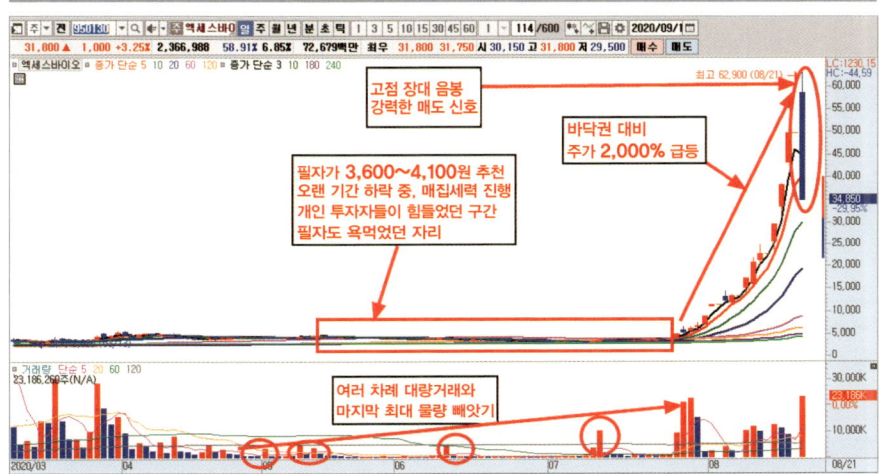

★ 거래량 감소 → 주가 상승 → 점진적 상승
♣ 2020년 시장에서 가장 HOT했던 신풍제약

[그림 2-12] 신풍제약 일봉

　선도세력이 물량을 매집 중일 때가 많다. 일반적으로 거래량이 줄면 주가는 하락하는데 반대로 상승 중이라면 선도세력의 물량이 나오지 않고 급등주가 아닌 대시세가 서서히 나오면서 상승한다. 소형주보다 중형주 이상에서 많이 나타난다. 거래량이 급증하는 하락추세 전까지 보유하고 수익을 극대화하는 전략이다.

★ 거래량 증가 → 주가 하락 → 급락

[그림 2-13] 미래생명자원 일봉

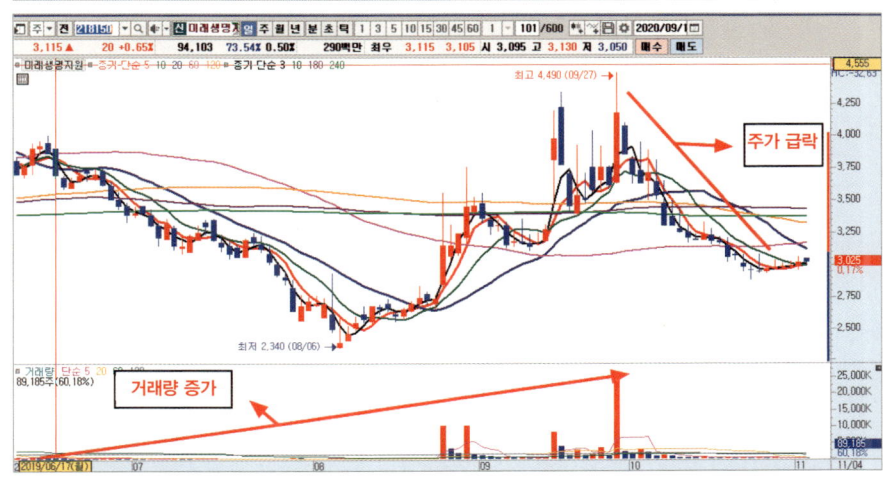

★ 거래량 감소 → 주가 하락 → 급락

[그림 2-14] 남화토건 일봉

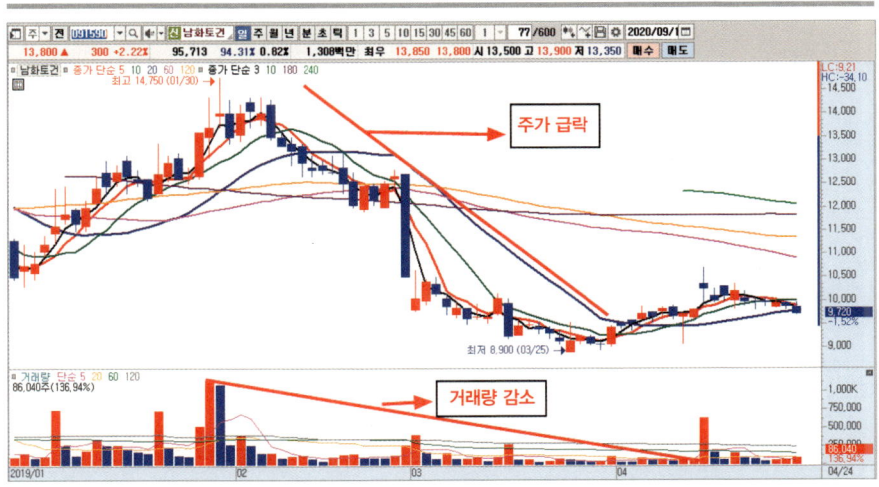

CHAPTER 2 주린이 초등학교 입학

(5) 추세는 주가의 방향성이다

주린이들은 차트를 볼 때 과연 무엇부터 볼까? 여러분 자신에게 물어보자. 거래량, 이평선, 캔들, 매물대, 주가 등등 다양한 대답을 할 것이다. 주식 차트에서 주린이들이 맨 먼저 확인해야 할 것은 바로 추세다.

추세(Trend)란 간단히 말해 진행 방향이다. 주가가 이동하는 통로이자 주가의 방향성이다. 시장에는 2천 개가 넘는 많은 종목이 있다. 그중 추세가 하락 중인 종목을 굳이 매수할 필요는 없다. 매매해 수익보다 손실을 볼 확률이 높고 주가는 한 방향으로 움직이려는 뉴턴의 제1법칙인 관성의 법칙과 주가에 작은 악재라도 나올 낌새면 급등한 종목이 바로 제자리로 돌아가려는 회귀법칙이 나온다. 주가는 이 2가지 법칙 내에서 등락을 반복하면서 그 안에 **추세, 저항, 지지** 등이 생기는 것이다.

가. 추세의 종류

▶ 상승 추세

[그림 2-15]

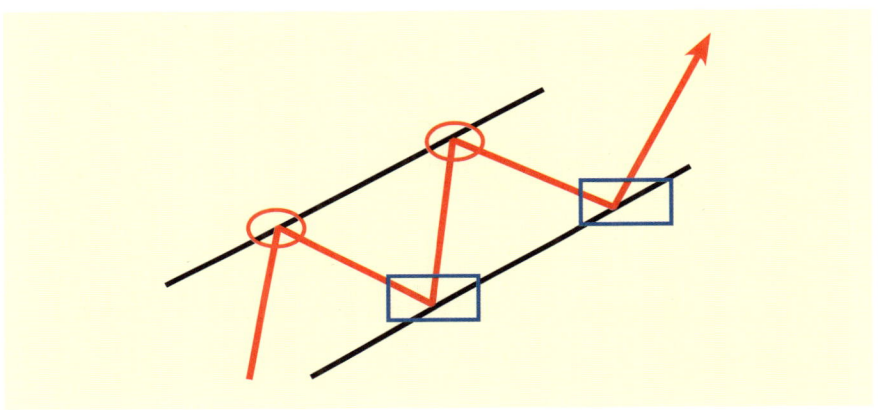

상승 추세선 긋기: 이전 저점과 최근 기록한 저점을 직선으로 연결해 오른쪽으로 우상향하면서 길게 연장하면 된다. 저점 2개 이상, 고점 2개 이상이 연결되면 하나의 추세로 본다. 여기서 저점과 저점을 연결한 선은 지지선, 고점과 고점을 연결한 선은 저항선, 둘 사이의 폭을 상승 추세대라고 부른다. 상승 추세는 상승 각도를 깨면 안 되는 흐름이므로 저항선보다 지지선이 중요하다. 상승 추세 매매는 이런 지지선에서 중요한 라인을 지지할 때 매수 저항선에서 중요 저항선을 돌파하지 못하면 매도의 원리이고 반복적 매매도 할 수 있다. 다음은 2차전지를 소재로 2020년 중반부터 대시세를 분출했던 엘앤에프 차트다.

[그림 2-16] 엘앤에프 일봉

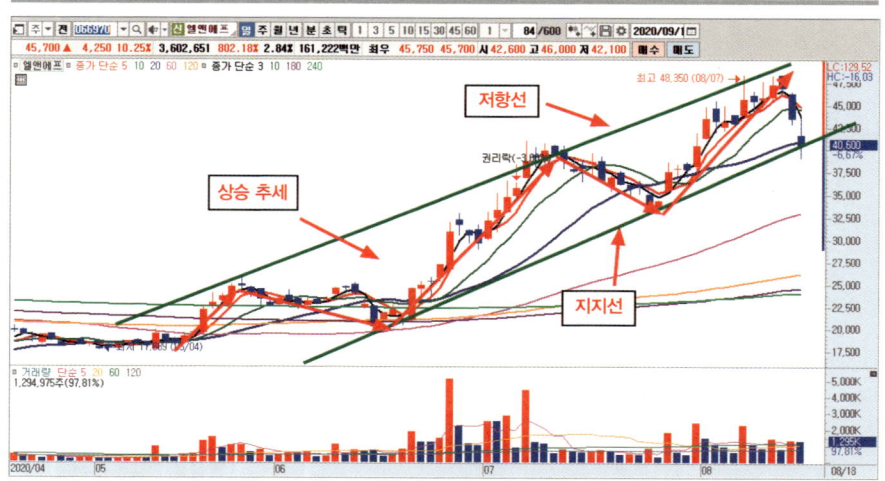

▶ 하락 추세

[그림 2-17] 하락 추세

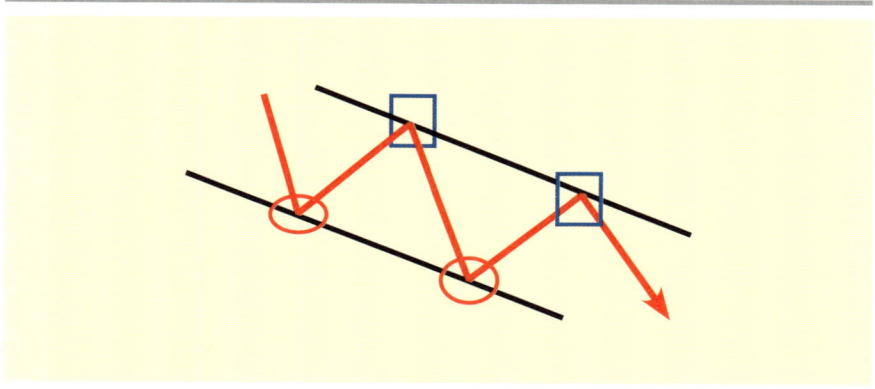

하락 추세선 긋기: 바로 직전에 형성된 고점과 최근 고점, 2개 이상의 고점을 직선으로 연결해 우하향으로 길게 연장하면 하락 추세선이 된다.

하락 추세선에서 고점과 고점을 연결한 선은 저항선이 되고 저점과 저점을 연결한 선은 지지선이 되며 둘 사이의 폭을 하락 추세대라고 부른다. 하락 추세는 지지선보다 저항선이 중요하다. 하락에서 상승으로 추세가 전환될 때는 저항선을 반드시 돌파해야 하기 때문이다. 다음은 대세 상승 후 대세 하락을 보여준 조선업종의 대표주 현대미포조선 차트다.

[그림 2-18] 현대미포조선 일봉

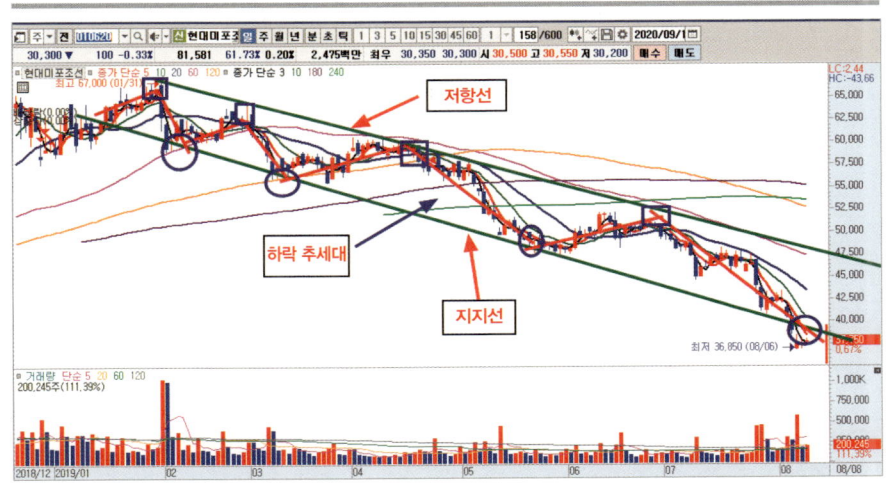

▶ 횡보 추세(박스권)

[그림 2-19] 횡보

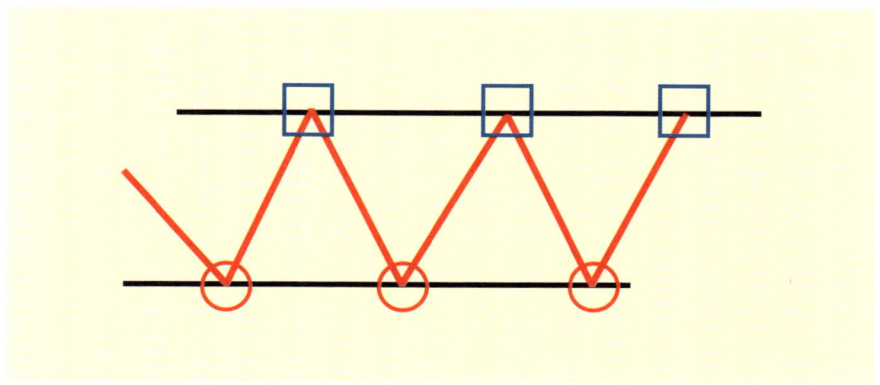

연속되는 고점과 고점을 연결하고 저점과 저점을 연결해 거의 수평으로 반복되거나 일정한 가격의 고점과 저점에서 주가 등락을 반복되거나 수렴하는 구간이다. 박스권 종목들은 추세 하단의 지지선에서는 대기 매수자가 많아 상승하고 추세 상단의 저항선에서는 과거에 하락을 보였기 때문에 매도 대기자가 많아 반복된다. 일정 시점 이후 저항선이나 지지선에서 대량 거래가 동반되면 추세가 전환된다. 지지선에서 대량거래가 동반되면 하락 추세로 전환되고 저항선에서 대량거래가 동반되면 상승 추세로 전환된다.

나. 추세선을 이용한 대응 전략

추세	주가 흐름	대응 전략
상승 추세	추세 지속	보유
	추세선 이탈(지지선 이탈)	매도
하락 추세	추세 지속	매도
	추세선 돌파(저항선 돌파)	매수
횡보 추세	추세 지속	관망 또는 박스권 매매
	추세선 상단 돌파	매수
	추세선 하단 이탈	매도

추세대 내에서 저항선과 지지선을 이용한 매매는 유효하지만 주가는 한 치 앞도 알 수 없으므로 지지선을 지지할 때는 매수하고 저항선에 접근했을 때는 매도한다. 다만, 파동을 이용해 하락 추세인 종목을 굳이 매수할 필요는 없다. 상승 중인 종목은 얼마든지 있다.

기본적 분석

(1) 기본적 분석의 의미

최근 인터넷의 발달과 정보의 홍수 속에서 자신이 투자하는 회사 정보도 빨리 쉽게 알 수 있다. 그럴수록 기업의 내재가치를 살펴보는 기본적 분석에는 전혀 관심도 없이 기술적 분석만 맹신하는 투자자도 늘고 있고 차트를 제대로 분석하지 않고 무작정 덤비면 세력과 주포의 먹이가 되기 쉽다. 정보에 의해 현재 특정 회사의 주가가 기업의 내재가치와 무관하게 시세가 형성되기도 한다. 이런 종목을 테마주라고 부르는데 결국 기업의 적정 가치의 가격을 찾아간다. 주식시장의 영원한 테마는 '실적'이므로 좋은 주식을 발굴하고 가치 대비 저평가 여부를 확인하려면 결국 기술적 분석과 기본적 분석 둘 다 필수다. 둘의 우선순위를 논할 수는 없지만 '실과 바늘' 관계인 만큼 두 가지 분석이 합쳐져야 가장 객관적이고 합리적인 선택이 가능하며 좋은 기업이 기술적 분석 관점에서 매수 위치라면 강력한 매수의 급소가 될 것이다.

기본적 분석은 질적 분석과 양적 분석으로 구분된다.

가. 질적 분석

- 정치 상황: 이슈에 따른 국민의식 구조 변화 등
- 산업 동향: 대외 악재나 호재, 수·출입 동향 등
- 노사문제: 노사타결, 파업
- 정부 정책: 매년 초 정부의 신규 정책이나 선거를 앞둔 후보별 정책
- 성장성: 특히 유동성 장세 때 빛을 보는 성장주
- CEO와 영향력 있는 임원의 변동 등

나. 양적 분석

- 통계
- 산업자료: 업황이나 글로벌시장 자료 분석
- 재무제표: 분기 보고서를 통한 실적 분석

(2) 기업의 적정 주가를 알고 가자

주식투자의 목적은 두말할 필요없이 수익을 내는 것이다. 말로는 안정적인 투자를 원한다지만 마음 한구석에는 급등주도 원할 것이고 옛날 '루보' 같은 작전주에 운좋게 걸리기도 바랄 것이다. 분명한 것은 주식은 수익성과 안정성이 반드시 함께 보장되어야 한다는 것이다. 어느 하나도 절대로 포기할 수 없다. 원금 훼손 가능성을 모두 알고 시작하지만 원금이 훼손되길 바라는 투자자는 아무도 없다. 안정성과 수익성이 보장된 정석투자를 꾸준히 해야만 수익을 낼 수 있으며 수익성이 아무리 높더라도 안정성

이 없는 상태에서 뇌동매매나 투기성 매매를 하면 당장은 높은 수익이 보이는 것 같아도 단 한 번의 잘못된 매매로 돌이킬 수 없이 후회할 매매를 하게 된다. 평생 피땀흘려 모은 자금이 온라인상에서 실제로 한 번도 못 만져보고 상장폐지되어 한순간에 휴지조각이 되고 만다. 어디 가서 보상받을 데도 없다. 주식투자에서는 수익이나 손실 모두 자신의 책임이므로 기술적 분석이 아무리 중요하더라도 중기투자든 단기투자든 매수하기 전에 기업부실 가능성부터 반드시 체크해야 한다. 그리고 현재 주가의 위치를 살펴본다. 주가가 시장가격 평가에서 적정한 평가를 받고 있는지, 고평가인지, 저평가인지 시장가치 비율을 분석해야 한다. 기업의 적정 주가를 확인하는 간단한 대표적인 5가지 지표를 익혀보자.

가. 주당순이익(EPS) = 당기순이익 ÷ 총 주식 수

주당순이익은 1주당 창출한 이익을 나타낸다. 주당순이익이 높을수록 투자가치가 높다. 현재 주가와 주당순이익을 비교해 주당순이익이 높은 종목은 저평가 종목에 해당한다고 볼 수 있다.

나. 주가수익률(PER) = 주가 ÷ 주당순이익(EPS)

주가수익률은 앞에서 설명한 주당순이익의 몇 배에 주식이 거래되는지를 나타낸 지표다. PER라고도 부르며 PER가 높으면 회사 이익에 비해 주가가 상대적으로 높은 상태이며 반대라면 이익에 비해 주가가 낮다는 뜻으로 기업의 수익성과 성장성을 파악할 때 이용하는 지표다. 업종별로 성장도나 기준이 다르므로 동일하게 평가하기에는 무리가 있으며 동일업종의 저PER 종목이 투자하는 데 아무래도 유리하다.

다. 주당순자산(BPS) = 순자산 ÷ 총 주식 수

주당순자산은 장부가치를 말한다. 기업의 순자산을 발행한 총 주식 수로 나눈 값이다. 해당 기업의 자산가치가 각 기업의 주가에 반영된 정도를 보여주는 지표다. BPS가 높으면 기업의 자산가치가 높다는 뜻이다.

라. 주가순자산비율(PBR) = 주가 ÷ 주당순자산

기업의 현재 주가가 주당순자산의 몇 배인지를 보여주는 지표다. 시장가치와 장부가치를 비교하는 지표로 PBR이 낮고 대주주 지분이 낮은 회사는 적대적 M&A 대상이 되기도 한다.

센스톡 대주주 지분은 30% 내외가 적정하다. 너무 많으면 거래할 때 유동성에 문제가 생기며 너무 적으면 적대적 M&A의 타깃이 될 수도 있다.

마. 자기자본이익률(ROE) = (당기순이익 ÷ 자본총계) × 100

CEO가 기업에 투자된 자본을 사용해 창출하는 이익을 보여주는 지표다. 기업의 이익창출 능력을 알 수 있으며 자기자본수익률이라고도 부른다. 자기자본으로 수익을 얼마나 효율적으로 창출하고 있는지를 보여주는 지표다. 자기자본이익률이 높을수록 투자하기에 좋은 기업이다.

센스톡 5대 핵심지표 한눈에 보기

주당순이익(EPS)	당기순이익 ÷ 총 주식 수	높을수록 좋다	가치주, 저평가
주가수익률(PER)	주가 ÷ 주당순이익(EPS)	낮을수록 좋다	가치주, 저평가
주당순자산(BPS)	순자산 ÷ 총 주식 수	높을수록 좋다	가치주, 저평가
주가순자산비율(PBR)	주가 ÷ 주당순자산	낮을수록 좋다	가치주, 저평가
자기자본이익률(ROE)	(당기순이익÷자본총계)×100	높을수록 좋다	재무우량확인지표

(3) 기업의 안정성 지표

개인 투자자들은 재무 비율이 어렵다는 선입견부터 갖는 경향이 있는데 결코 어렵지 않다. 간단한 몇 가지만 기억하고 자신의 자산을 투자하고 재테크하는 데 필요한 수고라고 생각하자. 기업의 안정성 지표는 경기 변동성에 대한 기업의 빠른 대처능력이나 부채가 발생했을 때의 상환능력을 보여주므로 기업의 저력을 보여주는 지표다.

가. 유동비율 = (유동자산÷유동부채)×100

기업이 현재 보유한 자산능력이나 신용평가 능력을 판단하는 지표로 신용분석 관점에서 가장 중요하다. 유동비율이 클수록 기업의 재무유동성도 크다. 보통 200% 이상 유지하는 것이 이상적이다.

나. 이자보상비율 = (영업이익÷이자비용)×100

기업의 금융비용 능력을 보여주는 지표다. 기업의 영업이익이 이자비용의 몇 배인지를 보여주는 지표로 이자보상비율이 높을수록 좋다.

다. 부채비율 = (부채총계÷자본총계)×100

개인이든 기업이든 부채는 달갑지 않다. 부채비율은 기업의 건전성을 보여주는 지표다. 기업 부채는 적어도 자기자본액보다 적어야 바람직하므로 부채비율이 100% 미만이어야 이상적이고 매년 줄어드는 것이 바람직하다. 업종 간 차이도 무시할 수 없다. 대체로 건설업, 제약·바이오 업종의 부채비율이 높다.

(4) 기업의 수익성 지표

기업이 주주의 자본을 이용해 수익을 얼마나 창출하는지를 보여주는 지표다.

가. 자기자본비율(ROE) = (당기순이익 ÷ 자기자본) × 100

타인자본을 제외하고 순수히 자기자본만으로 기업 운영에서 이익을 얼마나 창출하는지를 보여주며 주주들이 투자한 자본을 얼마나 효율적으로 운용하고 있는지를 보여주는 분석지표다.

나. 납입자본이익률 = (당기순이익 ÷ 납입자본) × 100

납입자본이란 각 기업에 투자한 주주들이 기업 주식을 매입하기 위해 기업에 출자한 자금으로 납입자본이익률은 해당 회사의 배당능력을 판단하는 지표다. 이 비율이 높을수록 증자 여력이나 배당 증가 여력이 높다.

다. 총자본이익률(ROI) = (당기순이익 ÷ 총자본) × 100

기업의 사업에 투자된 모든 자본을 고려한 지표로 기업 생산활동에 투입된 자본이 기업에 잘 활용되고 있는지를 보여주는 지표다. 이 비율이 높을수록 기업의 효율성이 높고 잘 운영되고 있다고 볼 수 있다.

라. 매출액순이익률 = (당기순이익 ÷ 매출액) × 100

기업 매출에 대한 당기순이익 비율로 기업의 영업활동 성과를 총괄적, 합리적으로 판단할 수 있다.

(5) 기업의 활동성 지표

기업이 경영활동을 얼마나 활발히 하는지를 보여주는 지표들이다.

가. 총자산회전률(매출액÷총자산) = (매출액÷자산총계)

기업의 총자산이 한 해에 몇 번이나 회전했는지를 보여주는 분석지표다. 총자산회전률이 높다는 것은 유동자산, 고정자산 등이 효율적으로 잘 이용되고 있다는 의미이고 반대로 낮으면 과잉투자 등 뭔가 비효율적인 투자가 이루어지는 것으로 해석할 수 있다.

나. 고정자산회전률(매출액÷고정자산)

해당 영업 기간에 매출액을 토지, 건물, 기계 등의 부동산이나 소유한 고정자산의 총액으로 나눈 값이다. 이 지표로 고정자산을 잘 활용하는지와 임대수입 등의 여부, 고정자산의 과잉투자나 과소투자 여부를 판단할 수 있다.

다. 재고자산회전률(매출액÷재고자산)

기업의 재고자산이 얼마나 빨리 소진되는지를 보여주는 지표다. 재고는 없을수록 좋으며 재고소진율이 높아야 수익성도 높다.

(6) 기업의 성장성 지표

기업은 매년 경영활동을 통해 성장하는 것이 정상이다. 매출과 이익 등이 전년보다 얼마나 증가했는지를 보여주는 지표다.

가. 매출액증가율 = [(당기매출액 − 전기 매출액)÷전기 매출액]×100

기업의 영업활동이 작년보다 얼마나 활발히 이루어졌는지를 증가 또는 감소로 보여주는 지표다.

나. 영업이익증가율 = [(당기영업이익 − 전기 영업이익)÷전기 영업이익]×100

기업의 영업이익이 작년보다 얼마나 증가 또는 감소했는지를 보여주는 지표다.

다. 총자산증가율 = [(당기 말 총자산 − 전기 말 총자산)÷전기 말 총자산]×100

일정 기간 기업 규모가 얼마나 성장했는지를 보여주는 지표다.

종목 차트의 기술적 분석의 가장 기본적인 사항들과 종목의 기업 내적 평가를 위한 가장 기본적인 초등학생 교육 과정 정도를 공부했다. 질풍노도의 시기인 중학교 과정에서 더 세밀하게 공부해보자.

3
CHAPTER

주린이 중학교 성장기

주식은 타이밍:
각 지표를 이용한 매수·매도의 급소

　주식투자에 성공하기 위한 가장 간단하고도 어려운 원칙은 수없이 강조한 '싸게 사서 비싸게 파는' 것이다. 이 원리를 잘 지켜 싼 가격에 사고 있는지 확인하기 위해 또는 이 원리를 몰랐던 투자자는 기본적 분석과 기술적 분석을 앞에서 공부했다. 같은 종목을 매수하더라도 언제 얼마에 매수하느냐에 따라 수익을 주는 좋은 종목이 되는 반면, 고점에서 매수하면 아무리 좋은 종목도 몇 년 동안 보유해도 원금은커녕 손실만 보게 되어 속앓이만 하게 된다. 그래서 주식을 '타이밍의 예술'이라고 부른다. 많은 개인투자자가 주식시장에 뛰어들었다가 실패를 맛보고 떠나는 가장 큰 이유는 고점에서 추격 매수하고 저점에서 견디지 못해 손절하고 또 손절 후 상승을 바라보면 매도한 것을 후회하면서 또다시 추격 매수하기 때문이다. 그것이 새로운 고점이라는 것도 모른 채.

　주가는 파동에 의해 고점과 저점을 형성해가며 매일 살아 움직이는 생물과 같다. 아예 중·장기 투자로 일희일비하지 않는다면 매일 변동하는 주가에 감정이 변하고 매수·매도 욕구가 없겠지만 전업 투자자나 요즘처럼 HTS로 시세를 자주 파악하며 단기 스윙 매매하는 개인 투자자들은 매일매일의 파동을 무시할 수가 없다. 주식은 매수보다 매도가 중요하다고 한다. 매수는 일단 하는 순간 내 주식이 되고 매도하기 전까지는 수익이든 손실이든 확정이 아닌 가정이다. 하지만 개인 투자자들은 현재 보유 중인 종목의 잔고를 쳐다보면서 감정을 너무 많이 낭비한다. 인간이라 당연한지도 모른다. 필자는 이 책을 읽는 주린이에게 꼭 강조하고 싶은 것이 있다. 저점 매수를 배워라! 그리고 매수한 주식은 수익이든 손실이든 매도하기 전까지는 아무 것도 아니다. 그냥 현재의 현실일 뿐 절대로 내 것이 아니다! 그리고 절대로 고점 매수를 하지 말라! 저점에서 매수해도 시장 변동성이나 주포나 세력의 속임 동작에 개인 투자자는 지쳐버린다. 앞에서 배운 기본적 분석은 매매할 종목을 고를 때 필수다. 절대로 망하지 않을 기업에 투자하는 것이 필수다. 그런 후 종목의 저점을 찾아내자. 그것이 이번 단원에서 공부할 내용이다.

추세선, 추세대를 이용한 매수·매도의 급소

♣ **차트에서는 맨 먼저 추세선 트렌드를 확인하자**

초등학교 입학 과정에서도 설명했던바와 같이 차트의 추세는 아주 중요한 핵심이다. 주가의 방향성이 어느곳으로 가느냐, 중장기 관점이라면 몇년 추세 상관 없이 실적과 산업만 믿고 보유하지만 중기 관점만 되더라도 주가의 방향성은 가격 결정에 중요한 요소이다 복습차원으로 앞서 배운 추세를 생각하며 내가 미리 머리속에 아래 설명과 함께 그려 보도록 하자.

필자는 개인 투자자들에게 차트 교육을 할 때 항상 하는 질문이 있다. "여러분은 차트에서 무엇부터 확인하십니까? 아니 습관적으로 맨 먼저 무엇이 눈에 들어오나요?" 그럼 다양한 대답이 나온다. 이 책을 읽는 주린이 여러분도 생각해보자. 차트를 볼 때 무엇부터 보는가?

자신이 맨 먼저 보는 것이 그동안 내가 차트에서 가장 중시한 지표라고 생각하면 된다. 가장 많은 대답은 거래량이었다. 필자도 거래량을 중시하고 교육할 때도 많이 강조한 것이다. 거래량은 수급이다. 주가의 척도이며 기업의 현 주가를 결정하는 가장 중요한 변수 중 하나다. 차트는 기본적으로 캔들, 이평선, 현재 주가, 거래량으로 구성되어 있다.

그럼 맨 먼저 확인해야 할 것이 거래량인가? 그렇지는 않다. 앞에서 말했듯이 주식매매의 가장 큰 목적은 수익을 내는 것이다. 수익을 내기 위해 차트에서 맨 먼저 확인해야 할 것은 바로 '추세'다. 미래의 주가는 아무도 모른다. 당장 내일의 주가도 모른다. 다만, 미래의 주가는 기업의 성장성이나 현재의 재무제표를 통해 기업가치를 판단할 뿐이다. 하지만 그사이 알 수 없는 변수는 무궁무진하다. 추세란 무엇인지 자문해보자. 나는 추세를 그릴 줄 아는가? 오랫동안 주식투자를 해온 투자자도 추세를 막연히 짐작만 할 뿐 실제 추세를 그리지는 못한다. 이 책에서 기술적 분석의 기초인 추세선과 추세대를 그리는 방법을 배워보자.

추세(Trend)는 사전적 의미로 '일정한 방향으로 현상이 진행되는 경향'이다. 주가에서는 진행 방향이라고 할 수 있으며 '추세 분석'은 주가 진행 방향을 분석하는 것이다. 차트의 주가 흐름에서 뉴턴의 제1법칙인 '관성의 법칙'과 '회귀법칙'이 존재한다고 필자는 방송 중에도 회원들에게 차트를 설명하면서 자주 말한다. 2가지 추세는 상반된 법칙이지만 서로 공존하면서 매수·매도의 힘으로 나타난다. 추세 반전이 나오기 전까지는 기존 방향대로 지속하려는 큰 힘, 즉 관성의 법칙이다. 빠른 속도로 달리던 버스가 급정거하면 서 있던 승객들이 앞쪽으로 튕겨 나가듯이 진행 방향으로 계속 움직이려는 본능이자 습성인 반면, '회귀법칙'은 다시 원위치, 원점으로 돌아가려는 귀속 본능이다.

"달리는 말에 올라타라"라는 주식 격언은 분명히 관성의 법칙에 근거한 투자 방법이며 눌림목이나 저점에서 매매하자는 안정적 매매는 회귀법칙에 충실한 것이다. 2가지 중 어느 것이 맞고 틀리다고 할 수는 없다. 시장의 탄력도와 특성에 맞게 매수세의 힘은 탄력을 받거나 오르면 매도하고 싶은 심리에 밀려 주가 하락이 자연스럽게 나오기 때문이다. 주가의 가장 큰 호재는 하락이고 가장 큰 악재는 상승이다.

가. 추세선의 종류와 매매의 급소

♣ 상승 추세선

상승 추세는 매수세력과 매도세력이 힘을 겨루는 가운데 매수세력의 힘이 더 강해 저점이 지지되면서 주가가 우상향 패턴으로 진행하는 것이다. 점진적인 거래량 증가와 전 저점에 대한 지지 흐름이 이어지면 주가 상승의 가장 매력적인 구간의 매수의 급소다.

♣ 상승 추세선 긋기

상승 추세선은 저점과 저점 2개 이상의 꼭짓점을 연결한 선이다. 여러 저점을 대략 연결한 선으로 오른쪽으로 길게 연장해 저점끼리 연결하면 지지선이 되면서 상승 추세가 보인다. 상승 추세를 깬다는 것은 최소한의 저점을 연결하면서 그 흐름을 이어가는 것이므로 추세의 저점으로 이어지는 선에서 절대로 이탈하면 안 된다. 저점 추세를 깬다는 것은 상승 추세에서 이탈한다는 말이다.

[그림 3-1] 네패스 일봉

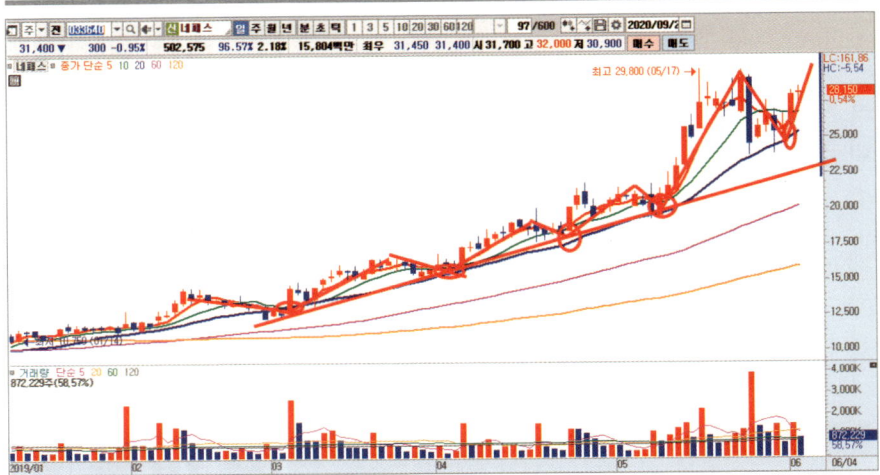

[그림 3-2] 상승 추세선

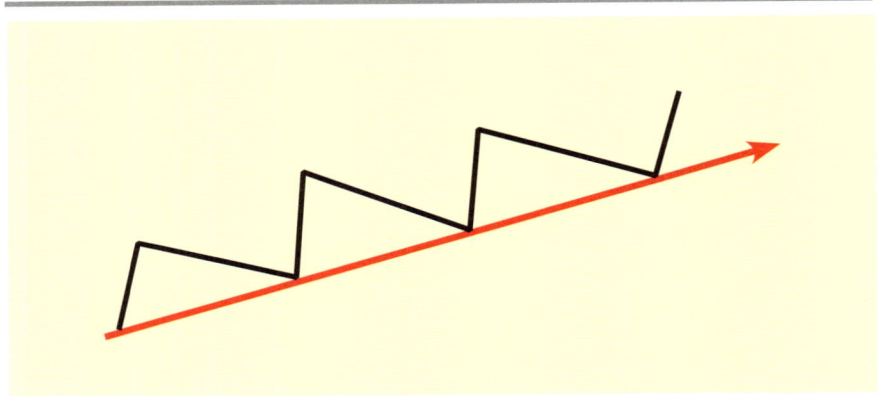

♣ 하락 추세선

하락 추세는 매수와 매도의 힘겨루기에서 매도세력이 더 강할 때 나오는 패턴이다. 불안 심리가 강해지면서 전 고점을 돌파하지 못할 거라는 생각에 고점이 저항대로 자리잡고 전 저점을 점점 깨면서 고점들은 강한 저항선으로 자리잡고 지지선은 하염없이 우하향하면서 하락하는 패턴이다.

♣ 하락 추세선 긋기

하락 추세선은 고점과 고점을 연결한 선이다. 저항을 돌파하지 못하고 매도 물량의 압력에 고점이 낮아지면서 저점이 하염없이 하락하는 패턴이므로 고점과 고점을 연결해 오른쪽으로 길게 연장하면 추세선이 완성된다. 수급 면에서는 당연히 매도세가 강하고 주가가 반등할 때마다 그동안 하락할 때 매도하지 못한 대기 매도세가 기술적 반등 때마다 매도 물량을 쏟아낸다. 하락 추세에서도 저점과 고점을 이용한 파동에 의해 매수·매도할 기회가 분명히 있지만 수많은 종목 중에 하락 추세인 종목을 굳이 골라 매수할 필요는 없다. 먹을 게 별로 없고 타이밍을 놓치기라도 하면 손실만 늘어난다.

[그림 3-3] 영진약품 일봉

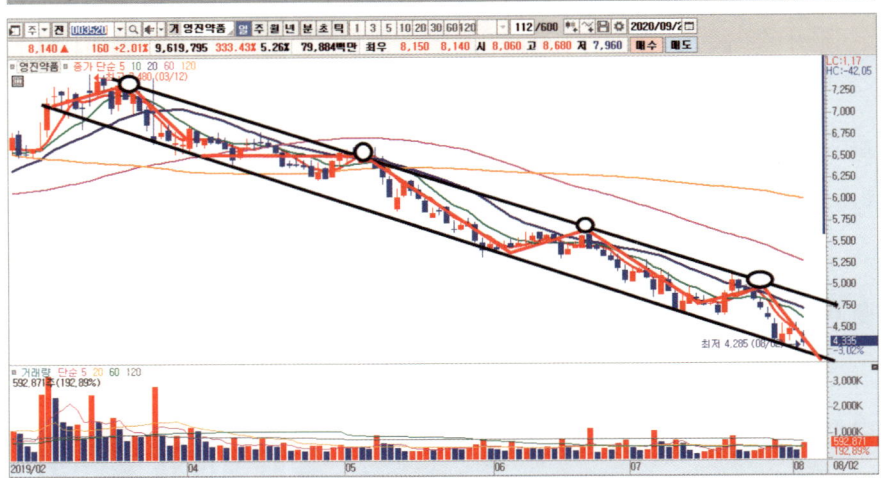

[그림 3-4] 하락 추세선

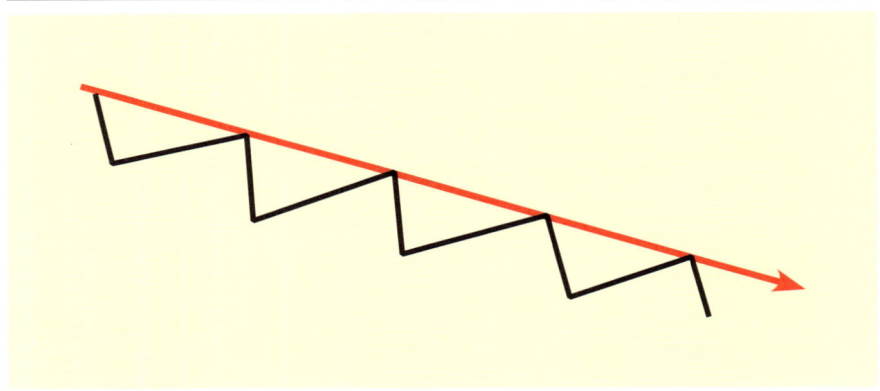

♣ 횡보(보합·박스권) 추세

횡보 추세는 말 그대로 일정한 고점과 저점을 반복하면서 박스권 안에서 등락을 반복하는 패턴이다. 매수세와 매도세가 팽팽한 힘겨루기를 하면서 수평으로 등락이 반복된다. 추세 하단에는 매수세력이 대기 중이지만 상단에 가면 더 이상 주가가 오르지 못할 수도 있다는 심리적 부담으로 대기 매도자 물량이 나오는 패턴이다. 이런 반복 패턴의 매매 급소는 하단에서 저점을 지지해주는 자리다. 상단에서 고점을 돌파하지 못하면 단기 매도 수익실현 자리 중심권에서는 관망 구간으로 주가 변화를 확인하고 다시 저점에서 추세 이탈 여부를 확인하는 것이다.

한 가지 중요한 것은 이런 박스권 패턴들이 박스권 상단에서 거래량이 동반되면서 재료나 실적 주가가 탄력을 받을 만한 모멘텀이 나오면 급등하고 주가 하단에서 악재가 돌출하면 급락한다는 것이다. 주로 선취매 세력이 있으면 박스권 구간의 재료를 기다리는 주가관리 구간일 가능성이 크기 때문이다. 마찬가지로 이 구간 움직임의 포착 시발점은 거래량이다.

♣ 횡보(보합·박스권) 추세 긋기

횡보(보합·박스권) 추세에서는 고점과 저점 중 특별한 의미가 있는 곳이 비슷한 지점에서 저항대로 작용하고 지지대로 작용할 것이다. 고점끼리 연결하고 저점과 저점을 오른쪽으로 연결하면 평행선이 만들어진다. 다소 지루한 움직임일 수 있지만 박스권 안에서의 거래량 흐름을 보면서 매수·매도의 힘을 체크하면 박스권 이후의 주가 방향을 예측해볼 수 있다.

[그림 3-5] 제일바이오 일봉

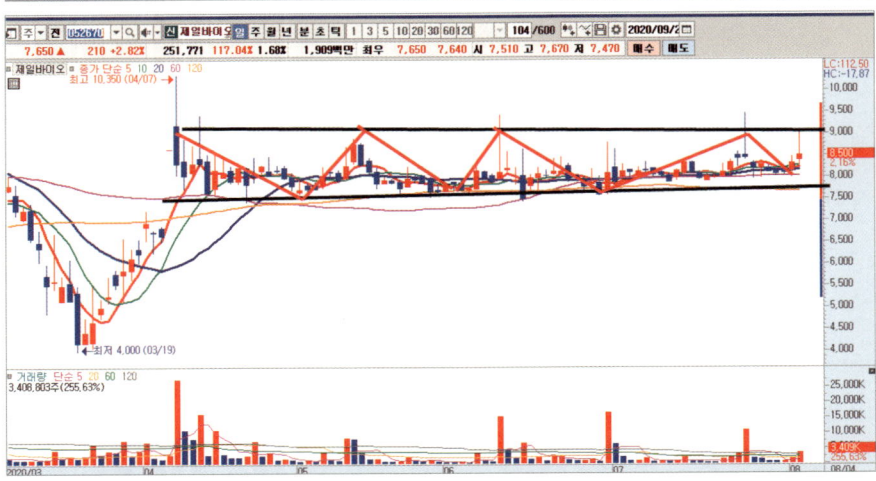

[그림 3-4] 하락 추세선

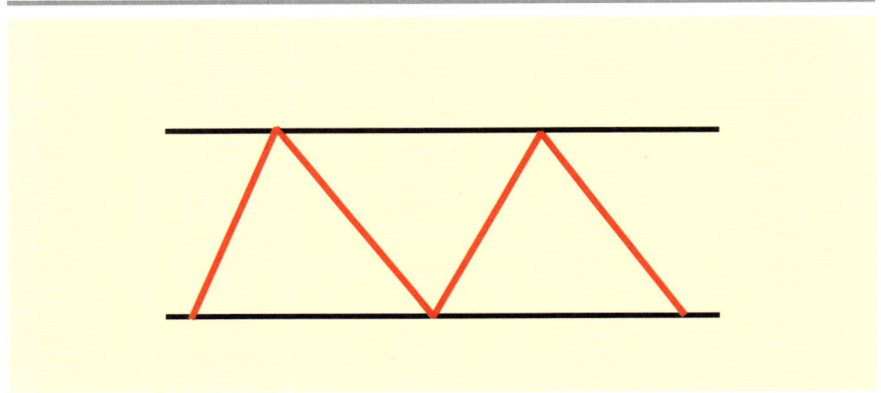

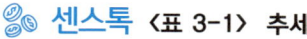 **〈표 3-1〉 추세**

추세	상태	대응 전략
상승 추세	추세 지속	보유
	추세선 이탈	적극 매도
하락 추세	추세 지속	매도
	추세선 돌파	적극 매수
횡보 추세	추세 지속	관망 또는 박스권 매매
	추세선 상단 돌파	적극 매수 또는 보유
	추세선 하단 이탈	적극 매도

단기매매나 스윙 관점이라면 추세대를 이용한 저점매수, 고점매도 패턴으로 매매를 반복할 수 있고 중기적 관점의 상승 종목이라면 추세의 중요한 지지대 유지의 흐름을 관찰하면서 보유해야 대시세를 맛볼 수 있다.

3
패턴 매수 · 매도의 급소

추세 변화에 따른 패턴을 분석하는 매매는 여러 가지 주가의 정형화된 패턴에 비추어 향후 주가 흐름을 예측해 길목 매매를 하는 것이다. 종목마다 과거의 반복적인 습관과 비슷한 패턴을 바탕으로 매매전략을 세우며 신뢰도도 높고 초보자도 쉽게 매매할 수 있으며 주가 흐름을 예측하는 데 중요한 길잡이가 된다. 예측한 방향성에서 벗어났을 때는 바로 매도하는 것이다.

앞에서 말했듯이 주식은 원래 상태대로 돌아가려는 '회귀법칙'과 가던 방향으로 가려는 '관성의 법칙' 이 2가지 성향에 의해 추세 전환을 예고하는 반전형 패턴과 추세 지속을 예고하는 지속형 패턴으로 나눌 수 있다.

<표 3-2> 패턴

가. 반전형 패턴

반전형	삼중 고점 / 머리어깨형 / 역머리어깨형(삼중 바닥형 / 역머리어깨형)
	상승 V자형 / 역V자형
	이중바닥형 / 이중천정형

나. 지속형 패턴

지속형	하락 삼각형 / 상승 삼각형
	N자형(하락 / 상승)
	L자형 / 대칭 삼각형

♣ 삼중 고점 / 머리어깨형

고점 3개를 형성한 후 추가 상승하지 못하고 주가하락을 부르는 전형적인 하락 반전형 패턴이다. 가운데 고점이 가장 높은 가격에 위치해 머리라고 부르며 양쪽 고점을 어깨라고 부르는데 보통 어깨보다 머리가 높이 형성되며 왼쪽 어깨보다 오른쪽 어깨가 낮은 경우가 흔하다. 이런 경우, 중기적 하락 흐름이 나올 수 있으므로 추세에서 이탈하는 경우, 반드시 매도해 추가 리스크에서 벗어나야 한다.

[그림 3-7] 삼중 고점 / 머리어깨형

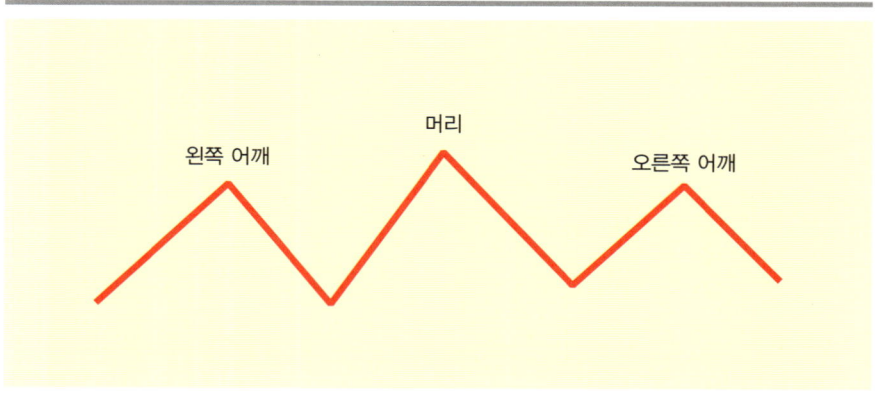

[그림 3-8] 코스모신소재 일봉

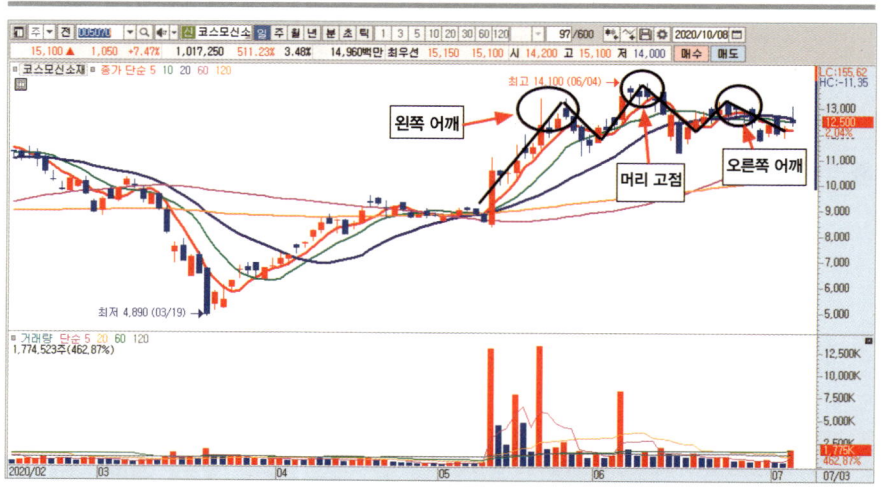

♣ 역머리어깨형(삼중바닥형 / 역머리어깨형)

　역머리형은 머리어깨형을 거꾸로 뒤집은 형태다. 장기간 바닥을 횡보하며 하락이 진행된 후 추세 전환 즉, 상승 전환을 시도할 때 등장하는 패턴으로 가장 저점 매수 구간이 될 수 있으며 추세 상단을 돌파할 때 큰 수익이 동반될 수 있는 구간이다.

[그림 3-9] 삼중바닥형 / 역머리어깨형

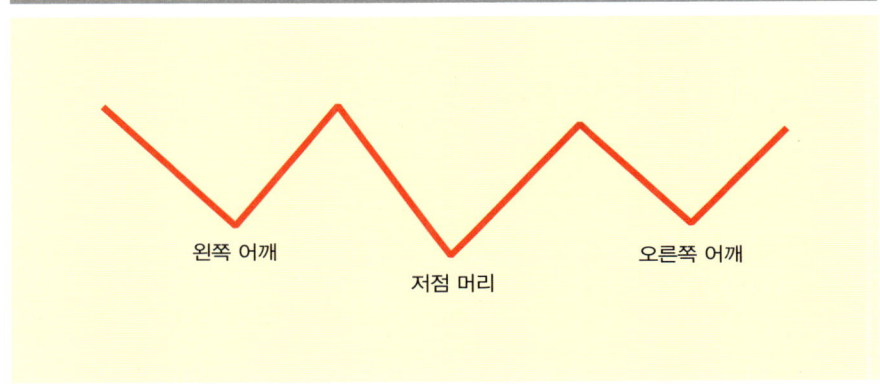

센스톡 매수 관점에서 신뢰도 있는 매매기법으로 오른쪽 저점이 왼쪽 저점보다 높고 점진적인 거래량 증가가 동반된다면 1차 매수가 가능하며 상승 이후 추세 상단을 거래량과 함께 돌파할 때 매수에 본격적으로 가담한다.

[그림 3-10] 캠시스 일봉

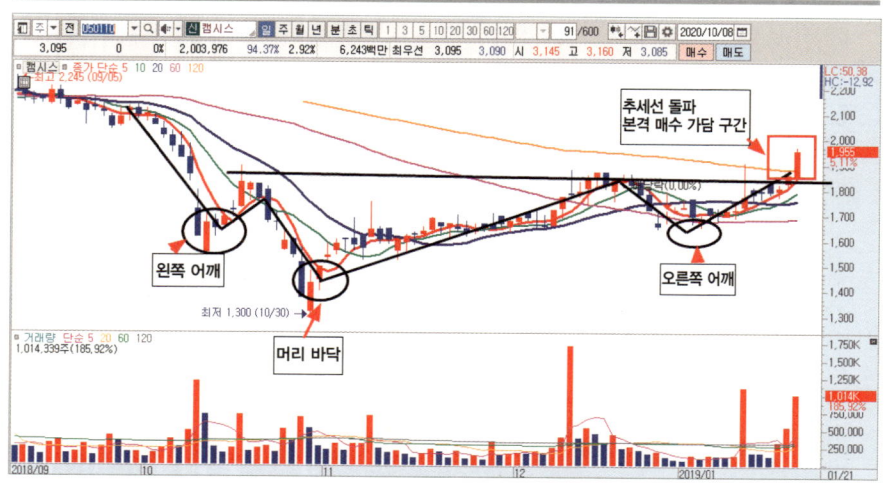

♣ 상승 V자형

주가가 일시적으로 전체적인 시장의 급락이나 일회성 악재로 하락한 후 빠르게 반등하는 패턴으로 단기간에 형성되는 경우가 많으므로 반등은 크지 않고 반등 이후 파동에 의한 조정이 형성될 수도 있다. 신뢰도는 약하며 글로벌 증시의 변동성이나 외부 악재 등 일회성 악재에 의해 종종 등장하는 패턴이다. 외부 환경에 의한 V자형 패턴은 하락 각도와 상승 각도가 같은 대칭 구조를 이룰 때가 많으며 추세가 전환될 때 빠른 대응이 필요하다.

[그림 3-11] 상승 V자형

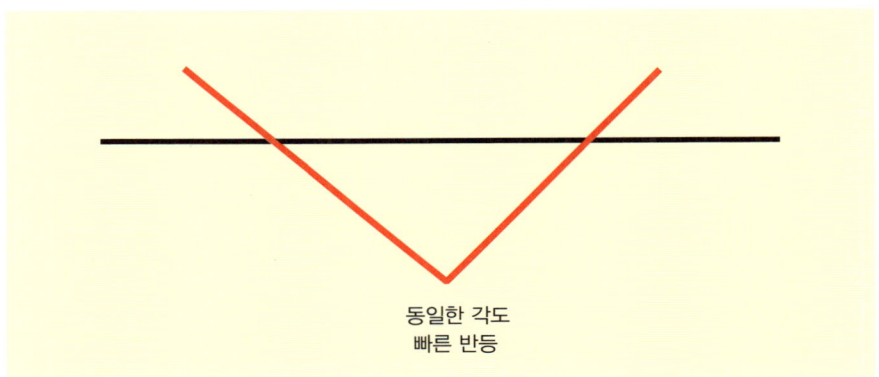

[그림 3-12] 코스모신소재 일봉

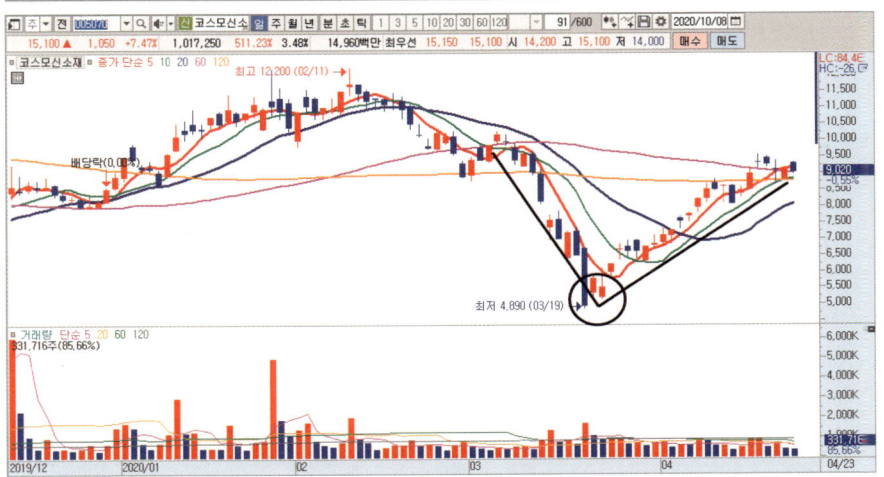

♣ 역V자형

V자형의 반대 패턴이다. 주가가 급등한 후 급락하는 패턴이므로 개인 투자자의 리스크 관리가 필요하고 위험한 패턴이다. 급등하던 주가가 고점

을 형성한 후 차익실현 물량과 함께 고점에서 급락하는 패턴으로 이슈를 통해 급등한 종목에서 자주 등장하며 특히 5일 이동평균선과 20일 이동평균선의 이격도가 클 때 발생하는 경우가 많으므로 신규 매수는 절대 금지이며 기존 보유자도 장대 음봉과 대량거래가 나타나면 빠른 매도전략이 필요한 구간이다. 앞에서 배운 3중 고점 유형보다 더 빠른 급락과 단기 추세 전환을 암시하므로 강력한 매도 구간이다.

2020년 주린이가 시장에 급증하면서 코로나 테마주와 함께 500%, 1,000% 급등주들이 탄생하자 출처를 알 수 없는 곳곳에서 주식투자자들에게 상투권 종목이나 시간 외 상한가 종목을 문자로 무작위로 뿌리는 경우가 엄청나게 발생하면서 개인 투자자들에게 고점에서 물량을 떠넘기는 경우가 흔했다. 종목의 악재는 주가의 급등이며 호재는 주가 하락임을 명심하길 바란다.

[그림 3-13] 역V자형

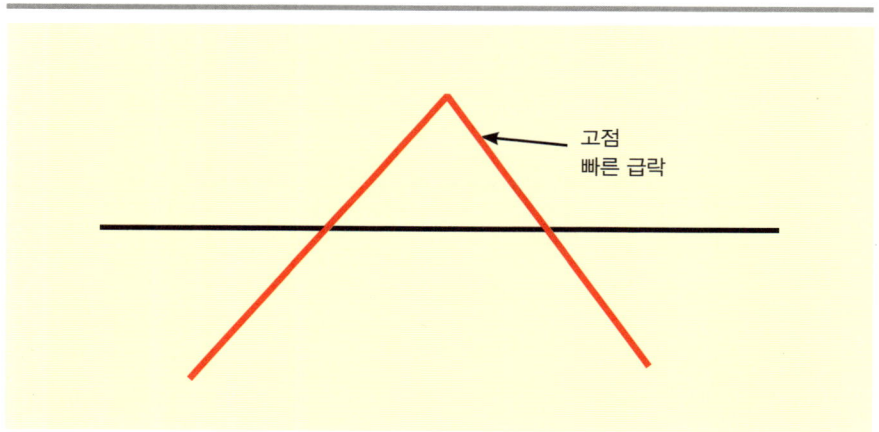

[그림 3-14] 태경비케이 일봉

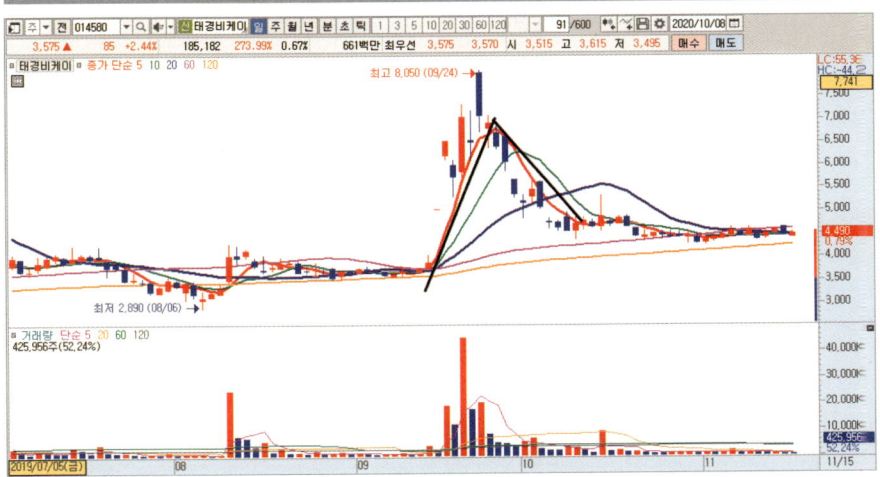

♣ 이중바닥형

이중바닥형은 실전에서 '짝궁뎅이'라고 많이 부른다. 오른쪽 저점이 살짝 들려 첫 번째 저점보다 살짝 더 높기 때문이다. 그 모습이 신뢰도가 더 높지만 최근 속임 동작으로 두 번째 저점을 첫 번째 저점보다 한두 호가 더 하락시키기도 한다. 실전에서 가장 흔한 패턴이다. 대시세 추세가 나오기보다 단기 반등이 나오는 주가 흐름이 연출되면서 에너지를 응축시키고 거래량이 점진적으로 증가하고 재료가 수반되면 이중바닥에서 다중바닥으로 연결되면서 급등세가 연출되는 경우가 많다.

[그림 3-15] 이중바닥형

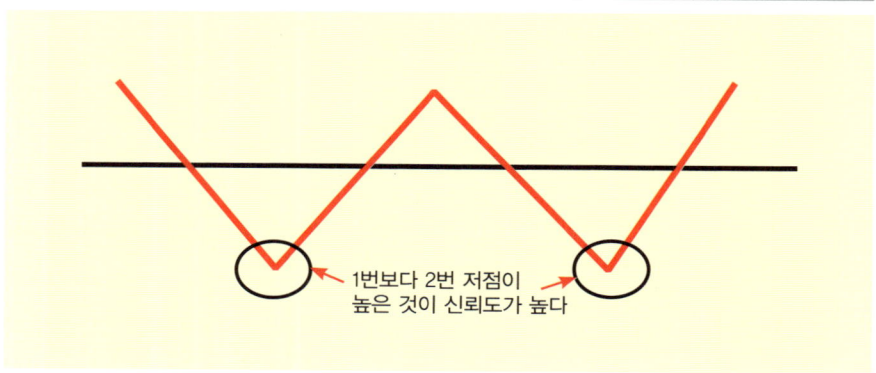

1번보다 2번 저점이 높은 것이 신뢰도가 높다

[그림 3-16] 동우팜투테이블 일봉

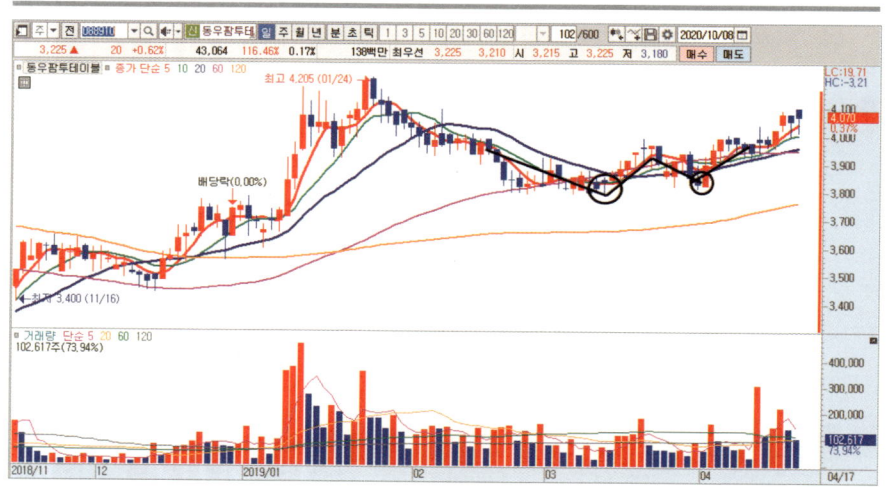

♣ 이중천정형

　이중바닥형의 반대로 주가 흐름이 상승 흐름인 M자형을 그리면서 움직이다가 더 이상 상승 폭을 만들지 못하고 하락 추세로 전환되는 형태다. 첫 번째 고점보다 두 번째 고점이 높아야 추가 상승을 기대할 수 있지만 이중천정형 패턴은 두 번째 고점이 낮으므로 첫 번째보다 힘이 약해 차익실현 물량이 출회될 수 있다. 첫 번째 상승이 시작된 시작점까지 손절선으로 볼 수 있지만 굳이 끝을 볼 필요없이 두 번째 고점에서 첫 번째 전 고점을 돌파하지 못하면 매도 구간으로 보고 오히려 첫 번째 상승 출발지점을 넥라인이라고 하는데 넥라인 지지 여부를 판단하고 재매수 관점에서 접근하는 것이 더 안정적이다.

[그림 3-17] 이중천정형

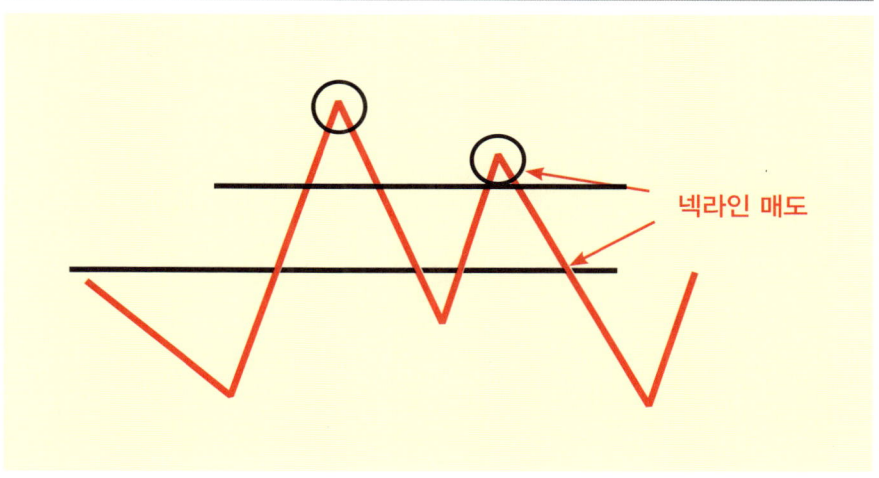

[그림 3-18] 주성엔지니어링 일봉

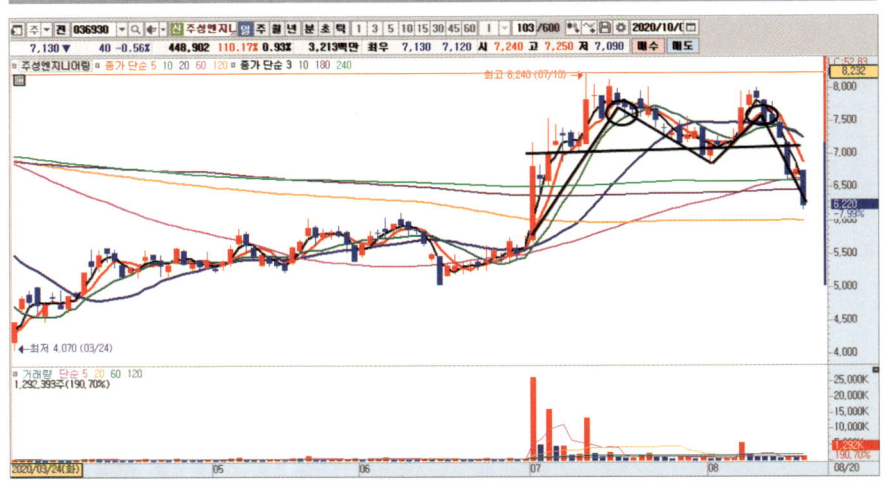

나. 지속형 패턴

기존 추세가 추세 중간에 잠시 보합 상태에 머물면서 단기상승에 따른 호흡조절, 속도조절 국면이 나타날 때 생기는 과정으로 이후 기존 추세대로 패턴을 형성하고 다시 이전 움직임과 같은 방향으로 움직인다.

	하락 삼각형 / 상승 삼각형
지속형	N자형(하락 / 상승)
	L자형 / 대칭 삼각형

♣ 하락 삼각형

상단쪽 추세선 즉, 고점과 고점을 연결한 선은 우하향하고 저점과 저점을 연결한 아래쪽 추세선은 수평선을 그리면서 삼각형 수렴을 이루는 패턴이다. 저항선은 돌파하기 어렵고 심리적으로 지지선을 하향 이탈하기 쉬운 패턴이다.

[그림 3-19] 하락 삼각형

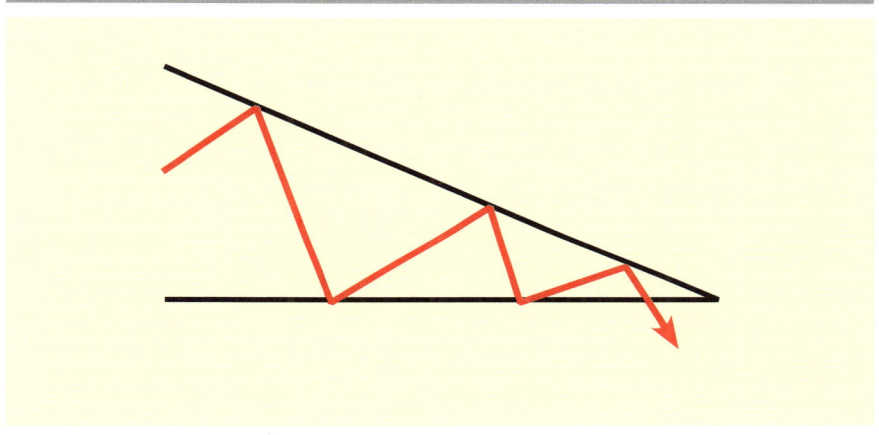

[그림 3-20] 금호에이치티 일봉

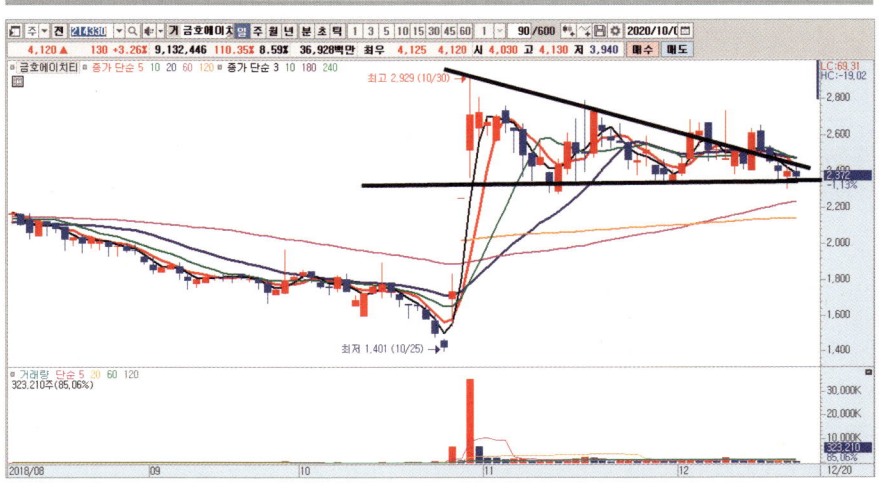

♣ **상승 삼각형**

상단 쪽 추세선의 고점과 고점을 연결한 저항선이 수평을 이루고 저점과 저점을 연결한 아래쪽 추세선 즉, 지지선이 우상향하면서 상단은 저항으로 작용하고 하단은 지지로 작용해 우상향 형태를 이루어 삼각형 수렴의 꼭짓점을 거래량과 함께 돌파하면 주가 상승이 나올 수 있다. 하지만 강력한 지지대로 형성한 우상향 수렴 구간에서 자칫 이탈하면 대기 매수세의 부재로 매물 압박이 가중되므로 일단 매도하는 전략이 필요하다.

[그림 3-21] 상승 삼각형

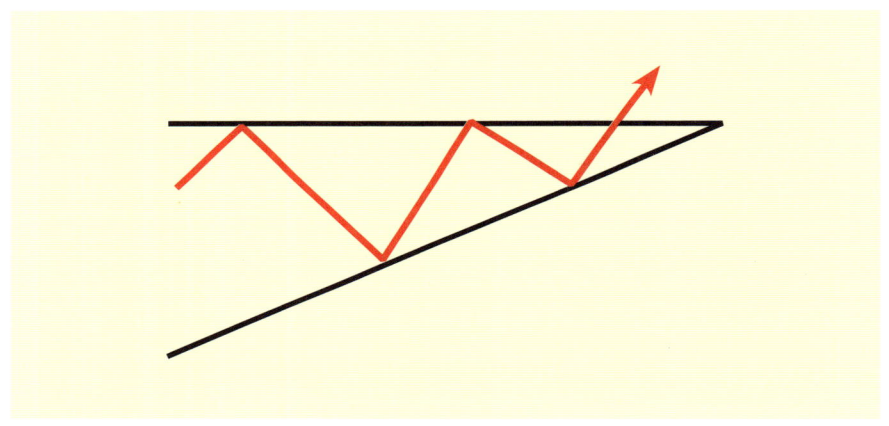

[그림 3-22] 씨젠 일봉

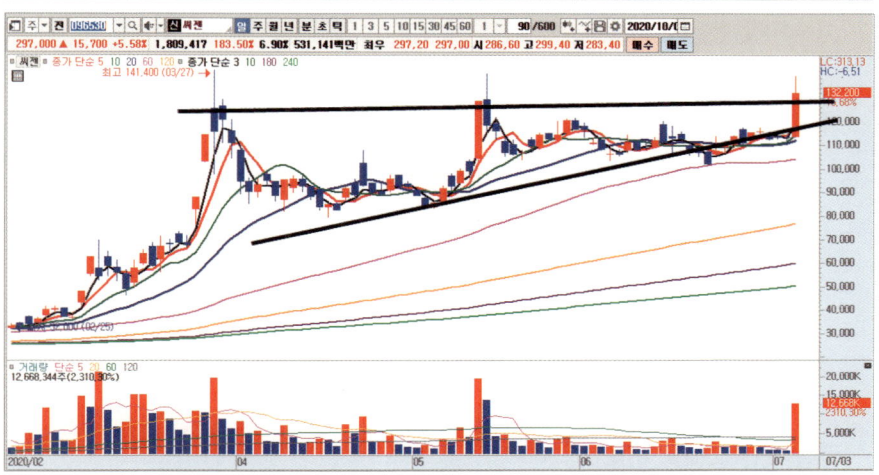

♣ 하락 N자형

N자형 패턴은 상승 추세에서는 매우 전형적이고 안정적인 패턴이지만 하락 추세에서는 희망 고문과 같다. 계단식 하락 패턴이 나타난다. 하락하던 주가가 일시적 반등을 보이지만 하락세를 계속하면서 전 저점을 이탈하기 때문에 일시적으로 반등할 때 희망이 생긴다는 의미다.

[그림 3-23] 하락 N자형

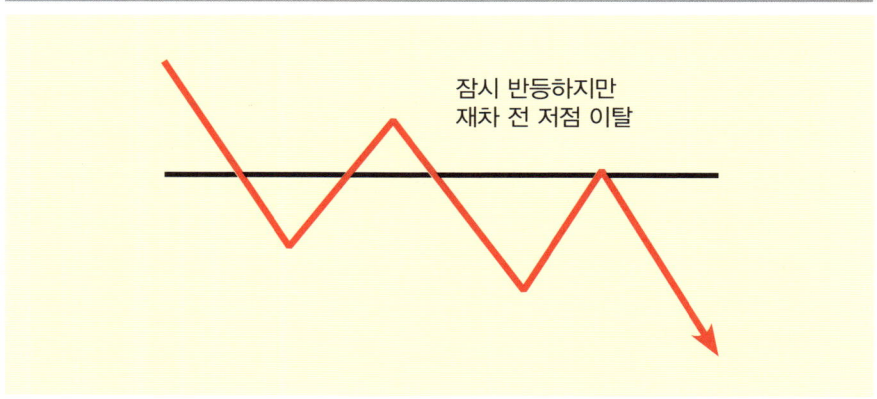

[그림 3-24] 신라젠 일봉

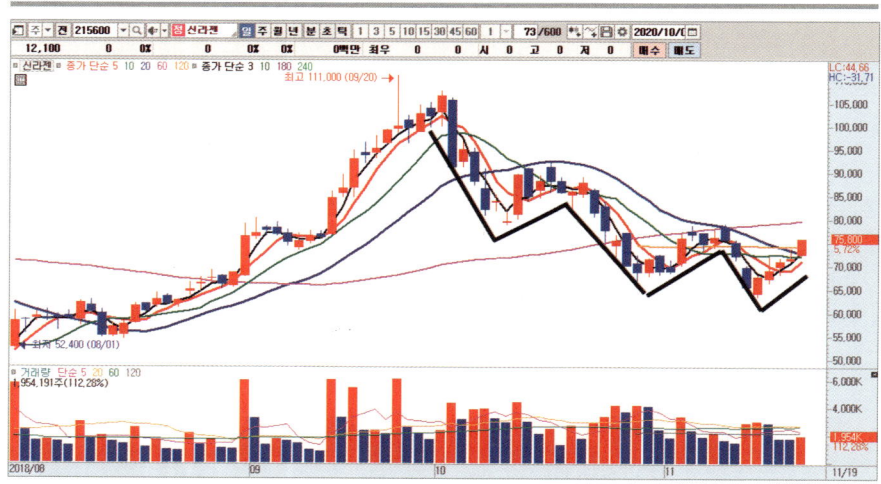

♣ 상승 N자형

추세선이 우상향으로 고점과 고점을 연결한 선이 우상향하고 저점과 저점을 연결한 선도 점점 높아지면서 N자 모양을 나타내므로 N자형 패턴이라고 부른다. 이동평균선의 저항선이나 전 고점 근처 등에서 지지받고 다시 상승하는 전형적인 우상향 패턴으로 중형주 이상에서 외국인과 기관의 수급이 유입되고 실적주라면 중기 전략으로는 매우 좋은 종목이므로 추세 끝까지 보유해 수익을 극대화하는 전략도 유효하다.

[그림 3-25] 상승 N자형

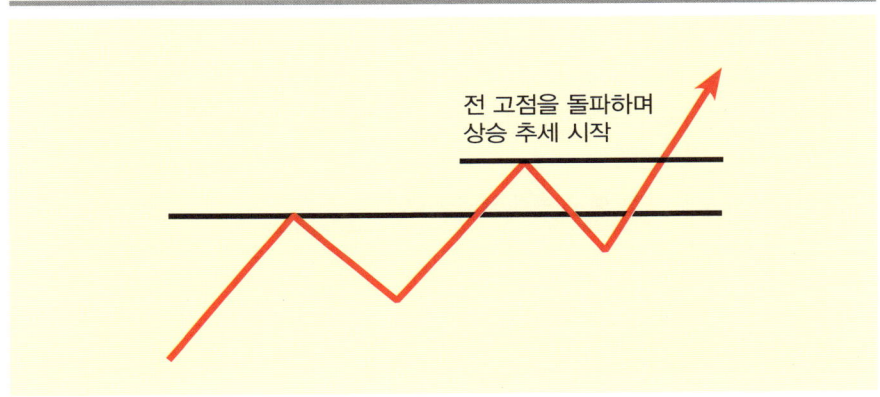

전 고점을 돌파하며
상승 추세 시작

[그림 3-26] 인지디스플레이 일봉

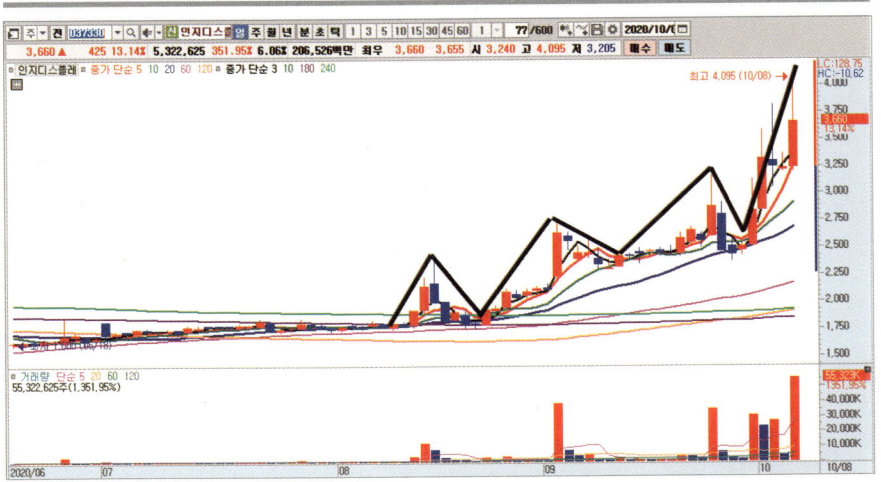

♣ L자형

보유자들에게는 오랜 고통의 시간이었을 하락의 시간을 마무리하고 L자를 형성하면서 매도 물량 출회도 마무리되며 저점을 지지하고 횡보하는 구간이다. 향후 거래량을 동반하면서 정배열로 전환된다면 급등이 나올 수 있으며 이런 구간에 이슈나 테마에 편입될 수 있는 '끼' 있는 종목이거나 과거 6개월 전후 무렵 대량거래와 함께 급등한 이력이 있는 종목은 재급등할 가능성도 있다. 패턴 기간이 길고 중간중간에 의미 있는 거래량 흔적이 포착될수록 급등폭이 커질 수 있다.

[그림 3-27] L자형 패턴 매집 초기 엑세스바이오

[그림 3-28] L자형 패턴 엑세스바이오 급등 후

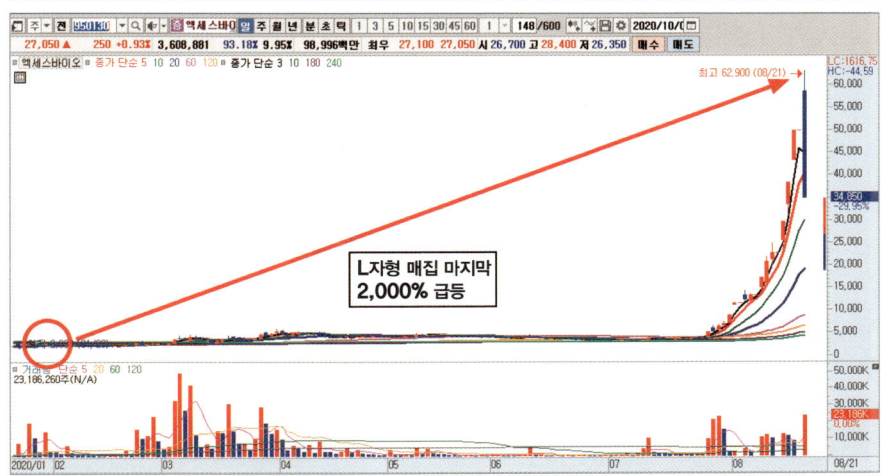

♣ 대칭 삼각형

　추세 상단의 고점과 고점을 이은 연결선은 하락 추세이고 저점과 저점을 이은 연결선은 상승 추세이면서 2개의 연결선이 삼각형을 이루어 만나는 형태로 어느 방향으로 강하게 움직이느냐에 따라 추세 방향이 결정된다.

[그림 3-29] 대칭 삼각형

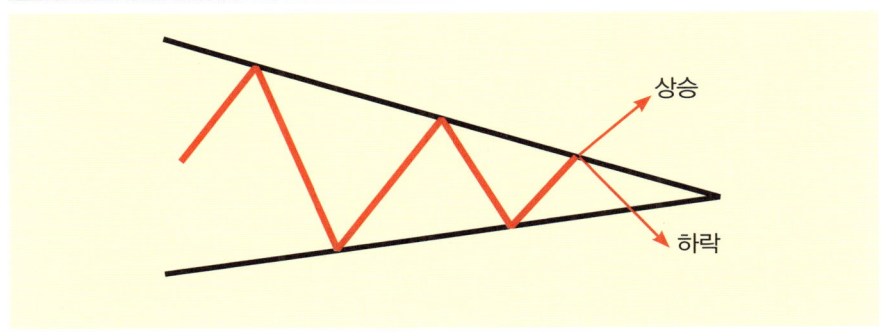

[그림 3-30] EDGC 일봉

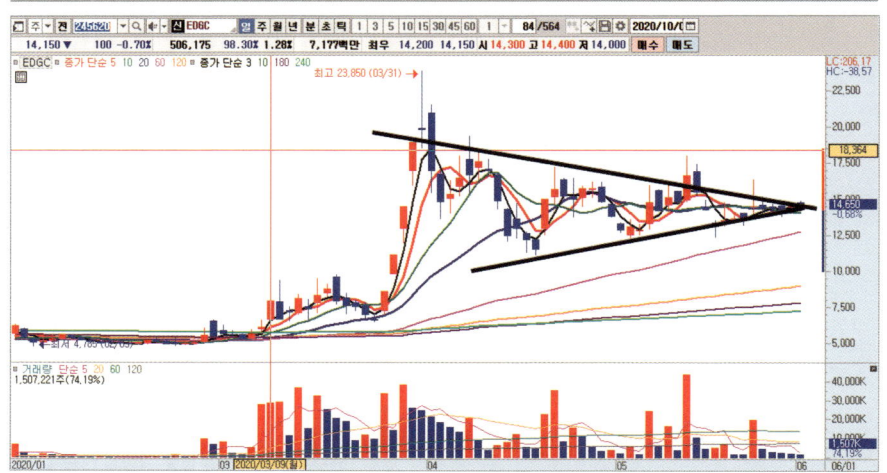

이동평균선,
매수·매도의 급소

차트를 구성하는 기본적인 3대 요소는 캔들, 거래량, 이동평균선이다. 이 3가지는 인간이 살아가는 데 필요한 의·식·주와 같다. 주린이의 초등학교 입학 과정에서 이동평균선의 원리와 종류를 이미 공부했다. 이번 단원에서는 이동평균선의 개념을 뛰어넘어 이를 통한 매매 급소를 공부해보자. 이동평균선 분석으로 먼저 주가의 현재 위치를 파악할 수 있다.

주가의 현재 위치는 꼭 알아야 하며 재무제표 대비 기업자산이 저평가인지 고평가인지 가늠해보지 않더라도 기술적으로 단기 급등한 상황인지 여부 정도는 충분히 알 수 있다. 또한, 주가가 많이 하락했다고 무조건 저점이라고 단정지을 수도 없다.

"The worst is not so long as we can say. This is the worst."

– 셰익스피어

"여기가 바닥이다."라고 말할 수 있는 한, 아직 바닥이 아니다. 지나고 나서야 비로소 '아, 그때 그 자리가 바닥이었구나'라고 느끼는 것이다. 섣불리 예측하지 말아야 할 것이 바로 주가의 바닥이다. 그래서 '떨어지는 칼날은 잡지 말라.'라는 말이 생긴 것이다. 이렇게 개인이 주가의 저점을 확인할 수 있는 대표적인 기술적 지표가 바로 이동평균선이다. 복습하는 의미로 기본적인 개념을 다시 짚어보자.

이동평균선(이평선): 매일매일의 종가를 산술적 평균으로 연결한 선이다. 일정 기간의 종가를 모두 합쳐 기간으로 나눈 값을 이동평균선 값이라고 부른다. 과거 자료로부터 현재의 주가 위치를 파악하고 미래의 주가도 예측하게 해주는 중요한 지표다.

가. 이동평균선의 종류

5일, 10일, 20일, 60일, 120일선이 일반적이다.

그 외에도 얼마든지 자신의 관점에 따라 3일, 240일, 360일 등으로 구분할 수 있다. 절대적 기준은 아니지만 단기매매하는 트레이더는 3일, 5일, 10일, 20일선을 주로 이용하고 중기매매 지표로는 60일, 120일, 240일선을 중요하게 본다. 각 이평선을 설명하기 전에 2단원 주린이 초등학교 입학 과정보다 더 심리적인 관점과 매매하는 입장에서 개인 투자자의 입장을 표현해보았다. 필자는 스캘핑부터 데이트레이딩 등 많은 투자를 경험해 그 영역을 너무나 잘 알고 있다.

- **5일 이동평균선(단기 생명선 / 추세선)**

　1주일 5거래일의 종가를 합해 5로 나눈 값이다. 데이트레이더에게는 매우 중요한 지표다. 단기 심리선이라고도 할 수 있으며 최근 주가가 상승 중이라면 보유자들은 심리적으로 더 큰 수익을 내려는 욕심이 생기는 한편, 주가가 하락할까 봐 불안한 감정이 계속 교차하는 구간이다. 반면, 최근 주가가 하락한 구간이라면 최근 고점에서 매수한 보유자들은 심리적 불안감으로 손절하고 싶은 유혹을 느끼는 구간이다.

　이렇게 5일선이 지닌 의미는 매우 간단하다. 단기 추세 파악에도 핵심적 역할을 하므로 1주일 미만 단기스윙 투자자들은 5일선의 흐름과 주가의 5일선 이탈·유지 등의 흐름을 유심히 살펴보아야 한다. 급등주가 5일선을 이탈했다면 분할매도 전략도 필요하다. 단기적 하락을 암시하기 때문이다. 또한, 바닥권에서 횡보하던 주식이 5일선 변곡점이 출현한다면 1차 매수 관점으로 생각해도 좋다.

- **20일 이동평균선(추세선 / 중기 생명선)**

　4주간의 주가 흐름 즉, 1개월간의 주가 흐름이다. 1주부터 1개월까지의 스윙 및 중·단기 매매전략에 유용하게 사용된다. 중기 생명선 또는 중기 추세선이라고도 한다. 필자는 20일선이 주가의 가장 중요한 방향성 변곡점이라고 생각한다. 모든 주식의 추세 전환은 20일 이평선의 우상향부터 시작되어야 주가가 저점을 찍었다고 인정할 수 있다.

　20일선 기울기는 현재 주가 흐름의 방향을 나타내는 지표로 추세를 보여주는 가장 정확한 지표로 60일선과 함께 보면 더 정확하다. 상승 기울기 인지, 하락 기울기인지, 횡보 상태인지 현재 주가의 추세에 따라 전략을 세울 수 있으므로 주식투자가 중기든 단기든 가장 중요한 기준이다. 20일선이 우상향하는 시점은 주가의 최저점 매수 구간이다. 또한, 상승하던 주식이 20일선 이탈과 함께 바로 회복되지 못하고 20일선이 하락으로 전환된다면 매도 영역이다. 지속적인 20일선 하락과 함께 60일선까지 하락할 위험이 크다.

- **60일 이동평균선(수급선 / 실적선)**

12주 즉, 3개월간의 주가 흐름이다. 1~3개월의 중기 매매전략에 유용하게 사용되는 지표로 수급선, 실적선이라고도 한다. 기관과 외국인은 단기보다 중기 관점의 매매를 지향한다. 특히 자금 유입 여부를 결정하는 중요한 요인은 기업실적 발표이며 그 사이클이 바로 60일 이동평균선이다. 모든 기업은 3개월마다 실적을 발표하는 동시에 다음 분기 사업 계획 즉, 잠정 실적도 세운다. 시장 선도세력 특히 중·대형 우량주 매매를 선호하는 기관과 외국인은 회사의 내재가치와 실적을 중시하므로 기업실적 발표에 매우 민감하다.

주가가 60일 이동평균선에서 이탈한 후 바로 회복하지 못한다면 반드시 다음 분기 실적과 수급을 점검해야 한다. 60일 이동평균선의 하락과 외국인, 기관의 수급 이탈이 동시에 나타나면 다음 분기 실적이 악화되거나 불투명할 것으로 예상할 수 있다. 실제 대형주나 중·대형주 코스피200, 코스닥150과 같이 시가총액 규모가 어느 정도 있는 종목의 중기투자 관점에서 20일선이 우상향할 때 1차 매수 관점과 60일선까지 우상향 전환이나 주가의 60일선 변곡점 구간은 매수 영역이다. 반대로 이런 종목이 60일선 이탈 또는 60일선 하락 전환할 때는 반드시 매도전략으로 보아야 한다.

• **120일 이동평균선(경기선)**

6개월간 주가의 평균값으로 보통 경기선이라고 부른다. 일반적으로 기업들이 3개월마다 분기 보고서를 발표한 이후 6개월마다 반기 결산보고서를 제출하기 때문이다. 그 사이클에 맞추어 앞에서 설명한 60일 이동평균선처럼 외국인과 기관의 자금 유입 여부가 결정되기 때문이다. 120일선으로 반기에 대한 기업의 사업결산 전망을 예측할 수 있는데 주가가 120일선에서 이탈할 경우, 선도세력의 부정적 관점에 의한 매도 물량 출회로 실적개선 시점까지 6개월의 시간이 소요될 수 있는 반면, 120일선을 탈환할 경우, 실적개선이나 턴어라운드의 긍정적 관점에서 기대할 수도 있다.

나. 이동평균선의 실전 활용

이동평균선의 진행 방향과 거래량 2가지 기술적 분석만 잘해도 기술적 분석의 90% 이상은 숙지했다고 볼 수 있다. 이동평균선을 이용해 현재 주가의 위치, 각 이평선의 배열 상태, 기울기 등을 유심히 관찰하고 상관관계를 이해하면 매매 결정을 내리기 훨씬 쉬워진다.

♣ **저항선과 지지선을 활용한 매매**

주가는 이동평균선 방향대로 움직이려는 본능이 있고 저항과 지지의 성질이 있다. 이것이 여러 번 말한 '관성의 법칙'과 '회귀법칙'이다. 기본적으로 이동평균선이 주가보다 아래에 있으면 강력한 지지선이 형성되며 대기 매수세의 유입을 부르고 이동평균선이 주가 위에 있으면 강력한 저항선으로 상승할 때마다 큰 저항대로 매도 물량을 부르게 된다.

[그림 3-31] 대칭 삼각형

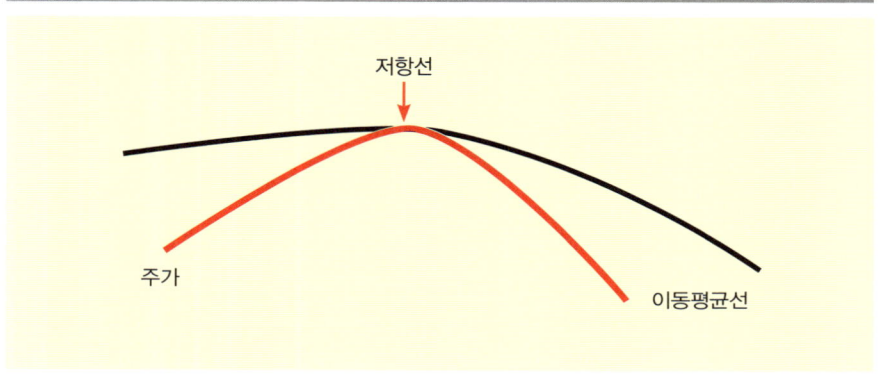

[그림 3-32] 하이비전시스템 일봉

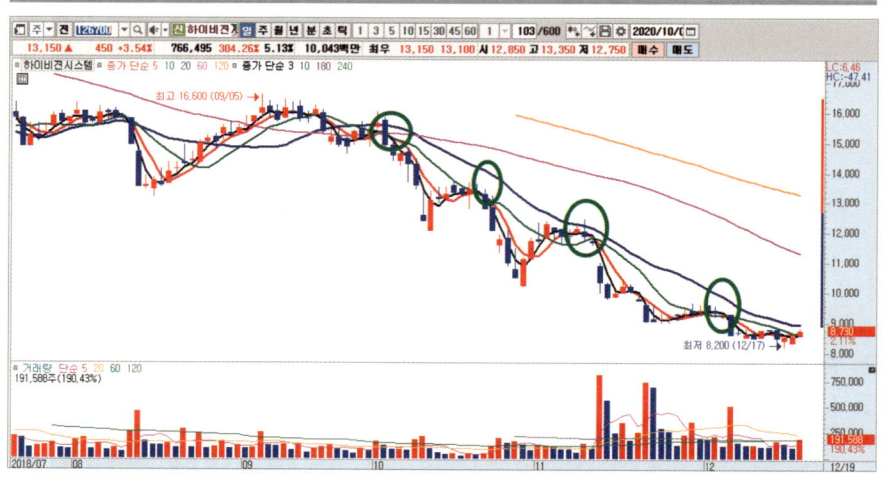

[그림 3-33] 지지선

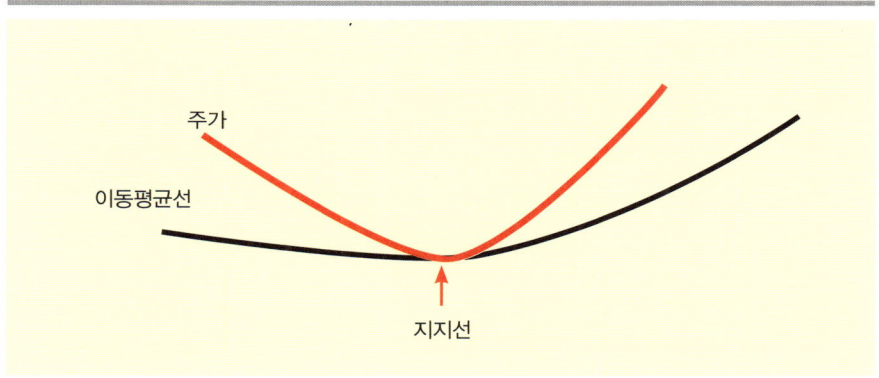

[그림 3-34] 대주전자재료 일봉

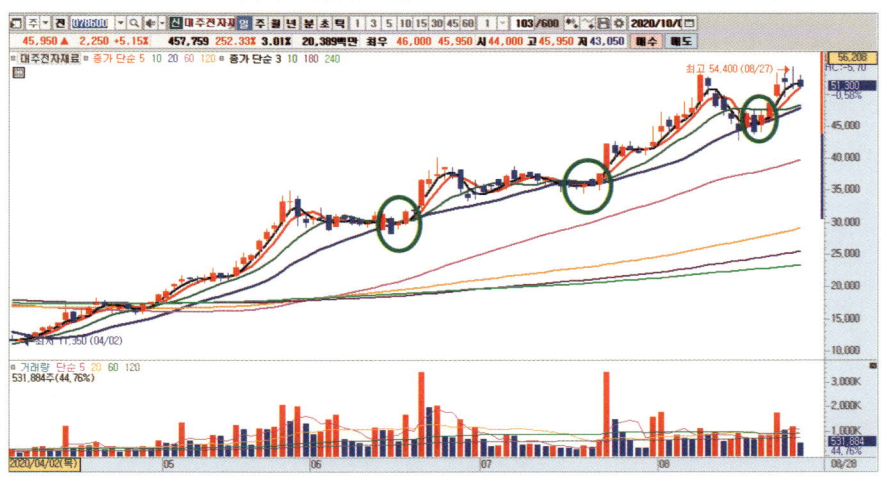

🪙 **센스톡** 저항선으로 작용했던 이동평균선은 추세가 하락 중일 때는 단기 돌파하더라도 다시 하향 이탈하는 경우가 많다. 완전히 돌파하려면 거래량이 절대적으로 필요하다. (그림 3-32) 하이비전시스템은 저항대를 돌파하지 못하자 주가가 추가 하락할 때 매도 물량이 출회되면서 대량거래와 장대 음봉이 세 번 나타났다.

♣ 정배열, 역배열을 활용한 매매

◆ 단기 이동평균선 〉 중기 이동평균선 〉 장기 이동평균선

- **정배열**

주가가 우상향 중일 때 가장 전형적인 이평선 배열 상태다. 숫자가 가장 적은 이평선이 맨 위에 있는 순서대로 5〉20〉60〉120이며 개인 성향별로 설정된 이평선을 중간중간 적용하면 된다. 초기 정배열 상태는 저가 매수 메리트가 있지만 우상향이 어느 정도 진행된 후에는 메리트가 별로 없다. 기존 보유자들의 영역이며 필자는 정배열 상태에서는 매우 우량한 종목이 아니면 공격적 매수보다 오히려 눌림목, 정배열 구간의 주가가 단기 하락으로 역배열 전환된 후 다시 정배열 구간으로 회전하는 자리를 최고의 매수 급소 자리로 본다. 하지만 정배열 상태는 주가가 꾸준히 우상향하는 것이므로 수익성이 좋고 안정적이고 초기 상태의 매수자라면 지속적인 추세대로 보유 관점에서 대시세를 낼 수 있는 종목이기도 하다.

[그림 3-35] 카카오 일봉

♣ 장기 이동평균선 > 중기 이동평균선 > 단기 이동평균선

• 역배열

주가가 하락하는 추세에서 장기 이동평균선인 120일선이 맨 위에 있고 60일선, 20일선, 5일선 순서의 정배열과 반대인 이평선 배열이다. 보유자들에게는 그야말로 암울한 주가 흐름이며 언제까지 하락할지 기약 없는 상태다. 역배열은 하염없이 하락하는 상태이므로 저점 매수를 함부로 논하면 안 되는 영역이며 역배열 초기 단기 이평선이 바로 회복되지 못한다면 매도가 원칙이고 신규 매수는 보류해야 하는 구간이다.

[그림 3-36] 상신이디피 일봉

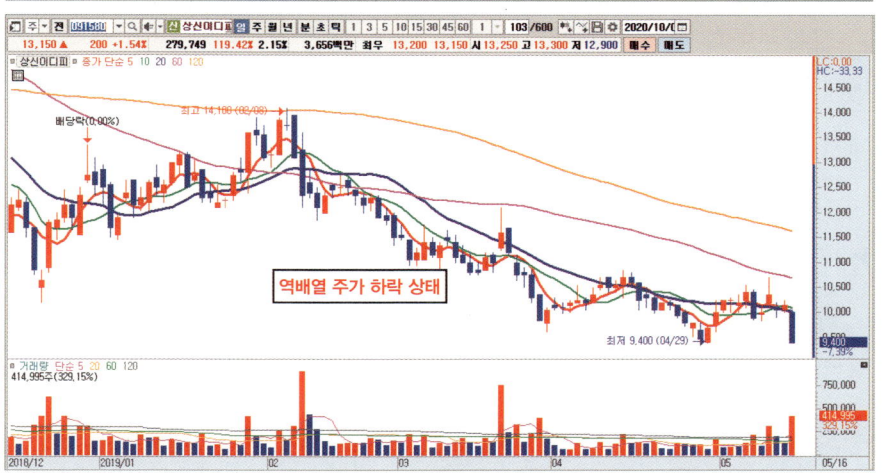

♣ 골든크로스를 활용한 위치별 매매전략

주가가 이동평균선을 상향 돌파한다는 것은 강력한 매수 신호일 수 있다. 특히 주가의 위치에 따라 다르게 해석할 수 있는데 오랫동안 바닥권에

서 횡보하던 주식이 골든크로스가 발생했다면 적극적인 매수 신호다.

단기적으로 빠른 매매 관점이라면 3일선 + 5일선 = 1차 매수 진입 이후 주가가 10일선 상향 돌파 시 2차 매수 등 최저점 매수 신호 발생부터 분할매수 관점으로 진입하는 것이 매우 훌륭한 매수 전략이다. 하지만 안정적인 매수 자리를 찾는다면 5일선이 20일선을 상향 돌파한 후 조정을 보이다가 20일선에서 다시 지지를 받는 모습을 보일 때가 20일선 눌림목 자리로 가장 적절한 매수 시점이다.

골든크로스 이후 바로 상승 추세가 나올 수도 있지만 대부분 20일선 골든크로스 이후 단기 조정이 나오므로 개인 투자자들은 이 구간을 쉽사리 견디지 못할 수도 있다. 그 구간을 잘 살피면서 매수 준비를 한 후 눌림목에서 매수하는 것이 가장 훌륭한 매수 전략이다.

▶ **주가 바닥권에서 골든크로스 발생 시: 적극적인 매수 관점**

루미마이크로 차트에서 보듯이 바닥권에서 평소보다 많은 거래가 수반되면서 주가가 장대 양봉과 함께 20일 이동평균선을 상향 돌파하고 2~3일 조정을 받는 구간에서 5일/20일 골든크로스가 발생했다. 바로 급등세가 연출되지는 못하지만 이후 흔들기 위꼬리가 1차 출회되고 20일선 눌림목 발생 후 상한가와 함께 주가는 저점에서 제대로 급등한다.

[그림 3-37] 루미마이크로 일봉

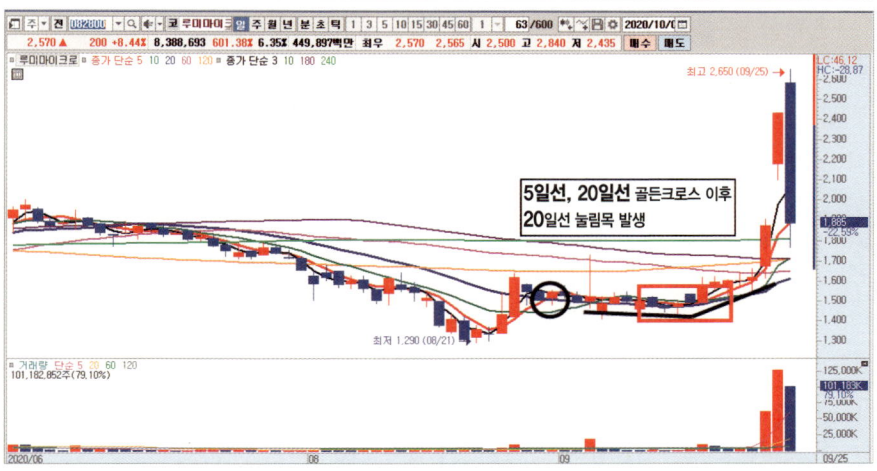

▶ 주가 상승 중 골든크로스 및 눌림목 발생 시: 지지선 확인 후 매수, 보유

바닥권에서의 1차 5일/20일선 골든크로스와 함께 주가가 우상향하고 눌림목이나 조정 없이 상승세를 유지하다가 전 고점 자리 즉, 하락 추세로 전환되기 직전 고점까지 상승하니 주가는 어김없이 조정을 받는다. 이 구간에서 가격 조정이 아닌 기간조정을 받다 보니 종목은 당연히 힘이 생기고 그로 인해 20일선을 이탈하는 조정보다 20일선 지지력을 테스트하는 눌림목이 발생하면서 다시 눌림목 골든크로스와 함께 우상향한다.

[그림 3-38] 제이엔케이히터 일봉

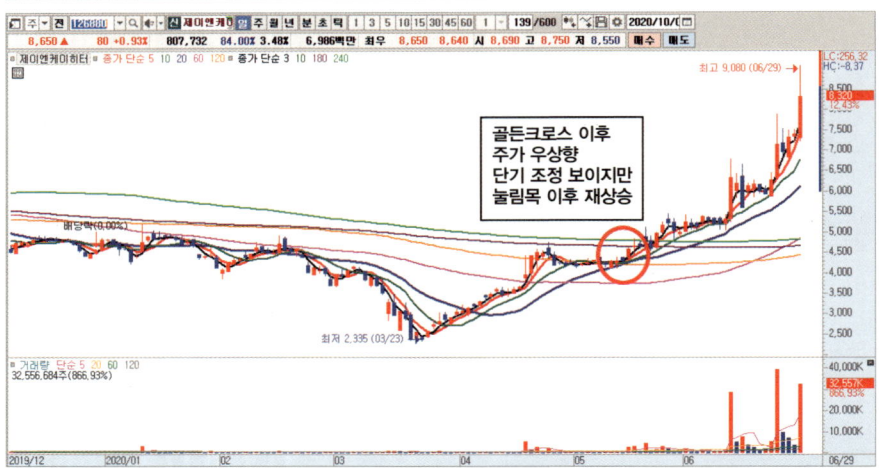

▶ 고가권에서 골든크로스 발생 시: 단기 접근 및 고수의 영역 / 지지선 이탈 시 적극 매도

코스모신소재라는 종목처럼 단기 바닥에서 100% 이상 급등한 종목이 지속적으로 우상향한 이후 데드크로스가 발생한 모습인데 데드크로스가 다른 때와 달리 20일선을 깊이 이탈하는 모습이다. 그 후 60일선 지지로 반등을 보이며 다시 5일/20일 골든크로스가 발생했지만 반등할 때 거래량이 부진하고 전 고점을 돌파하는 데 실패하자 단기 조정을 받는 모습이다.

[그림 3-39] 코스모신소재 일봉

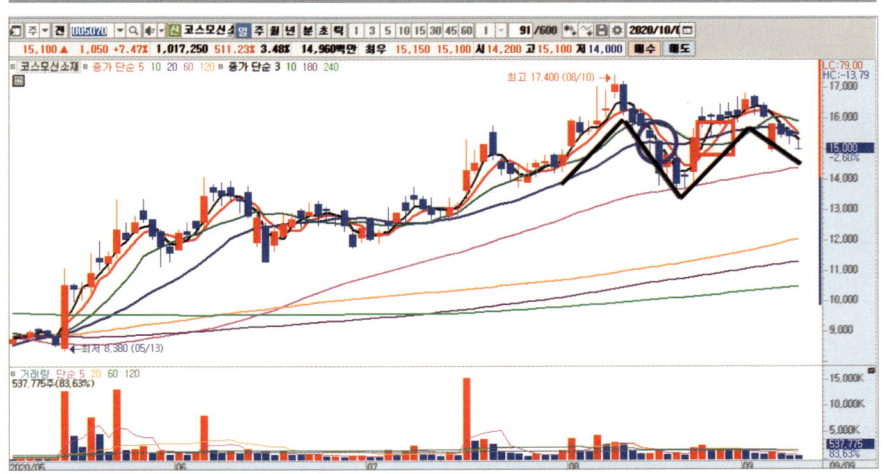

♣ 데드크로스를 활용한 위치별 매매전략

　단기 이평선이 중기 이평선을 아래로 뚫고 하락하는 시점을 말한다. 골든크로스의 반대 개념으로 강력한 매도 시점이다. 기본적으로 5일 이평선이 20일 이평선을 하락 이탈할 때가 데드크로스이며 가장 흔히 단기 매도 구간이라고 하지만 최근 개인들도 차트의 변동성을 많이 파악하고 분석하면서 일부러 20일 이평선 이탈까지 주가 하락과 20일 이평선 아래에서 주가 반등도 많이 나타나고 있다. 대부분 그런 모습이다. 매우 빠른 트레이더의 관점이라면 위의 매수 시점과 반대 포지션으로 5일 이평선이 10일 이평선을 하향 이탈하면 데드크로스에서 빠르게 1차 부분 매도를 하고 5일 이평선이 20일 이평선을 이탈하는지 여부를 확인한 후 지지가 된다면 홀딩한다. 이탈할 때는 매도와 같은 분할 매도 전략이 좋으며 이탈 후 저점을 깨지 않고 일정한 하락을 유지하면서 거래량이 점진적으로 증가할 때 재매수 관점도 매우 훌륭한 전략이다.

▶ 주가 바닥권에서 데드크로스 발생시 : 지지라인 성공시 보유 및
　　　　　　　　　　　　　　　신규 관심권

　　바닥권에서는 데드크로스가 발생했더라도 장대 음봉이나 대량거래 발생이 아니라면 큰 의미가 없다. 지지선이 가까이 있다면 중기 투자자는 보유 전략이 좋고 지지선 이탈이 없고 하방 경직성을 확보한다면 중기적 보유, 신규는 매수 준비를 할 시점이다. 하지만 앞에서 말했듯이 장대 음봉, 대량거래 발생, 지지선, 전 저점에서의 현저한 이탈 때는 매도전략이다. 다음의 현대차 차트처럼 시총 상위 우량주이지만 바닥권에서 횡보 후 주가 급락의 데드크로스가 발생하며 급락한 주가가 바닥에서 또 한 번 전 저점을 이탈한다면 아무리 중기 관점이라도 일단 후퇴한 후 다시 재매수하는 전략이 리스크를 줄이는 방법이다.

[그림 3-40] 현대차 일봉

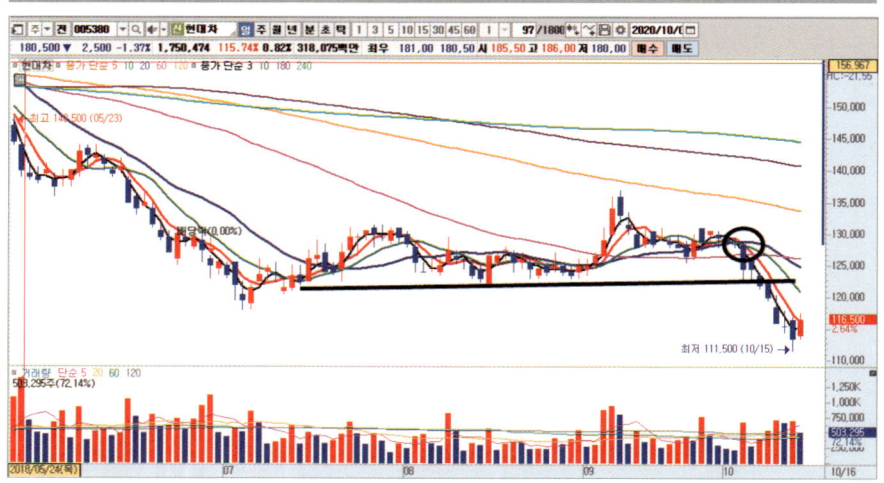

▶ 주가 상승 도중 데드크로스 발생: 단기 매도 후 재접근 또는 차트 분석의 달인이 되자!

상승 추세에서 발생한 데드크로스는 반드시 나와야 할 조정 눌림목 구간이다. 그것이 바로 급등주의 묘미이고 숨고르기다. 급등주를 바닥권 초기에 매수하지 못했거나 매수했더라도 급등까지 대부분 개인 투자자들은 지루한 기다림을 절대로 기다리지 못한다. 필자도 엑세스바이오를 3,600~4,000원대에 추천했는데 VIP 회원들은 기다려주지 못했고 본인도 원망과 질타 속에 정말 힘든 시간을 보냈다. 하지만 나만의 차트 분석을 믿고 기다렸고 마침내 급등이라는 축배를 맛보았다. 그렇다. 그렇게 바닥에서 못샀다면 이런 중간 눌림목을 공략해야 하는데 이 구간이 바로 주가의 상승 도중 잠시 외도하는 데드크로스다. 구별하기 정말 쉽고도 어려운, 숙제 같은 매수 자리다.

신풍제약은 2020년 신화와 같은 종목이었다. 1월 29일 6,300원이던 주가는 코로나가 발생하자 9월 21일 고점 214,000원 신고가를 갱신하고 약 3,300%나 급등했다. 그런데 10월 이제 막 주식계좌를 개설한 주린이 투자자가 신풍제약 주식 어떠냐고, 사도 되느냐고 필자에게 물어왔다. 그 씁쓸함은 말로 표현할 수가 없었다. 바로 급등주 데드크로스의 전형적인 차트다.

[그림 3-41] 신풍제약 일봉

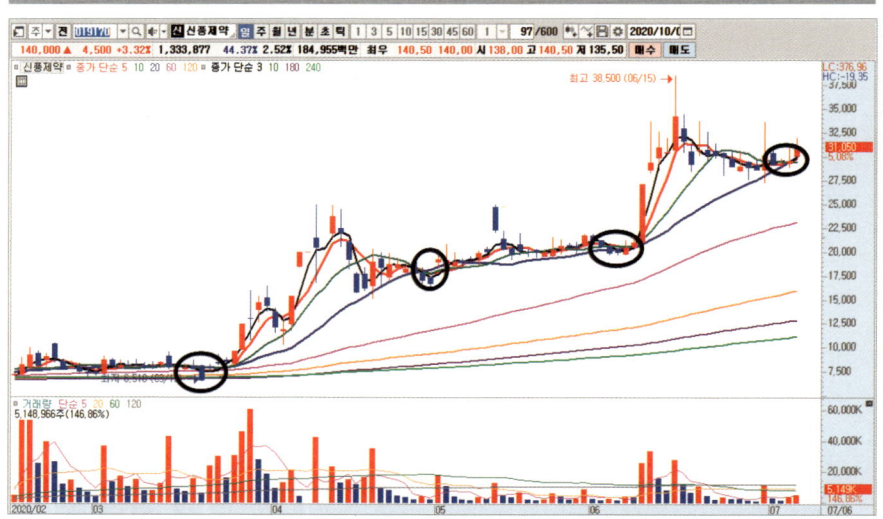

▶ **고가권에서의 데드크로스 발생 시: 적극 매도**

주가는 상승하면 하락하려는 본능이 있다. 그것은 보유자들이 차익을 실현하려는 욕구이자 주가가 하락할지도 모른다는 불안감이다. 그래서 주가 상승을 악재, 주가 하락을 호재로 해석하는 것이다. 고가권에서 데드크로스가 특히 대량거래와 함께 나타난다면 적극적 매도가 필요하다. 급등주에서 이런 모습이 나오더라도 바로 반등이 나오기보다 20일 이평선이나 60일 이평선까지 충분한 조정을 거친 후 재차 반등이 나오기 쉬우므로 일단 매도전략을 취한다. 삼성중공업처럼 단기 고점에서 2월 25일 전 고점 음봉을 돌파했지만 거래량 부족으로 주가는 5일/20일선 데드크로스가 발생하고 20일선 위로 잠시 반등했지만 역시 힘이 부족하다. 두 번째 데드크로스 자리는 반드시 매도해야 할 구간이다.

[그림 3-42] 삼성중공업 일봉

> 🌱 **센스톡** 꼭 챙겨야 할 이동평균선의 일반적인 법칙들

주가 하락 시 최저점 신호, 역배열에서 정배열 전환의 첫 신호는 20일선 기울기가 좌우한다.	20일선 하락 기울기 멈춤, 횡보
20일선 횡보 후 우상향 출현 시 60일선의 하락 기울기에 집중한다.	60일선 하락 기울기 멈춤, 횡보
주가가 우상향 전환한 후 120일선이 강력한 저항선으로 작용한다.	120일선, 거래량 동반 돌파
20일, 60일, 120일, 240일선이 상승 추세일 때 3일, 5일, 10일선 하락 시	다시 상승 추세로 전환 가능성 큼
20일, 60일, 120일, 240일선이 하락 추세일 때 3일, 5일, 10일선 상승 시	다시 하락 추세로 전환 가능성 큼
60일, 120일, 240일선의 상승세가 완만해지고 3일, 5일, 10일, 20일 단기 이평선 하락 시	상승 추세가 약해지고 하락 추세로 전환 가능성 큼
60일, 120일, 240일선의 하락세가 완만해지고 3일, 5일, 10일, 20일 단기 이평선 상승 시	하락 추세가 약해지고 상승 추세로 전환 가능성 큼

5

거래량, 매수 · 매도의 급소

♣ **주봉 바닥권에서 거래량이 점진적으로 증가하는 종목을 노려라**
  (중 · 대형주가 유리)

　주봉은 중기적 관점에서 큰 추세의 그림을 볼 수 있다. 특히 실적주나 우량주, 산업주, 성장주 관점 즉, 중 · 대형주에서는 신뢰도가 높다. 바닥권에서 중 · 장기 이평선을 주가 아래로 다져놓고 이평선을 수렴시킨 후 거래량은 수급을 결정하므로 전 저점을 지지하면서 앞에서 배운 3중 바닥형 패턴 등이 완성되고 거래량이 동반된다면 이전 매물을 충분히 소화할 상승력이 나오므로 매수의 관점이다.

　쏠리드라는 종목은 5G 관련주이면서 중기 관점의 성장주로 주목받으며 2020년부터 성장성이 눈에 띈 기업이다. 코로나로 단기 조정이 있었지만 저가 매수세의 유입과 함께 빠른 전 고점 돌파와 신고가 갱신이 나타난 흐름이다.

[그림 3-43] 쏠리드 주봉

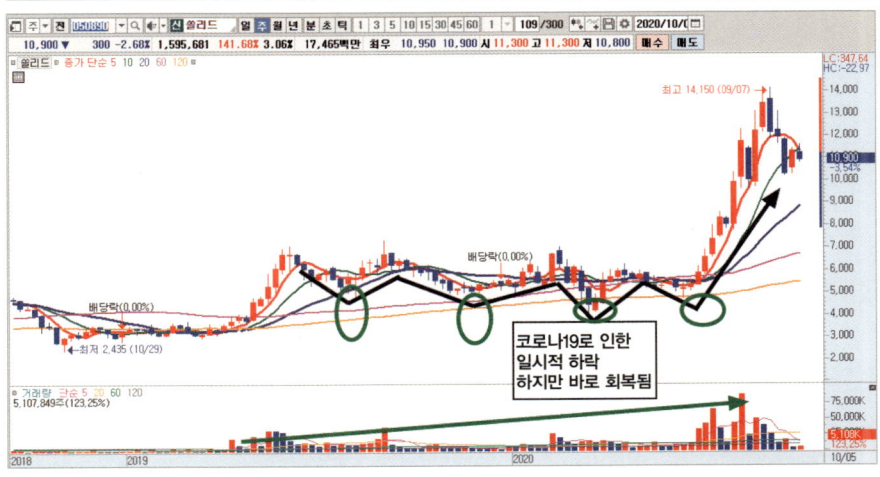

♣ 주가 바닥권 + 점진적 거래량 + 5일 변곡점 → 1차 매수 포인트

거래량을 체크할 때 가장 중요한 것은 상승할 때 거래량이 점진적으로 증가하는 것을 포착하는 것이다. 바닥에서 최근 2주 대비 점진적인 거래량 즉, 평균거래량의 약 2~3배의 거래량이 나올 때가 매수할 시점이다. 물론 이평선, 캔들의 위치도 중요하지만 가장 먼저 확인할 것은 거래량이다. 주가가 하락한 후 추가 하락 없이 거래량이 3~4일 동안 선행적으로 증가하고 전 저점을 지지하는 흐름이 보인다면 바닥권 징후다.

중·장기 투자는 이 시점부터가 관심권이다. 여기에 5일 이동평균선의 변곡점이 출현한다면 1차 매수 포인트로 접근한다. 필자가 2차전지 소재로 중·장기 관점으로 강력 추천했던 우량주 엘앤에프는 코로나로 13,000원대까지 급락한 후 지속적으로 우상향했다. 하지만 사실 다른 2차전지 소재

종목들보다 주가 탄력성이 약했다. 유상증자였기 때문이다. 주주 배정 유상증자여서 타 종목보다 주가 상승이 약했던 것이다. 그런데 그 유상증자가 오히려 약이 되었다. 시설투자 즉, 2차전지 생산설비 증설을 위한 기업의 투자였기 때문에 그 후 주가는 강한 상승 탄력을 보였고 현재는 500% 가까이 급등하고 있다. 중형주 이상 종목에서 매년 실적이 증가하며 시장주도 산업 섹터라면 5일선 변곡점 구간을 시작으로 점진적인 거래량 증가와 함께 5일선변곡점 매수포인트로 대시세 수익에 가담해도 좋다.

[그림 3-44] 엘앤에프 일봉

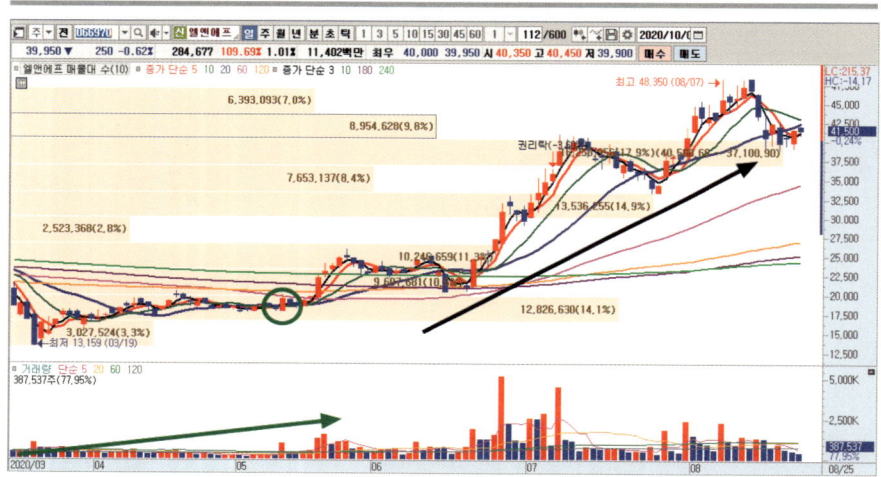

♣ **전 고점 돌파(박스권 돌파) + 전 고점 거래량 돌파 시 매수 포인트**

주가 상승을 결정짓는 것은 수급이다. "실적은 정말 좋은데 주가는 잘 안 올라요."라고 하소연하는 개인 투자자가 많다. 그것은 매수하려는 대기 매수세가 없기 때문이다. 경매시장에서도 인기가 많은 물건값이 올라가듯 주식도 매수 대기자가 많아야 오른다. 거래량은 매물대를 의미한다. 위의 매물대를 보면서도 대량거래가 터지면서 주가가 상승할 때 전 고점을 돌파하겠다는 강력한 의지를 나타내는 것이다. 박스권에서도 상단을 돌파할 때는 대량거래 즉, 최근 박스권에서 발생했던 거래량보다 많은 거래량이 수반되어야 지금까지 저항선이었던 박스권 상단을 강하게 돌파하고 돌파한 후부터는 그 저항선이 지지선으로 바뀔 힘이 생기는 것이다.

일신바이오라는 콜드체인 테마 종목의 차트를 보면 장기간 횡보한 주가가 박스권에서 전 고점을 돌파할 때 전 고점 때 발생했던 거래량을 능가한다. 이것이 바로 수급의 힘이다. 고점 매수를 하고 싶다면 이런 매수 자리를 공략하자.

[그림 3-45] 일신바이오 일봉

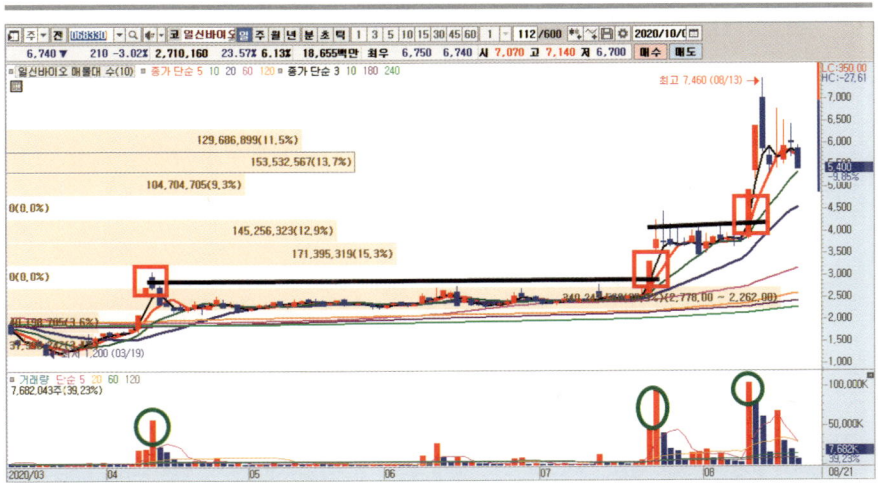

6
사업보고서에서 반드시 확인해야 할 내용

사업보고서란 말 그대로 회사의 사업 현황을 작성한 서류다. 회사의 개황, 사업 내용, 재무사항, 외부 감사 의견 등을 기록·작성한 보고서로 기업의 모든 정보를 확인할 수 있는 자료다. 기업 경영실적을 보고하는 분기 보고서와 반기 보고서는 제출 기간이 각각 정해져 있다. 분기 보고서는 결산일 후 45일 안에, 반기 보고서는 결산일 후 60일 안에 제출해야 하고 사업보고서는 각 기업의 사업연도 결산 후 90일 안에 제출해야 한다.

만약 이 기간 안에 보고서를 제출하지 못한 기업은 재무제표상 문제가 발생했을 가능성이 크므로 주의해야 하고 그동안 실적이 부진했던 기업들은 특히 사업보고서 시즌에는 보유하지 않는 것이 바람직하다. 사업보고서 제출 시즌에 늦게 제출할수록 투자자들은 불안해하므로 늦으면 늦을수록 소형주들은 특히 더 하락 추세로 전환되기 쉽다.

♣ 전자공시시스템 사이트 즐겨찾기 등록(http://dart.fss.or.kr/)

즐겨찾기에 전자공시시스템 사이트를 등록해두고 유사시 종목을 찾아보는 습관을 가진다. 종목을 검색한 후 공시 서류목록 중 가장 최근에 제출한 사업보고서를 클릭한다.

[그림 3-46] 전자공시시스템

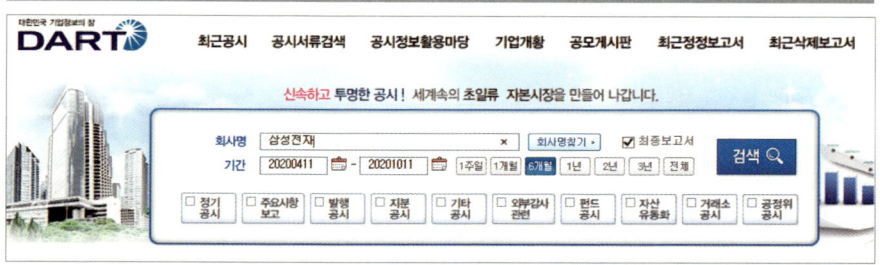

♣ 사업보고서 전체 항목 좌측 메뉴 중 반드시 챙겨 보아야 할 사항들

반기 보고서를 클릭하면 좌측에 메뉴가 많이 뜬다. 메뉴가 너무 많이 나와 보는 순간 질리지만 그 중 반드시 체크해 보아야 할 사항들이 있다.

[그림 3-47] 반기 보고서

```
반 기 보 고 서
 【 대표이사 등의 확인 】
I. 회사의 개요
   1. 회사의 개요
   2. 회사의 연혁
   3. 자본금 변동사항
   4. 주식의 총수 등
   5. 의결권 현황
   6. 배당에 관한 사항 등
II. 사업의 내용
III. 재무에 관한 사항
   1. 요약재무정보
   2. 연결재무제표
   3. 연결재무제표 주석
   4. 재무제표
   5. 재무제표 주석
   6. 기타 재무에 관한 사항
IV. 이사의 경영진단 및 분석의견
V. 감사인의 감사의견 등
VI. 이사회 등 회사의 기관에 관한 사항
   1. 이사회에 관한 사항
   2. 감사제도에 관한 사항
   3. 주주의 의결권 행사에 관한 사항
VII. 주주에 관한 사항
VIII. 임원 및 직원 등에 관한 사항
   1. 임원 및 직원 등의 현황
   2. 임원의 보수 등
IX. 계열회사 등에 관한 사항
X. 이해관계자와의 거래내용
XI. 그 밖에 투자자 보호를 위하여 필요한 사항
```

♣ 자본금 변동 상황

이 항목에서는 유상증자, 무상증자, 감자 등의 상황을 확인할 수 있으며 이 공시들은 향후 주가에 큰 영향을 미치므로 사전에 반드시 확인해야 할 사항들이다. 또한, 전환사채(CB)나 신주 인수권부 사채(BW) 현황도 알 수 있다. 이 2가지는 모두 주식 관련 사채이므로 행사 가능한 주식 수와 행사 가능한 기간을 반드시 확인해야 한다. 회사도 개인처럼 재무 상태가 건전하다면 대출이나 빚이 있을 이유가 없다. 재무 구조가 안정적인 회사는 추가 자금을 일으킬 필요가 없으므로 전환사채나 신주 인수권부 사채를 발행할 이유가 없다.

♣ 전환사채

장기 자금 조달을 위해 발행하는 채권으로 일정 기간 경과 후 채권 소유자의 요청이 있으면 채권 금액만큼 주식으로 전환할 수 있는 사채다. 청구 가능한 기간을 확인해야 한다. 현재 청구할 수 있다면 매물이 언제든지 출회되고 주가에 악재가 될 수 있다. 또한, 이미 전환된 사채 물량과 남은 사채 물량을 비교했을 때 이미 실행된 사채 물량이 많고 남은 물량이 적다면 큰 부담이 없으므로 신주 인수권부 사채와 같은 의미로 해석해도 된다.

♣ 신주 인수권부 사채

장기 자금 조달을 위해 발행하는 채권으로 소유자의 요청이 있으면 발행 회사의 주식을 행사가격에 매입할 수 있는 사채다. 다만, 미리 정한 발행가액보다 주식시가가 높은 경우, 자신에게 부여된 신주인수권으로 회사

측에 신주 발행을 청구할 권리가 있다는 것이 전환사채와 다른 점이다. 채권은 그대로 두고 따로 자금을 들여 주식을 매입하는 것이다.

♣ 배당수익을 챙기자

배당 관련 사항을 클릭하면 배당 성향을 확인할 수 있다. 최근 3개 사업연도의 배당 관련 내용의 세부 항목인 현금 배당, 주식배당금, 배당 가능 이익을 알 수 있다. 요즘과 같은 저금리 시대에는 배당주 투자도 매우 훌륭한 재테크 수단이다.

♣ 사업 내용으로 기업이 하는 일을 알자

가장 중요한 부분일 수 있다. 어떤 기업인지 업계 현황, 회사의 흐름, 전반적인 기업의 흐름, 시장점유율, 업종의 특성, 신규 사업 등 업종 내 기업 평가도, 업종 대비 기업 매출이나 실적 등을 비교 평가해볼 필요가 있다.

♣ 요약 재무제표

- **유동자산**

고정자산에 대응되는 개념이다. 1년 안에 환금할 수 있는 자산으로 현금, 예금, 일시 소유 유가증권, 상품, 제품, 원재료, 저장품 등을 말한다. 유동자산은 당좌자산과 재고자산, 기타 유동자산으로 나뉘며 당좌자산 항목에는 현금, 예금, 유가증권, 외상 매출금, 받을 어음, 단기대여금, 미수금, 미수수익 등이 포함되고 재고자산 항목에는 상품, 제품, 반제품, 재공품, 원재료 등이 있으며 기타 유동자산에는 선급금과 선급비용이 있다.

- **고정자산**

    기업이 보유한 자산 중 토지, 기계·설비, 건물처럼 상대적으로 장기간 보유한 자산으로 다시 유형 고정자산과 무형 고정자산으로 나뉜다. 유형 고정자산은 토지, 건물, 기계, 설비 등과 같이 형태가 있는 것이고 무형 고정자산은 특허권, 영업권처럼 형태는 없지만 경영에 실제로 도움이 되는 것들이다. 이외에도 보증금, 예금, 채권 등 장기적으로 수익 확보를 목적으로 보유한 자산을 투자자산이라고 한다.

- **유동부채**

    1년 안에 만기가 도래하는 부채로 고정부채의 대립 개념이다. 만기가 1년이 넘는 고정부채가 지급 기한이 1년 미만으로 도래하면 유동부채로 대체된다.

- **고정부채**

    일반적으로 지급 기한이 1년이 넘는 장기 부채로 사채, 장기차입금, 관계사 차입금, 퇴직급여충당금, 특별수선충당금 등이 있다.

- **매출액**

    기업의 제품 판매나 주요 사업활동으로 발생한 금액

- **매출총이익**

    매출액에서 매출원가를 공제한 금액이다. 손익계산서를 작성할 때의 첫 단계 산출이익으로 매출액 대비 매출총이익 비중에 따라 회사의 이익 가성비를 알 수 있다.

- **경상이익**

　기업의 주목적 영업에서 발생한 이익과 영업 외 손익을 합산한 금액이다(영업이익+영업 외 수익-영업 외 비용).

- **영업이익 VS 당기순이익**

　영업이익은 매출액에서 기업을 운영하면서 발생한 비용 즉, 제품 원가, 인건비, 기타 경비 등을 뺀 금액이고 당기순이익은 경상이익에서 특별손익과 세금비용을 뺀 이익이다.

♣ 이사회 등 계열사 및 주주 관련 사항도 점검하자

　타 법인 출자 현황으로 출자한 회사의 종류나 투자금액, 지분 등도 확인해야 한다. 현재 IT기업이 제약·바이오 기업에 투자했다면 향후 투자한 기업에서 어떤 신약 개발 계획이나 비전이 있는지 임상 계획 등 관련 재료가 나왔을 때 그 지분만큼 테마주로 부각될 수 있다. 특수 관계인의 지분구조도 주가에 영향을 미친다. 경쟁력 있는 공인이나 특히 대선 때는 각 후보와 관련 있는 인물이 사내 이사 등 임원이어서 관련주로 부각되면 큰 변동성이 나온다. 대주주 지분에서도 최대주주와 특수 관계인의 보유율이 낮고 5% 이상 보유 주주가 단순투자 목적이 아닌 경영 참여를 원하거나 기타 불투명한 목적이 있다면 차후 적대적 M&A 분쟁의 소지가 될 수 있다.

　주린이가 방황기를 거치면서 질풍노도의 시기에 조금은 자리를 잡으며 안정을 찾아가길 바란다. 다음 단원부터는 진정한 형이 되어가는 과정이다. 주식투자에서 심도있는 차트 분석과 삼성전자와 같은 대형 우량주의 매매전략과 신풍제약과 같은 테마주의 매매전략을 심도 있게 공부해보자.

4
CHAPTER

주린이 고등학교 철들기 과정

1
명품주, 매력주 →
1,000% 수익률 만들기

(1) 명품주 VS 매력주란?

코로나 이후 언택트의 대표주자라고 할 수 있는 주식시장은 일시적으로 급락했지만 '동학개미 자금'으로 불릴 만큼 유동성이 풍부한 대규모 자금이 유입되고 대학생부터 노인층까지 투자자가 늘면서 매일 아침 HTS는 서버가 다운되고 증권사들은 사상 최대 영업이익과 매출액을 올렸다. 사람들은 개인 투자자는 주식으로 수익을 내기 어렵다고 생각하고 현실도 그렇다. 그런데 이렇게 더 많은 주식투자자가 유입되었다면 과연 어떨까? 주린이들이 등장했다고 수익내기가 쉬워졌을까?

절대로 그렇지 않다. 신규로 유입된 주린이 중 스마트한 주린이는 현명한 투자를 할 것이고 안일한 주린이는 시장에서 이미 어려움을 겪은 선배 투자자들과 별로 다르지 않을 것이다. 어쩌면 증가한 주식투자자 중 수익을 내는 사람은 더 큰 수익을 낼 것이고 손실을 보는 사람은 더 큰 리스크를 감당해야 할 것이다.

　2019년까지 붐이 일었던 부동산은 각종 규제로 투자자들이 동요하기 시작했고 때마침 덮친 코로나로 급락한 증시를 보면서 1998년 IMF 외환위기와 2008년 금융위기 당시의 학습효과로 투자에 나선 것이다. 이 유동성을 잘 활용하자. 이제 시작한 주린이든 주식을 오래 해온 주른(주식 어른)이든 풍부한 유동성 장세에서는 대시세 종목과 급등주가 자주 탄생하고 상승탄력도 여느 때보다 매우 높은 것을 확인할 수 있다.

　필자가 추천했던 엑세스바이오(3,000%), 신풍제약(3,500%) 등 코로나 관련 재료 종목은 대선 때마다 급등하는 인맥주보다 더 큰 급등을 보여주었다. 몇 년에 한 번 올까 말까 한 풍부한 유동성 장세에서 진짜 명품주식과 짝퉁 같은 명품주식을 매수해 세 자리 이상 수익률, 나아가 1,000% 수익률을 만들어야 한다. 절대로 투기가 아닌 투자 개념으로 매매하되 잡주가 아닌 명분과 기술적 분석, 기본적 분석을 확실히 거친 종목을 선정해야 한다.

　이제 명품주의 정의를 내려보자. 필자가 VIP 회원들을 이끌 때 자주 말하는 단어가 있다. 바로 '황금주'다. 고려 말의 명장 최영 장군은 59세 때 장군이 되어 1358년 오예포에 쳐들어온 왜구의 배를 무려 400여 척이나 격침했다. 여러 전과를 올렸지만 이성계의 갑작스런 위화도 회군으로 안타깝게도 이성계에게 잡혀 유배되었다가 피살되고 말았다. 최영 장군은 아버지(최원직)의 '황금 보기를 돌같이 하라'라는 가르침을 받들어 평생 청렴결백으로 임금과 나라에 충성을 바친 충신으로 살았다.

돌! 하찮지만 다양하게 사용되는 물질이다. 계좌에는 돌처럼 생각할 수 있는 황금과 같은 종목이 있어야 한다. 돌은 비바람이 불면 바람에 깎일망정 거친 태풍이 아닌 이상, 자신의 자리를 지킨다. 작은 비바람 풍파에 스스로 움직이지 않는다. 즉, 실적우량주, 성장주, 저금리 시대에 안정적인 투자처가 될 수 있는 배당주 등 중·장기 황금 종목을 돌같이 보면서 야금야금 모아간다면 더디고 답답해 보이더라도 배당과 수익으로 부자가 되어 있을 것이다. 황금으로 보고 절대로 서둘러 매매하거나 흔들리지 말고 '시장의 숲'을 보고 매매하는 것이다. 삼성전자, 카카오, NAVER 등 실적주, 우량주, 시장주도주가 대표적 예이고 전망 있는 2차전지, 시스템반도체, 반도체 소재, 장비·부품 등 성장 가능한 업종의 실적우량주가 '황금주'다.

두 번째, 짝퉁 같은 명품주 즉, 매력주는 개인 투자자들이 가장 선호하는 종목일 것이다. 실적도 양호하고 시장을 주도할 재료도 있는, 세력이 매집한 종목으로 '작전주'라고도 하는데 필자는 작전주와 다른 의미를 부여하고 싶다. 작전주는 재료보다 사실 별 볼 일 없는 종목에 인위적인 작전으로 개인 투자자들을 고점에서 박살내는 종목이며 향후 금융감독원의 조사, 대주주나 대표이사, 임원들의 배임·횡령 등으로 결국 최악의 결과를 부를 종목이 많다. 하지만 필자가 말하는 짝퉁 같은 명품주식 '매력주'는 '매집된 세력주'다.

기간은 스윙에서 몇 개월이 될 수도 있다. 새해 정부 정책 관련주,

2020년 코로나 때문에 계획된 한국형 뉴딜정책 관련주, 대선과 총선 등 시장의 주도 재료가 될 수 있는 특정 이슈로 연관이 깊은 종목을 주도세력이 저점에서 미리 선취매해 모아가는 종목으로 개인들이 눈치채지 못하게 움직이며 단기 급등을 시켰다. 대량거래와 함께 남아 있는 개인들의 물량을 빼앗거나 인위적인 주가 흔들기를 보이며 개인 투자자들을 철저히 소외시켜가는 종목들이다. 이런 매력주를 콕 집어내려면 차트 분석의 달인이어야 한다.

차트에 녹아 있는 재료나 심리, 개인들의 불안감 등을 80% 이상 파악하며 주가가 하락해도 거래량과 인위적인 하락인지를 파악해 대응하는 담대함도 갖추어야 한다. 그러려면 차트 공부가 우선이며 무기가 되어야 한다. 추천하고 주가가 －10~20% 조정을 받으면 개인들은 참 힘들어한다. 매력주는 개인들에게 수익을 절대로 쉽게 주지 않는다. 이런 고통의 시간도 감내해야 100%, 200%, 1,000% 수익이 내게 온다는 것을 꼭 명심해야 한다. 현실은 분명히 쉽지 않다는 것을 너무나 잘 알고 있다. 필자도 수없이 겪은 일이다. 자신의 자금을 투자해 현재 계좌가 손실 중이라면 그 스트레스는 겪어보지 않은 사람은 모른다. 하지만 필자가 꼭 하고 싶은 말이 있다.

주식은 살아 움직이는 생물체다. 어제 주가와 오늘 주가가 다르다. 하물며 아침 시가가 다르고 하루 종일 엄청난 변동성으로 몸살을 앓다가 결국 종가가 형성되고 내일은 또 다른 가격을 형성한다. 즉, 지금 당장은 손실이더라도 내일 급등할 가능성이 있으며 현재 상한가를 갔더라도 내일 하락이 나올 수도 있다. 재테크하는 투자자는 그 어떤 투자도 매매 형태로 돈을 실제로 내 손에 쥐어야 수익과 손실을 확정지을 수 있다. 이 점을 꼭 기억하고 지속적으로 주식투자를 할 마인드라면 하루 종일 모니터를 쳐다보면서 의미 없는 단기매매 투자꾼들의 가격 형성에 절대로 일희일비하지 않길 바란다. 데이트레이더라면 반드시 원칙을 지키고 동참하라. 그것이 전업 투자자의 본업이다. 여유 있는 전업 투자자가 아니라면 계좌는 물론 이원화가 원칙이며 명품주, 매력주 계좌와 매일 단기매매나 스윙 개념으로 트레이딩 계좌를 나누어 관리해야 한다. 명품주의 대시세와 짝퉁 같은 매력주의 초급등에 적절히 분산투자한다면 정말 환상적인 주식투자의 세계에 빠져들 것이다. 중기적 관점의 주봉 차트를 살펴보자.

네패스는 명품주 중 하나다. 반도체 장비주로 패키징과 테스트 기업이다. 2019년에는 전년 대비 약 3배인 600억 원의 폭발적인 영업이익을 내며 대시세를 보여주었다.

[그림 4-1] 네패스 매출액 및 영업이익

IFRS (연결)	연간		2017/12	2018/12	2019/12	2020/12(E)	2021/12(E)	2022/12(E)
매출액			2,850	2,706	3,516	3,551	4,601	6,083
전년동기대비		(%)	11.98	-5.05	29.93	1.00	29.57	32.21
컨센서스대비		(%)	-	0.04	-	-	-	-
영업이익			193	218	600	43	601	1,032
전년동기대비		(%)	135.37	12.95	175.23	-92.83	1,297.67	71.71
컨센서스대비		(%)	-	3.81	-	-	-	-
당기순이익			39	227	298	-111	411	746
전년동기대비		(%)	-78.33	482.05	31.28	적전	흑전	81.51

[그림 4-2] 네패스 주봉

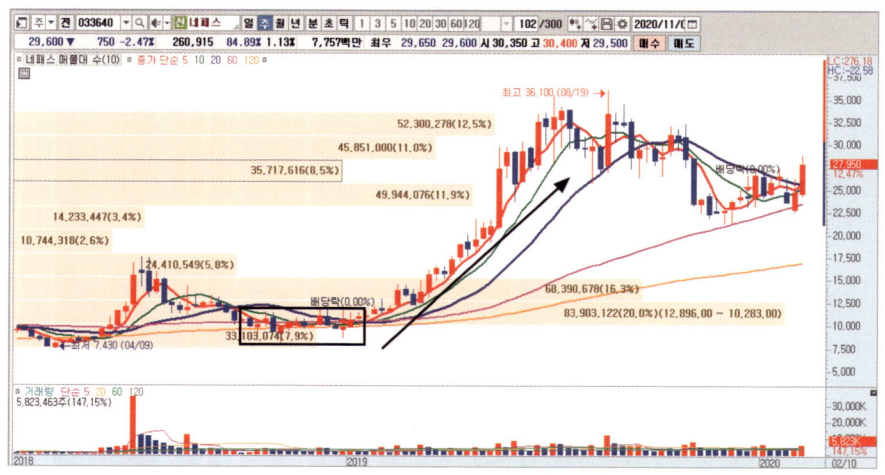

반면 짝퉁 같은 명품주, 매력주의 전형적인 예로 2020년 코로나로 가장 핫한 종목은 신풍제약이었다. 주가 상승으로 매출액 대비 시가총액은 73배에 이르고 코스피 시총 30위권까지 단숨에 뛰어올랐다. 하지만 당시 영업이익이나 실적은 형편없었다. 코로나 치료제 개발이라는 기대감 하나로 급등주가 탄생했는데 이것이 바로 매력주의 묘미이고 개인 주식투자자들이 원하는 종목이다.

[그림 4-3] 신풍제약 시가총액

시세현황 [2020/11/09] 단위 : 원, 주,%

종가/ 전일대비	134,000/ +1,000	거래량		589,650
52주.최고가/ 최저가	198,000/ 6,430	거래대금	(억원)	795
수익률 (1M/ 3M/ 6M/ 1Y)	-4.29/ +76.08/ +603.41/ +1,806.12	외국인 보유비중		9.81
시가총액 (상장예정포함,억원)	74,190	베타	(1년)	0.55429
시가총액 (보통주,억원)	71,000	액면가		500
발행주식수 (보통주/ 우선주)	52,984,990/ 2,200,000	유동주식수/비율	(보통주)	30,315,918 / 57.22

[그림 4-4] 신풍제약 매출액 및 영업이익

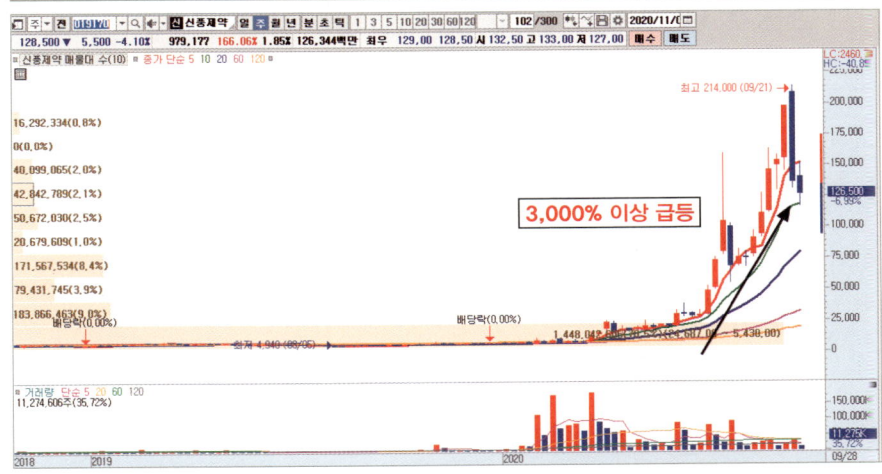

[그림 4-5] 신풍제약 주봉

네패스와 신풍제약을 보더라도 내가 개인 투자자라면 8개월간 300% 수익 종목이 좋을까, 6개월간 7,500% 수익 종목이 좋을까? 물론 8개월간 네패스는 대시세 명품주였지만 타이밍을 잘 만난, 몇 안 되는 최고의 명품주였다. 대부분의 명품주는 단기간에 저 정도의 큰 상승이 나오기 어렵다. 우리는 투기가 아닌 투자를 하지만 은연중 '로또'와 같은 주식을 항상 갈망

한다. 그렇다면 정답은? 차트를 공부해 때를 기다리고 하이 리스크, 하이 리턴을 적절히 즐기고 다룰 수 있어야 한다.

이번 단원에서는 필자가 수익을 낸 엑세스바이오(1,000% 이상), 신풍제약(1,200%), 진원생명과학(400%)과 엘앤에프, 카카오(100%) 명품주를 철저히 분석해 이 책을 읽는 개인 투자자들에게 선물하고자 한다.

(2) 명품주 VS 매력주 급등을 위한 명분 조건

주식은 '하이 리스크, 하이 리턴(High Risk, High Return)'이다. 위험이 큰 만큼 수익도 크다. 2015년 6월부터 국내 주식시장은 상·하한가 폭 제한이 30%씩으로 바뀌었다. 장중 상한가에서 하한가로 급락한다면 60%의 변동성이 생기는 것이다. 2020년 기준으로 은행 정기예금 금리는 연 2%도 되지 않는다. 30년 동안 은행에 넣어도 나오지 못할 이자율인데 이런 수익률과 손실률이 실제로 일어나니 개인 투자자들이 주식 중독에서 빠져나오지 못하는 것이다. 코로나 백신 개발로 화이자가 이슈가 되면서 화이자 백신은 −70℃ 이하에서 보관해야 효능이 있다는 연구 결과로 얼마 전 대한과학(131220) 등의 콜드체인 관련주가 급등했고 2~3일 후 바로 모더나 백신은 −20℃ 이하에서도 효능이 있다는 뉴스와 함께 콜드체인 관련주가 단기 급락했지만 대한과학이 혈액용 초저온 냉동고를 개발하고 식품의약품안전처에 인증 신청을 했다고 밝히면서 −14.94%까지 급락했던 주가는 급반등하며 상한가까지 직행했다. 하루 변동성이 무려 45%였다.

실제로 12일 고점에서 매도하지 못한 VIP 회원들은 보유 중이었고 화이자 백신이든 모더나 백신이든 어차피 냉동 초저온에서 보관해야 하므로 단기 조정을 받더라도 너무 걱정하지 말고 보유하시라고 필자가 조언했다. 결국 모두 수익구간에서 매도하고 나오면서 '주식은 요물'이라는 것을 새삼 실감했다.

[그림 4-6] 대한과학 일봉

자, 이렇게 명품주든 매력주든 급등하는 데는 반드시 명분과 작전이 필요하다. 먼저 공통적인 명분은 무엇일까?

♣ 명품주와 매력주의 급등을 위한 공통적인 명분

① 시장의 유동성과 종목의 유동성

2020년 코로나로 정말 엄청난 자금이 시장에 유입되었다. 2019년 말 28조 5,195억 원이던 고객예탁금은 2020년 11월 16일 기준 62조 8,398

억 원으로 2배 이상 급증했다. 그 자체만으로도 엄청났고 금융투자협회가 공시한 고객예탁금은 선례를 찾아보기 힘들 정도였다. 다음 날인 11월 17일 하루에만 6조 1,616억 원이 급증했다. 올해 들어 고객예탁금은 이미 여러 번 수조 원씩 증가했지만 5조 원 이상 증가한 역대 사례를 찾아보면 2003년 이후 5번 있었는데 놀랍게도 그중 4번이 2020년 한 해에 이루어진 것이다. 일일 예탁금 증가가 2조 원 이상인 사례도 2003년 이후 30여 건 있었는데 그중 14번이 2020년 1~11월 사이에 발생했다.

그 중 앞에서 말한 5조 원 이상 증가한 4번의 사례는 11월에 발생한 자금 유입과 다소 다른 양상이다. 즉, 다음 표에서 보듯이 8월 31일 5조 7,709억 원, 9월 4일 15조 8,618억 원, 10월 8일 6조 4,830억 원은 2020년 굵직한 기업 IPO 대어의 공모청약 전후였다. SK바이오팜을 시작으로 '따상'이라는 신조어가 생기기 시작하고 일시적인 예탁금과 공모증거금이 청약 이후 반환되면서 발생한 일시적인 고객예탁금 증거로 인해 하루에만 5조 원 이상의 고객예탁금 증가가 기록된 것이다. SK바이오팜에 이어 9월에는 카카오게임즈, 10월에는 빅히트의 공모청약과 증거금 반환 과정에서 발생한 예탁금 증가라는 일시적인 왜곡 현상이다.

[그림 4-7] 고객예탁금 증가(금융투자협회 자료 참조)

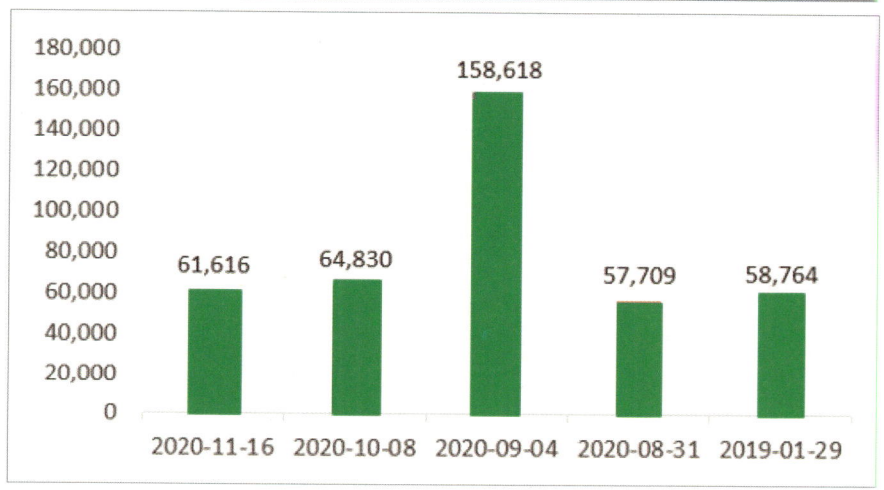

　여기서 필자가 설명하고 싶은 것은 11월에 유입된 5조 원 이상의 자금이다. 이 자금은 한국 증시 역대 전 고점인 2,600선을 돌파할 원동력이 될 수 있다는 설레는 기대감이다. 이렇듯 명품주와 매력주인 급등주가 탄생하기 위해서는 시장의 유동성이 풍부해야 하고 종목 거래량이 풍부하고 거래도 활발해야 한다. 이럴 때면 작은 호재 하나만 나오더라도 유동성을 바탕으로 100%, 200%, 심지어 1,000%까지 급등하는 종목은 속출할 것이며 웬만한 악재에도 주가가 크게 밀리지 않고 버틴다. 전 종목에서 주가가 상승하는 것 같은 착시 현상도 있지만 갈 종목은 결국 크게 급등한다. 이것이 '유동성 장세'다. 돈의 힘으로 시장이 움직이는 장세다.

　이번 질병의 창궐로 각국은 제로 금리에 가까운 유동성을 마구 풀었고 연준도 코로나로 당분간 경기회복 지연이 예상되어 금리 인상을 하지 않겠다고 선언했고 코로나로 1,300원까지 급등했던 환율은 11월 1,103원대까지 하락하며 원화 강세, 달러 가치 하락으로 결국 한국 증시에 다시 돌아올 것 같지 않던 외국인들이 환차손 이익을 위해서라도 강한 매수자금이 2,400선 위에서 유입되었다. 쓰러진 지 6년 만인 2020년 10월 26일 경제계의 큰 별 고 이건희 회장님이 작고하시고 상속세 이슈가 있음에도 불구하고 삼성전자는 신고가 행진을 이어갔다. 이것이 바로 명품주의 유동성 공급이다.

명품주, 매력주 두 섹터의 최우선 급등 조건은 유동성이다. 세력의 주가 부양도 결국 돈의 힘이다. 얼마나 많은 돈으로 핸들링하느냐? 필자는 매집 차트 분석만큼은 정말 기막힐 정도로 최고라고 자부한다. 시장은 유동성 장세인 금융장세를 거쳐 실적 장세 → 역금융장세 → 역실적 장세라는 순환매를 보인다. 그중 금융장세와 실적 장세는 주가 상승, 즉 확장 국면이고 역금융장세와 역실적 장세는 주가 하락, 수축 국면이다. 2020년은 코로나로 유동성 장세, 금융장세였고 2021년에는 실적 장세가 도래할 것이고 경기가 점점 회복되면 풀어놓은 자금을 거둬들일 것이고 점진적인 금리 인상과 함께 역금융 장세로 돌입하게 된다. 이제 명품주와 매력주의 가장 원칙적인 부분인 실적을 살펴보자.

② 명품주의 실적 호전, 매력주의 기본 실적

주식시장의 영원한 테마는 실적이다. 주가는 회사의 현재 가치와 미래 가치로 평가받는다. 현재 가치는 실적이고 미래 가치는 성장성이다. 과거 실적과 주가 흐름도 회사의 역사 흔적을 통해 알 수 있고 현재의 주가, 실적, 업황도 미래 성장성에 따라 결국 좋은 주식, 좋은 회사에 투자한 결과다. 필자는 앞으로 날개가 달린 자동차가 복잡한 교통난을 해결해줄 유일한 수단이라고 생각하며 이런 회사를 차리고 싶다. 그런데 내 자본과 기술력으로 힘들다면 내 자본이 소자본이지만 그런 회사를 찾아 투자하고 주주가 되면서 그 기업의 성장 가능성에 베팅하는 것이다. 이것이 바로 진정한 주식투자다. 이렇게 투자한다면 주식을 사놓고 매일 주가 흐름을 보면서 일희일비하지 않을 텐데 우리는 제약·바이오 종목을 매수해놓고도 매일 아니 매 순간 3~4% 등락에도 너무 조바심을 내고 힘들어한다.

일단 명품주는 실적 호전이 있어야 한다. 2019년 케이엠더블유가 800%대 급등을 보이고 네패스가 350%대 급등하고 2020년 그 무거웠던 카카오가 6개월 만에 360% 이상 상승한 것은 바로 실적 덕분이다. 코로나로 비대면이 강화되고 언택트 문화가 보편화되면서 주식시장에도 새로운 패러다임이 만들어지고 관련 종목이 급등세를 이루었다. 반면, 봄철이나 방학 시즌마다 붐비던 극장, 유학, 해외여행 등의 분야는 된서리를 맞았고 여행·항공주는 최대 피해를 입고 실적 악화와 주가 급락을 맛보았다. 이것이 주가의 현실이다. 명품주의 기본은 실적이다.

[그림 4-8] 케이엠더블유 주봉

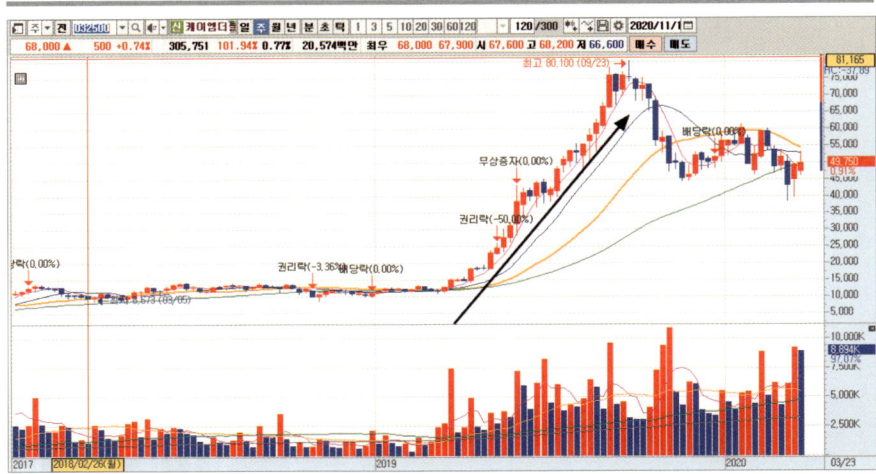

[그림 4-9] 네패스 주봉

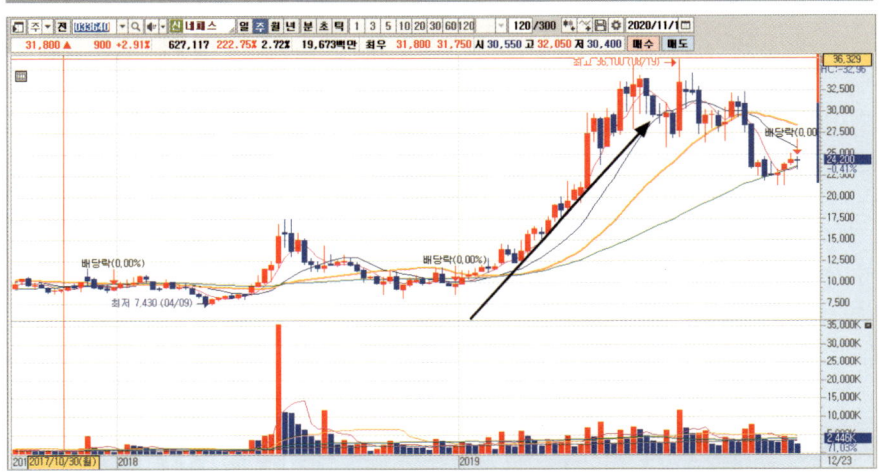

[그림 4-10] 카카오 일봉

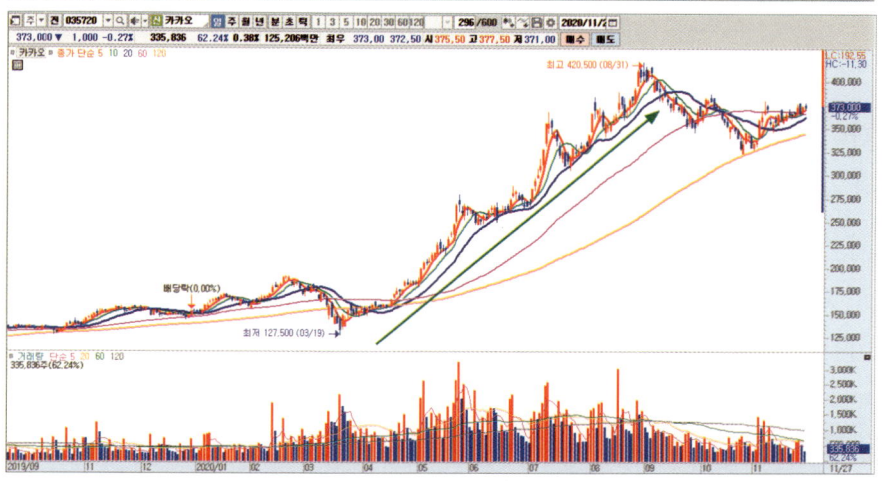

그렇다면 매력주의 실적은 어떠해야 할까? 세력이 매집하는 종목들은 대부분 실적이 안 좋다. 자주 유상증자를 하고 감자도 가끔 한다. 유상증자로 물량을 매집하고 대주주도 유상증자로 물량을 늘리기도 한다. 하지만 필자는 아무리 큰 수익을 주더라도 투자는 리스크 관리가 절대적이라고 생각하므로 매력주 즉, 매집 세력주를 매수하더라도 기본적으로 실적이 뒷받침되는 종목 매수를 원칙으로 삼는다.

차트 모양이 아무리 좋고 재료가 있고 매집 흔적이 있더라도 이 원칙만큼은 반드시 지키자. 2년 이상 영업이익이 마이너스인 기업은 쳐다보지도 말자. 물론 흑자기업이라면 좋겠지만 적자기업도 적자 폭이 줄거나 2년 정도는 괜찮다. 하지만 2년 동안 적자인 기업에 1년 이상 장기투자하는 것은 금물이다. 즉, 코스닥 기업은 4년 연속 영업손실인 경우, 관리종목으로 지정되며 상장폐지 실질심사 대상으로 지정된다. 관리종목 지정 이후 5년 연속일 때는 상장폐지 대상이 되어 상장폐지될 수도 있으므로 반드시 잘 살펴보고 투자해야 한다. 물론 제약·바이오 종목, 기술특례상장 종목은 예외다. 그런데 실적이 안 좋은 동전주 종목들이 신기하게도 차트를 매우 예쁘게 만들고 세력 매집으로 단기 급등을 만든다. 화려한 유혹은 달고 아름다워 보이지만 제대로 대응하지 못하면 결국 감당할 수 없는 고통을 당하므로 매집 세력주를 매매하더라도 실적만큼은 반드시 우상향이거나 흑자인 기업을 선택하자. 최소 2년 이상 적자인 기업은 쳐다보지도 말자. 이것을 투자 원칙으로 삼아야 할 것이다.

③ 인수합병, 우회상장, 자회사 상장 등

비상장 회사가 IPO를 거쳐 상장사로 거듭나기는 쉽지 않다. 인수합병(M&A)은 우회상장 개념을 포괄하는 더 큰 개념이다. 타 기업의 주식이나 자산을 취득하면서 경영권에 참여하고 기존 대주주보다 지분을 더 많이 갖는 것이 '인수'의 개념이다. 인수합병이란 2개 이상의 기업을 법률상, 사실상 합의하에 구조상 하나의 기업으로 합친 형태를 말한다. 인수란 경영권을 매각하는 행위이며 합병은 합의하에 합쳐 하나의 새로운 경영자로 교체하거나 한 명으로 바꾸는 기업 행태다. 적대적 M&A(상대 기업의 동의 없이 지분취득 강행)든 우호적 M&A(상대방과 합의하에 지분취득)든 주가 급등의 명분이 될 수 있다.

우회상장이란 장외거래 기업 중 코스닥이나 코스피에 이미 상장된 기업과의 합병으로 상장을 위한 IPO 공모주 청약, 심사 등 복잡하고 까다로운 절차를 거치지 않고 상장되는 것으로 'Back Door Listing'이라고도 한다. 대부분 기존 장외거래 기업 중 자금 여력과 기술력은 있지만 1~2가지 면에서 상장심사 요건을 충족시키지 못하는 경우, 이미 상장된 기업 중 대주주 지분이 낮거나 부실기업 또는 자금 곤란을 겪는 기업을 대상으로 물색하는 경우가 많다. 대부분 소형주에서 많이 이루어지며 우회상장하면 기존 기업 이미지에서 전혀 다른 기업으로 거듭나므로 이것도 주가 급등의 충분한 명분이 된다.

자회사 상장도 주가 급등의 명분이 될 수 있다. 특히 자회사가 현재 시장에서 이슈가 될 만한 일들을 진행하고 성과를 내고 있다면 주가는 탄력을 더 받을 수 있다. 2020년 코로나 대유행으로 상장되지 않은 자회사 기업의 진단키트 개발로 상장사들이 수혜주가 되어 주가가 급등하는 사례가 빈번했다. 실제로 실적 급증으로 재무제표가 개선되고 자회사 상장으로 주가가 영향을 받았다. 이렇게 지분을 보유한 자회사가 때로는 미국 나스닥 상장이나 국내 상장, 시장 이슈가 될 만한 상품 개발 등의 호재가 긍정적인 영향을 모기업에 미치면서 주가가 급등하고 세력의 먹이가 되기도 했다. 오상자이엘은 자회사 오상헬스케어의 코로나 진단키트 개발로 2020년 3월 급등을 보여주었다. 2020년 이런 기업들이 매우 많았다.

[그림 4-11] 오상자이엘 일봉

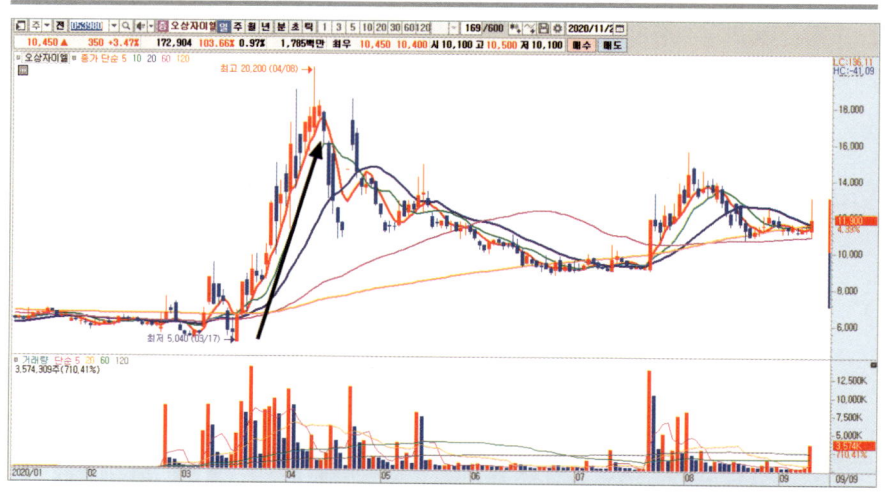

④ 정부 정책, 신기술 개발

　자본주의 시장에서 기업은 자유경쟁 원리에 따라 선의의 경쟁을 펼쳐야 하며 경제성장에 따라 기업 성장도 결정된다. 마이너스 성장을 하면 기업은 국내 경쟁력뿐만 아니라 해외경쟁력도 잃게 된다. 특히 우리나라는 수입보다 수출 비중이 크므로 수출길에 어려움이 생긴다. 그런 면에서 국가는 해마다 국민과 기업에게 먹거리를 제공하기 위해 국가적 차원에서 가장 필요하고 절실한 신성장 동력산업 육성계획을 세우고 예산을 책정해 자금 지원을 한다. 이처럼 정부 정책은 국가가 전폭적인 예산 지원을 할 국가적 사업을 미리 발굴해 관련 종목에 미리 투자해 주가 급등을 경험하는 것이다. 신기술 개발도 마찬가지다.

　과거 반도체를 비롯해 IT, 바이오, 로봇 등이 그랬다면 2020년에는 한국형 뉴딜정책으로 친환경, 태양광, 풍력에너지 산업이 해당되었다. 매년 국가는 새해 예산안과 신규 정책을 수립하므로 연말에는 정부 정책 뉴스에 관심을 기울이고 관련 종목을 공부하는 것도 좋은 습관이다. 2020년 대표적인 한국판 친환경 뉴딜정책의 일부로 그린뉴딜과 태양광 에너지의 대장주였던 한화솔루션은 정부의 정책 발표와 함께 큰 폭의 상승을 보였고 그 시세는 2021년 봄까지 충분히 계속될 수 있을 것으로 보인다.

2020년 11월 미국 대통령 선거에서 트럼프 전 대통령이 연임에 실패하고 조 바이든 후보가 당선되면서 트럼프 정권이 탈퇴한 기후협약에 바이든 자신의 선거 공약대로 우선적으로 재가입할 것으로 예상된다. 2021년 1월 20일 무렵 미국의 탄소배출권 기후협약 재가입과 한국판 뉴딜정책의 일부인 친환경 그린뉴딜 정책 이슈가 국내에서도 지속적인 관심을 받을 것으로 예상된다.

[그림 4-12] 한화솔루션 일봉

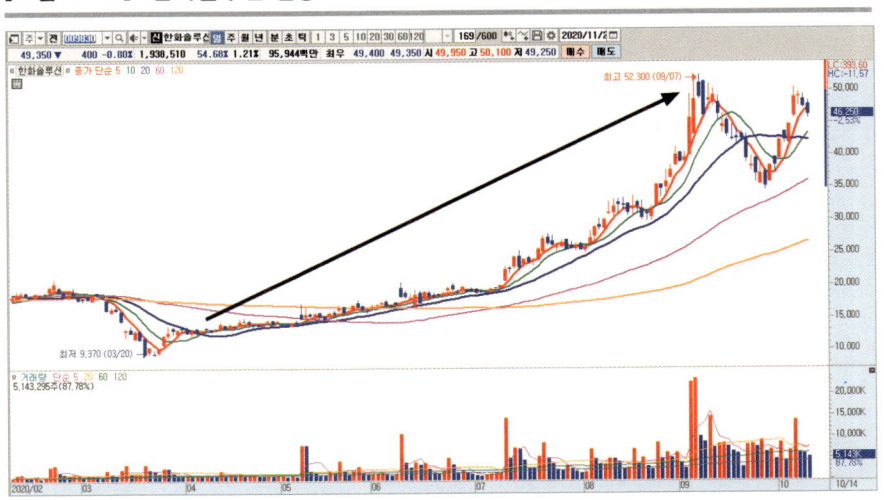

(3) 명품주 VS 매력주 급등을 위한 기본적 분석 조건

이번 단원에서는 명품주와 매력주의 기본적인 분석 조건을 알아볼 것이다. 둘 다 대시세 상승이 나오는 종목을 매수하는 것이 목표다. 다만, 명품주는 급등주의 성격보다 꾸준히 우상향하며 일희일비하지 않을, 등락 폭이 크지 않은 종목으로 매력주는 누군가가 매집해 개인 투자자들의 개입을 허락하지 않고 오히려 고점에서 개인들에게 물량을 털고 저점에서는 개인의 물량을 빼앗는 것이 일반적인 행태다. 이런 급등의 기본적인 조건은 재무제표상 내재가치 측면과 경영자나 경영권 관련 변동성, 기업의 외적 변동사항 등으로 나눌 수 있다. 여기서 외적 변동사항은 기업의 의지와 별개가 될 수도 있는 금리 인상, 원자재 가격 인상, 유가 하락, 코로나와 같은 질병의 창궐, 유가 변동, 유동성 장세, 정부 정책 및 글로벌 정책의 수혜, 동종업황 개선, 그리고 한국만의 유일한 지정학적 리스크인 북한 이슈 등이다.

먼저 명품주, 매력주의 공통적인 기본적 분석 조건을 살펴보자.
- 실적 호전(매출액 증가 + 영업이익 개선 및 흑자 전환)
- 매출채권(외상 매출) 급감, 재고자산 감소
- 당좌비율 및 유동비율 증가
- 인수합병, 자회사 상장, 자회사의 호재
- 영향을 미칠 만한 우수한 경영진으로의 교체 및 이사 선임
- 경영권 매각 및 우회상장
- 부동산 또는 자회사 매각
- 외적 변화와 정부 정책 및 미래 가치 신성장 동력

위의 8가지는 명품주나 매력주가 모두 갖추면 좋을 조건들이다. 주식투

자에서는 100% 성공 보장은 없으므로 상승할 조건이 많은 종목을 매수해야 가장 안전하고 리스크도 줄일 수 있다. 다만, 매력주는 위의 조건 중 몇 가지만 갖춘 경우가 많다. 바로 차트 매집이 가장 중요하기 때문이다. 명품주, 매력주 둘 다 위의 조건을 모두 갖출 수는 없지만 가능하면 많은 요소를 가진 종목이 좋다. 명품주와 매력주의 기본적 분석에서 다른 부분이 있다. 두 종목은 분명히 다르므로 각각 급등 조건을 갖추는 것이 나름의 적합한 조건이라고 볼 수 있다. 먼저 위의 요소 외에 명품주만 갖추어야 할 추가적인 기본 조건들을 살펴보자. 다음은 우리가 이미 배운 명품주의 기본적 분석요건이다.

- 시가총액, 5천억 원 이상
- 꾸준한 실적 성장성

명품주는 시가 총액이 최소 5천억 이상의 규모가 있는 종목이 좋다.
시가총액은 상장 주식수 *현재 주가 이므로 주식수와 가격의 흐름을 감안하여 시가총액 규모와 매출액을 비교 하여 보는것이 안정적 주가 파악의 기본이 될수 있다.

영업이익, 매출액, 당기순이익이 꾸준히 성장하는 것이 좋다. 결국 주가는 실적대로 움직일 수밖에 없다. 실적이 좋더라도 당장 수급이 뒷받침되지 못한다면 주가는 탄력을 받지 못할 수 있지만 그런 종목은 큰 리스크를 피할 수 있고 결국 실적대로 움직인다.

- **저평가 주식(기본적 분석 관점에서 타 기업보다 매우 저평가)**

저평가는 매우 매력적인 투자 요소다. 매년 꾸준한 배당금과 어느 정도 성장성을 보이다가 영업이익 잠정성장률이 급증한다면 6개월, 1년 전 미리 저가에 선취매해야 한다. 주가는 실적보다 6개월 앞서 선행하기 때문이다. 2020년 전기차를 필두로 글로벌시장에서 혜성처럼 등장하면서 테슬라의 주가가 급등하고 배터리업체로 LG화학이 최고의 공급처가 되면서 2차전지 소재업체가 덩달아 주목받았다. 산업 도입기였던 2017년 2차전지 소재업종 대장주였던 포스코케미칼은 당시 포스코켐텍이라는 사명으로 기대감에 급등했지만 실적이 나오지 않았다. 만 원 언저리의 주가는 2018년 초까지 1년 동안 450%라는 놀라운 급등을 보여주었고 산업 성장기가 도래하면서 2018년 후반부터 2020년 상반기까지 추가 조정을 받고 급락했다.

테슬라의 주가 급등과 함께 2020년 전기차의 서막이 열리며 잠정 실적은 2021년 급증하겠지만 주가는 이미 2020년 상반기부터 급물살을 타기 시작해 2021년 상반기에 가장 주목받을 산업 섹터로 보이며 2022년 상반기까지도 주목해볼 만하다. 이처럼 주가는 실적보다 6개월가량 항상 선행한다. 명품주의 특성이다. 경제지표보다 주가지수도 6개월가량 항상 먼저 움직이듯이 부동산은 경제 흐름보다 가장 늦게 반영되지만 증시는 가장 민감한 반응을 보인다.

[그림 4-13] 포스코케미칼 매출액 및 영업이익

IFRS (연결) | 연간		2017/12	2018/12	2019/12	2020/12(E)	2021/12(E)	2022/12(E)
매출액		11,972	13,836	14,838	15,807	21,026	24,773
전년동기대비	(%)	7.11	15.57	7.24	6.53	33.01	17.82
컨센서스대비	(%)	-0.20	1.40	-0.08	-	-	-
영업이익		1,040	1,063	899	650	1,355	1,722
전년동기대비	(%)	21.92	2.21	-15.43	-27.66	108.43	27.07
컨센서스대비	(%)	-6.91	-3.97	-1.93	-	-	-
당기순이익		1,040	1,328	1,012	320	1,068	1,371

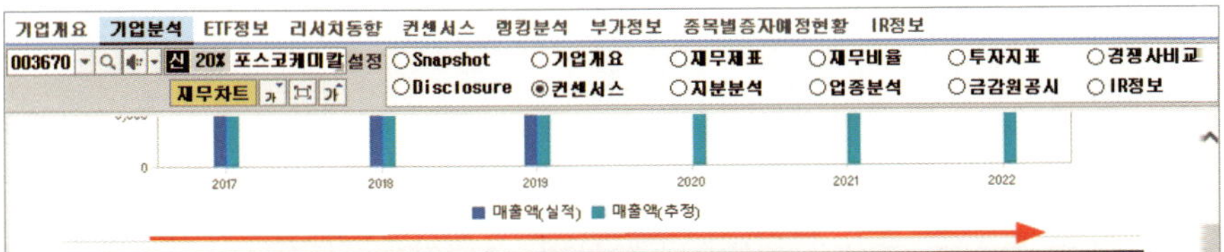

[그림 4-14] 포스코케미칼 주봉

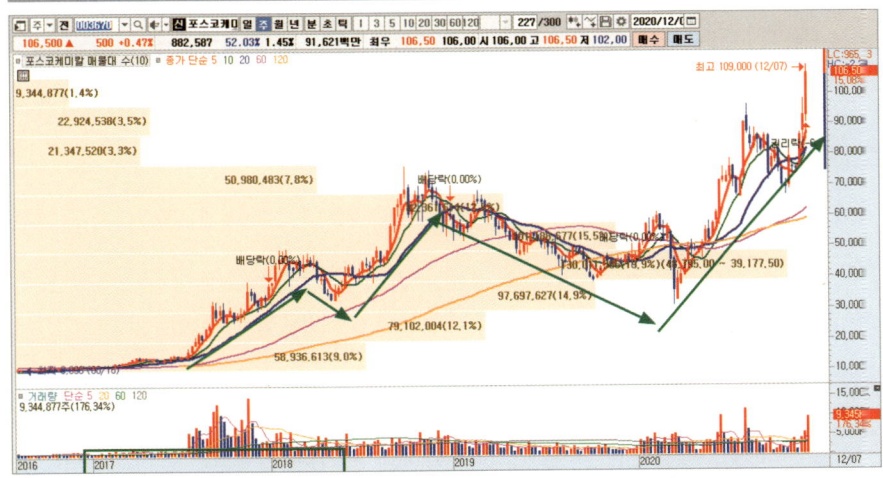

바로 이런 산업과 가치와 성장성을 보고 투자하는 것이 명품주 투자다. 코로나로 여행, 호텔, 카지노, 유가 하락, 대면접촉 등의 대외 사업이 모드 침체에 빠진 것이 사실이다. 시간이 걸리겠지만 관련 산업이 바닥을 찍고

백신, 치료제가 개발된다면 사람들의 일상은 다시 제자리로 돌아갈 것이고 맨 먼저 여행, 카지노, 영화산업 등이 성황을 이룰 것이다. 개인들이 답답한 일상에서 하루빨리 벗어나고 싶을 테니 말이다. 장기적 관점에서 본다면 백신, 치료제가 언급될 때부터 관련주를 저점에서 분할 매수해 매집하는 것도 훌륭한 투자 방법이다. 2021년 컨센서스는 이미 흑자전환이 예상되며 주가도 바닥에서 반등하는 모습이다. 앞에서 테슬라 주가와 전기차를 말했듯이 전기차가 자리를 잡는다면 관련 충전 인프라도 충분한 확보가 필요할 것이다. 자동차 부품업체들은 앞다투어 해당 산업의 역량에 초점을 맞출 것이다. 이것이 바로 명품투자다. 명품주의 기본적 분석 조건이다.

재계의 거목 고 이건희 삼성그룹 회장이 6년 동안 병상에서 지내는 동안 그룹의 실질적인 총수 역할은 이재용 부회장이 맡아온 것과 다름없다. 그 사이 삼성전자는 액면분할을 실행했고 시가총액의 삼성그룹주 비중은 20~25%나 될 만큼 큰 영향력을 보이는데 상속문제가 마무리되면 2021년 삼성그룹 주식은 지금까지 자의든 타의든 저평가 상태에서 벗어나 명실상부 기업가치가 주가에 제대로 반영될 것이라고 필자는 조심스럽게 예상해 본다. 아울러 국내 증시도 그동안 지루한 박스권에서 벗어나 3,000포인트를 훌쩍 뛰어넘어 자유롭게 비상할 것 같다.

반면, 개인 투자자들의 로또와 같은 선망의 대상인 매력주는 사실 기본적 분석에서 명품주와 비교가 안 될 만큼 부실할 수 있다. 코스피 종목이나 시가총액 상위종목 투자자들은 어쩌면 코스닥에 해당하고 다소 부실해 보이는 매력주에 대한 투자는 조금 망설여질 것이다. 아예 급등주, 매집주,

2020년 신풍제약, 엑세스바이오, 씨젠, 진원생명과학처럼 1,000%, 2,000% 수익을 내기는 어려울 것이다.

매력주의 기본적 분석을 살펴보자.
- 시가총액이 적은 주식(최대 4,000억 원 미만 정도)
- 자본금이 적은 주식(300억 원 미만)
- 대주주 지분이 낮은 주식(25% 미만)
- 관리종목 탈피
- 흑자전환, 실적 호전
- 신상품·기술 개발
- 자회사 편입(시장의 핫한 재료)
- 우수한 경영진 또는 유명인사와의 인맥
- 경영권 매각, 우회상장
- 정부 정책, 미래 기대치 증가

사실 매력주의 급등 명분은 주포의 마음에 달려 있다. 그들이 급등시키기로 결심만 한다면 수단과 방법을 가리지 않고 주가를 급등시킬 것이다. 다만, 적절한 타이밍에 충분히 상승하기 위해 개인 투자자들을 어떻게 이용하는가와 위의 조건들 중 주가에 강한 어필을 할 요소를 만들어 원하는 가격대까지 주가를 핸들링하는 것이다. 시가총액은 크면 안 된다. 최소 100% 이상의 급등이 나오므로 시총이 작을수록 유리하다. 매집이 시작될 때 시총이 너무 크면 재료가 나오고 주가가 상승하면 시총 상위종목에 오르고 기업의 내실이나 규모보다 시총이 터무니없이 커지기 때문이다.

급등하기 직전 신풍제약 주가는 약 6,000원, 시가총액은 약 3,200억 원

규모였다. 6개월 만에 최고점 214,000원을 찍을 당시 시가총액은 11조 2천억 원을 갱신했다. 매력주의 시총 규모는 적당히 작아야 좋다. 그래야 주가 급등 후에도 시총 부담이 없기 때문이다. 세력이 8천억~9천억 원대 종목을 매집한다고 가정해보자. 300%만 급등시켜도 2조 5천억 원대가 넘는다. 2020년 12월 기준 코스피, 코스닥지수가 연일 신고가를 갱신 중이며 코스닥 시가총액 13위 스튜디오드래곤의 시총은 2조 5천억 원이고 코스피 101위 종근당은 2조 8천억 원이다. 그래서 세력은 시총이 작고 주가를 마음대로 올려도 무리가 없는 종목을 선택하게 되어 있다. 대주주 지분은 너무 많으면 유동주식 수가 상대적으로 적어 자전거래나 고점에서 물량을 정리할 때 어려움을 겪을 수 있다.

[그림 4-15] 신풍제약 주봉

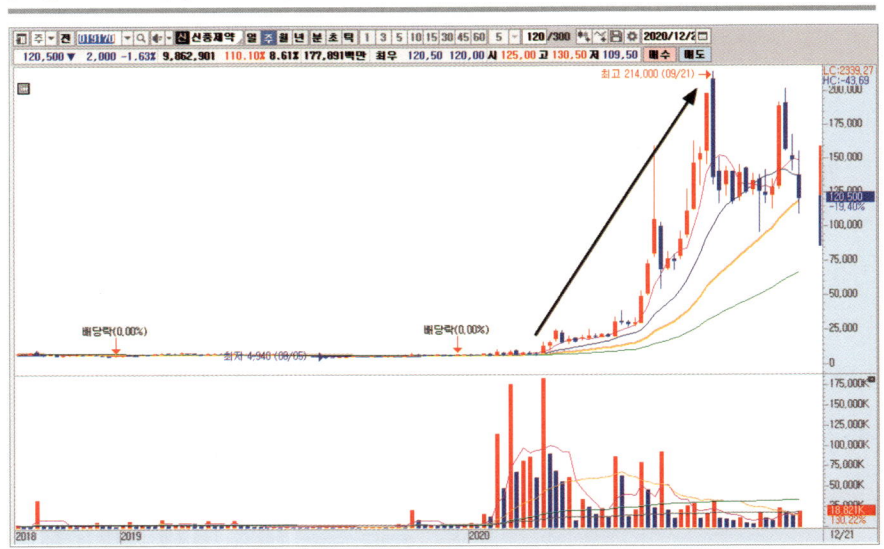

[그림 4-16] 신풍제약 시세 현황

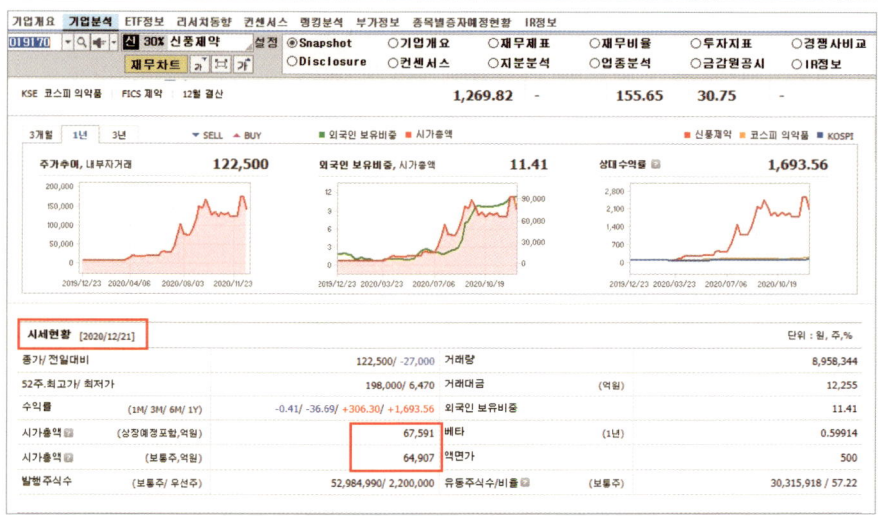

[그림 4-17] 신풍제약 재무제표

CHAPTER 4 주린이 고등학교 철들기 과정

그 외에 관리종목 탈피, 흑자전환, 실적 호전 등은 당연히 주가에 호재다. 하지만 보편적으로 이런 이슈는 지극히 정상적이고 모범적인 사례이므로 크게 급등하지는 않는다. 물론 이 재료가 명품주에 속한다면 큰 재료가 될 수 있다. 현재 시장에서 가장 핫한 이슈가 될 테마에 편입될 수 있는 신상품 기술개발, 자회사 편입이나 지분 투자 등은 강력한 호재가 될 수 있다. 또한, 당장은 이슈가 되지 않더라도 기업이 미래를 보고 투자한 지분 투자나 자회사 편입은 추후 그 재료가 부각될 수 있으므로 반드시 기업 노트를 만들어 중요한 내용은 기업별로 메모하는 습관을 갖길 바란다.

우수한 경영진, 해당 분야에 뛰어난 경영능력을 지닌 오너가 영입되거나 유명인사, 임원 또는 유명인사와의 인맥, 정치 관련주로 대선 후보와의 선후배 관계, 친인척 관계, 동문 등의 학연, 지연, 혈연관계라면 그 이유만으로도 대선 때마다 관련주들이 500~2,000%까지 급등하기도 했다. 2007년 4대강 테마부터 급격히 부각된 것이 바로 대선 테마주다. 2022년 20대 대통령 선거일을 앞두고 개인 투자자들이 반드시 숙지해야 할 내용이다. 5년마다 찾아오는 대선 테마 증시! 어쩌면 철저한 빈익빈 부익부의 계좌를 판가름낼 주요 재료다. 2007년 특수건설, 이화공영, 삼목에스폼 모두 엄청난 상승세를 보였지만 상장폐지와 함께 사라진 종목도 있다. 신천개발.

[그림 4-18] 특수건설 월봉

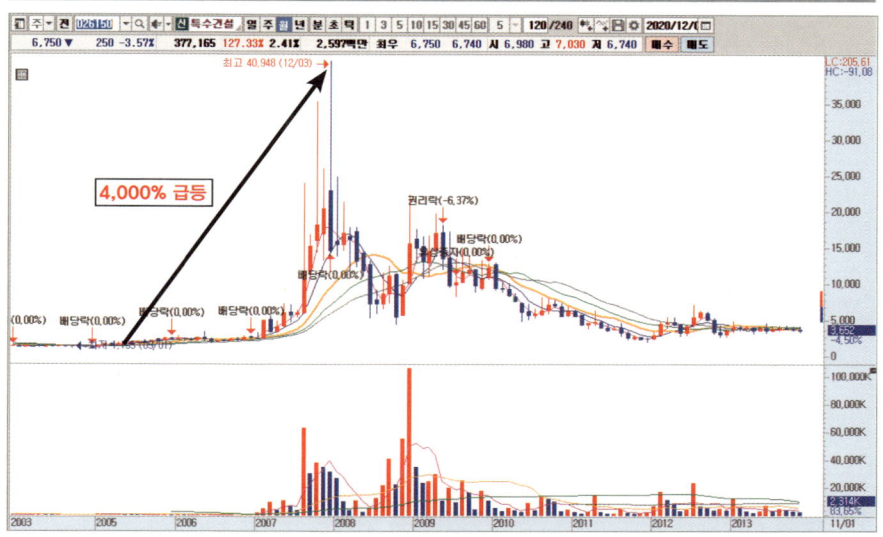

[그림 4-19] 이화공영 월봉

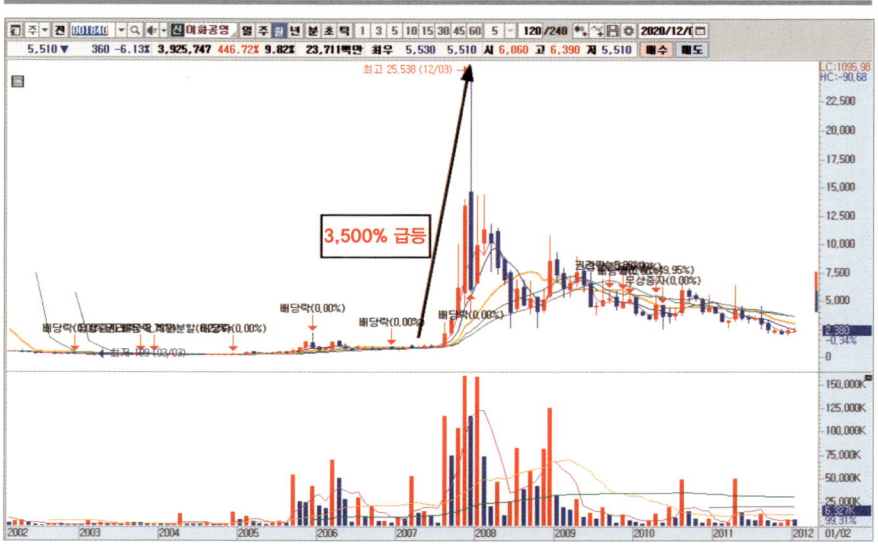

[그림 4-20] 삼목에스폼 월봉

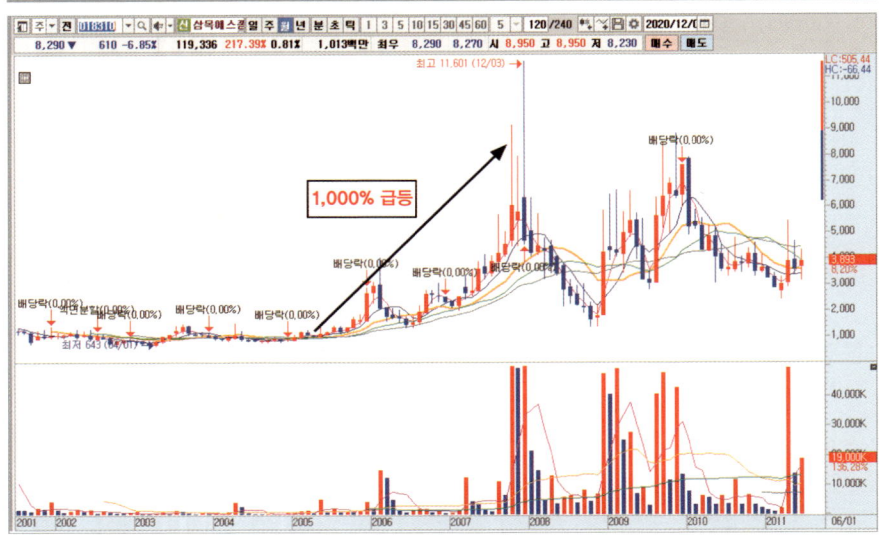

경영권 매각은 당장 초보 투자자가 생각하면 매각이라는 단어 자체가 뭔가 내것을 판다는 데 거부감이 생길 수 있지만 나보다 좋은 기업이 인수해간다면 그 이슈는 주가에 호재가 될 수 있다. 마지막으로 정부 정책이다. 매년 연초 정부는 정책집행 예산안을 편성해 시행한다. 정부 예산 관련 산업은 그해 주목을 받을 수밖에 없다. 매년 연초마다 코스닥 종목이 상승하는 것도 그 때문이다.

(4) 명품주 VS 매력주 급등을 위한 기술적 분석 조건

　기술적 분석에서 가장 중요한 것은 거래량에 의한 수급이다. 개인 투자자 중에 가끔 이런 질문을 한다. "그렇게 좋은 종목이라면 매도를 안 하면 되지 왜 매도할까?" 매도하지 않고 매수만 한다면 주가는 분명히 오를 텐테 그냥 두면 되지 왜 매도할까? 주식은 눈에 안 보이는 온라인상 화폐이므로 누군가는 어떤 이유로 반드시 주식을 팔고 이틀 후 현금화해 인출하고 실제 화폐 가치로 사용하려고 한다. 실례로 자녀의 대학등록금으로 잠시 융통하거나 아파트 중도금을 치뤄야 한다면 그 시기에 맞추어 주가가 내렸든 올랐든 반드시 매도해야 한다. 이처럼 매수보다 매도할 때가 더 절실한 상황이 많으므로 모든 투자자는 주식을 매도하지 않을 수가 없다. 반대로 매수하는 데 큰 악재가 있거나 매수하지 않겠다고 생각한다면 매수세가 전혀 없을 수도 있어 주가는 상승 가능성보다 하락 가능성이 큰 것이다. 기술적 분석은 주가 상승에서 가장 중요한 분석이며 개인 투자자가 반드시 숙지해 매매에 임해야 할 투자의 기초다.

♣ **명품주와 매력주의 기술적 분석의 공통점은 거래량뿐이다.**

• **매도보다 매수세가 우세한 거래량**

　즉, 바닥권에서 거래량이 동반하면서 대량 매수세가 유입된 종목이 좋으며 매수 이후 매도된 물량이 현저히 적은 것이 좋다. 이런 주식을 주포가 있다고 표현한다. 그 외에 명품주와 매력주의 기술적 분석은 각각 특성이 있다. 이 부분은 필자가 종목 분석에서 매우 중시하고 개인 투자자에게는 필수 요소라고 생각하므로 기술적 분석은 반드시 마스터하고 넘어가자.

♣ 명품주의 기술적 분석의 특징

- 전체적인 시장 악재가 아니라면 큰 조정이 없다.
- 20일 이동평균선을 지지하며 이탈해도 빠르게 회복한다.
- 60일 이동평균선이 우상향한다.
- 주가는 중·장기 이동평균선 위에 있어야 한다.

기술적으로 20일 이동평균선을 지지하면서 우상향하고 이탈하더라도 빠르게 회복한다. 우상향이 시작되면 대체로 중·장기 이평선은 주가 아래에서 정배열 흐름으로 우상향하며 60일 이동평균선도 지속적인 상승 추세를 만들어낸다.

[그림 4-21] 엘앤에프 일봉

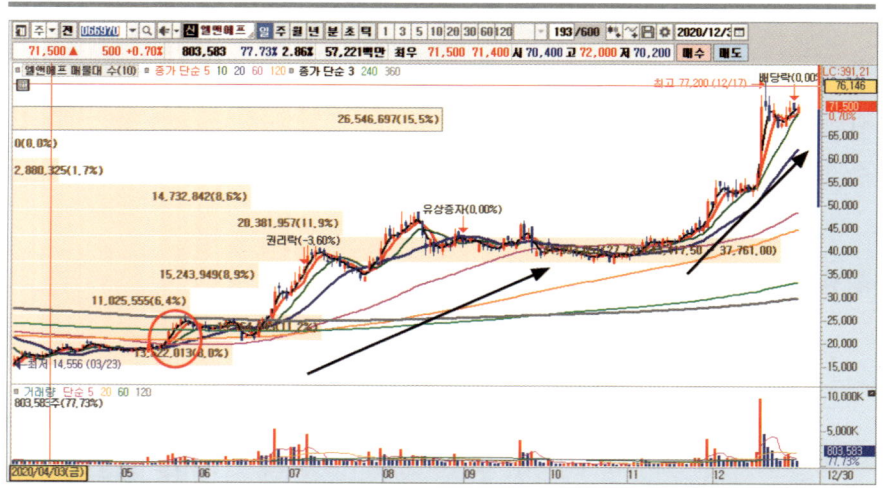

엘앤에프는 필자가 15,000원대부터 강력하게 어필했던 2차전지 소재인 양극재 관련주였다. 2020년 코로나로 상반기에 상승할 종목들이 6개월가

량 상승 탄력을 보였지만 6월 유상증자 발표 이후에도 주가는 발표일 하루만 하락한 후 재차 반등하며 결국 급등세를 보였고 유상증자 가격보다 매수 가격이 훨씬 높은 흐름을 보여주었다.

주주 배정 유상증자 뉴스 자체는 시장에서는 당장 악재로 반영되지만 유상증자 금액으로 기업이 무엇을 하느냐에 따라 차후 호재로 작용할 수도 있다. 설비투자나 현재 시장에서 핫한 사업을 위한 미래 투자는 주가에 오히려 강력한 호재로 작용한다. 5월 중·장기 이평선인 60일선, 120일선, 240일선, 360일선은 주가 바로 위에서 강하게 누르고 있었지만 거래량과 함께 차례대로 60일 이동평균선부터 돌파하더니 6월 중순까지 약 한 달 동안 240일 이동평균선과의 치열한 공방 끝에 6월 말 강한 대량거래가 동반되면서 박스권 상단인 25,000원대를 완전히 강력히 돌파했다.

7월부터 주가는 중·장기 이평선인 60일선, 120일선, 240일선, 360일선을 모두 아래에 두고 20일 이동평균선을 타고 우상향하며 4만 원대 후반에서 8월부터 12월까지 4개월 동안 개인 투자자들을 지치게 만들고 결국 8월 고점 48,000원을 강한 거래량과 함께 돌파하고 12월 16일 5년 만에 상한가를 기록했다. 명품주는 이렇게 조정이나 눌림목이 나와도 별로 크지 않다. 개인들을 지치게 만들고 물량을 빼앗는 구간도 매력주와 달리 매우 큰 변동성은 없지만 대신 박스권에서 지루한 모습을 만들면서 60일 이동평균선을 1~2개월 동안 횡보하는 경향이 있다. 매력주인 급등주 매매를 즐기는 투자자는 이런 명품주가 지루할 수도 있지만 결국 일희일비하지 않고 지수 폭락에도 큰 폭락이 없고 회복할 때는 빠르게 회복하는 것이 바로 실적이 수반된 명품주이므로 직장인이나 손이 느린 투자자, 매일 시황을 확인하지 못하는 투자자들은 사실 확인하지 않는 것이 좋다. 좋은 종목이라면 일주일에 1번, 한 달에 2~3번 정도 시장 이슈에 따라 계좌를 확인하는 것이 올바른 명품주 투자전략이다. 2019년 12월부터 필자가 2020년 세 자리 수익률 종목의 포트폴리오를 구성하면서 강력 어필했던 종목들의 1년 후(2020년 12월) 주가 흐름을 살펴보자.

[그림 4-22] 엘앤에프 주봉

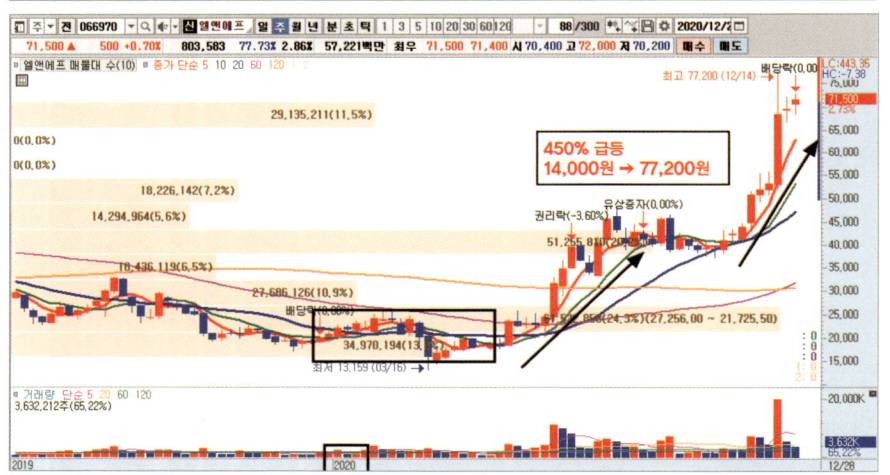

[그림 4-23] 삼성전자 주봉

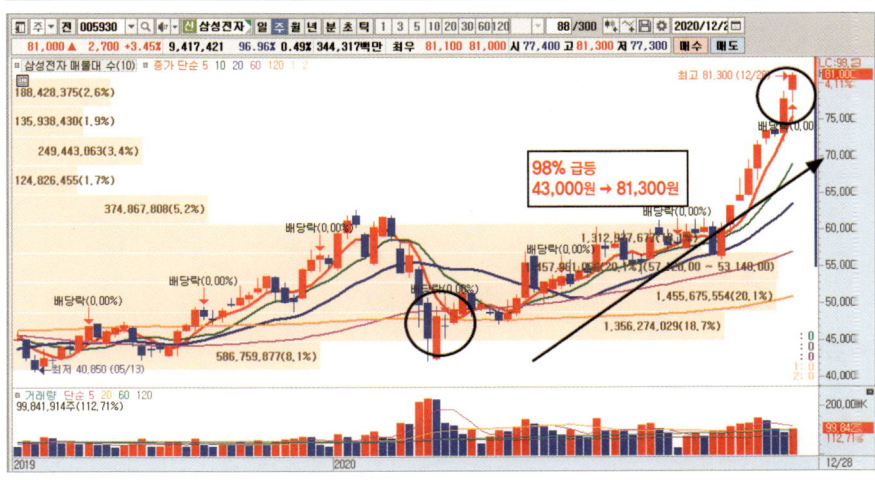

[그림 4-24] 만도 주봉

[그림 4-25] 카카오 주봉

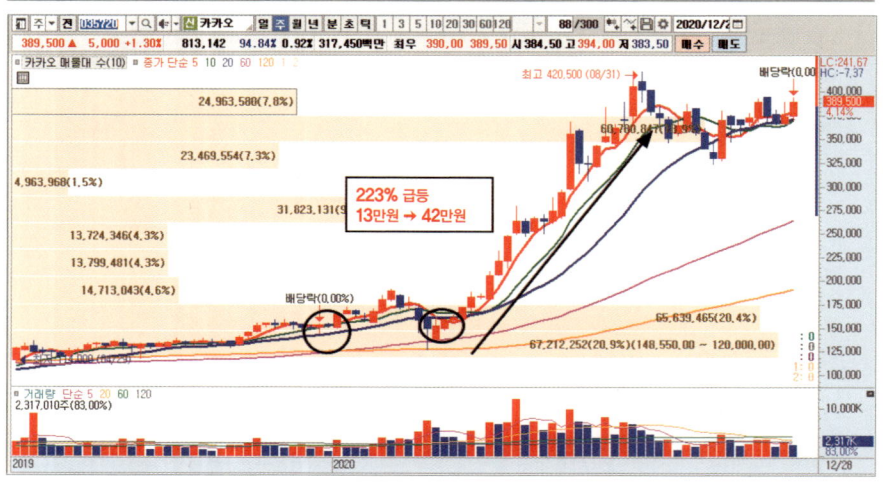

다소 시간이 오래 걸린다고 느낄 수도 있지만 주식의 정석투자는 바로 명품주 투자다. 1950년대생 이상 어르신들은 자신들이 어렵게 모은 돈을 은행 적금에 넣고 그 증표로 도장이 찍힌 통장 하나 달랑 받아 온다. 통장 하나 받아 와 은행에 자금을 묶어두고 걱정 없이 믿고 맡긴다. 통장 하나 달랑 받아놓고 왜 그렇게 믿고 맡기는 걸까? 연 2%도 안 되는 금리인데 그것을 원금 보장이 되는 안전자산으로 생각하기 때문이다. 하지만 필자는 내 돈이 일하게 만드는 것이 투자라고 생각한다.

내가 직접 발로 뛰고 여러 분야에서 일할 수는 없으므로 내 자금을 분산시켜 일부는 제약·바이오에 투자해 연구하고 성과를 내도록 만들고 다른 일부는 전기·전자, 반도체, 5G 사업에 투자하면서 밤새 쉬지 않고 내 자금이 일하고 생산하게 해야 한다고 생각한다. 투자는 이런 것이다. 단순히 은행에 잠재워두는 것은 절대로 투자 개념이 아니라고 생각한다. 2020년 코로나로 '동학개미운동'으로 불릴 만큼 투자자 고객예탁금은 몇 배나 늘어나고 개인자금은 70조 원 가까운 누적 순매수를 보였다.

2021년 증시자금은 더 큰손으로 유입될 것이다. 주식을 처음 시작한 주린이들은 2020년 짭짤한 수익으로 재미를 보았을 것이고 2021년 주가지수 3,000, 1,000포인트를 운운하는 시점에서 투자금액을 늘리고 싶어하는 것은 과거 역사적으로 항상 반복되어온 현상이다. 주식투자는 중·장기 명품 우량주와 매집주, 급등주를 반드시 병행해야 한다. 둘 중 하나를 선택해야 한다면 필자는 명품 우량주를 권하고 싶다.

♣ 매력주 기술적 분석의 특징

어쩌면 차트 분석의 모든 것은 매력주, 매집주, 급등주가 모태가 된다고 할 만큼 매력주 분석은 흥미진진하고 급등 시 이루 말할 수 없는 쾌감을 주고 개인 투자자들은 이런 급등의 맛을 알기 때문에 주식의 매력에 빠져 그만두지 못하는 것 아닐까? 매력주 기술적 분석의 특징은 매우 다양하고 광범위하며 수학의 정답인 '1+1=2'처럼 나올 수는 없다. 차트를 많이 분석하고 경험하고 관찰하고 그 변화를 보면서 같은 패턴을 눈에 익히는 방법밖에 없다.

필자는 매집 차트 분석에 매우 강하다. 대한민국 그 누구보다 정확히 찾아낼 자신이 있다. 매력주 기술적 분석의 특징을 살펴보자.

1) 상승 직전 거래량 공백 상태
2) 주가 하락 또는 1차 반등 후 장기간 횡보, 개인 투자자들은 포기 상태

[그림 4-27] 진원생명과학 매물대 및 거래량

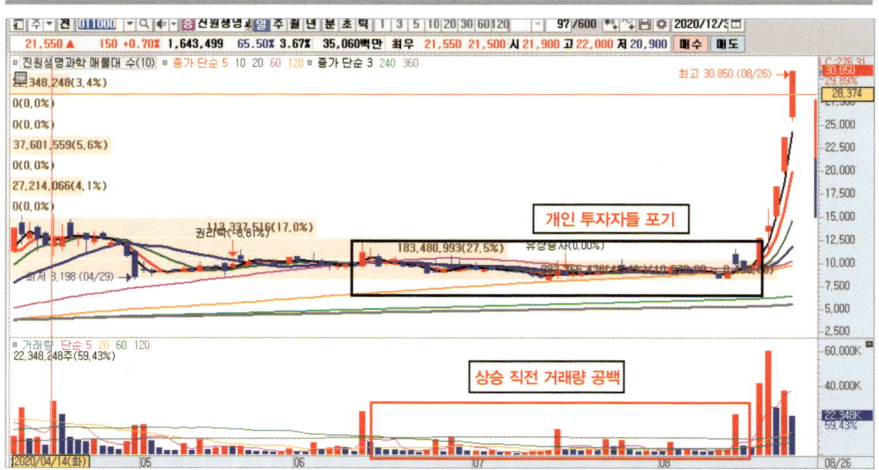

3) 주가 탄력이 크고 과거 급등 경험이 있는 종목

[그림 4-28] 진원생명과학 매물대 및 거래량

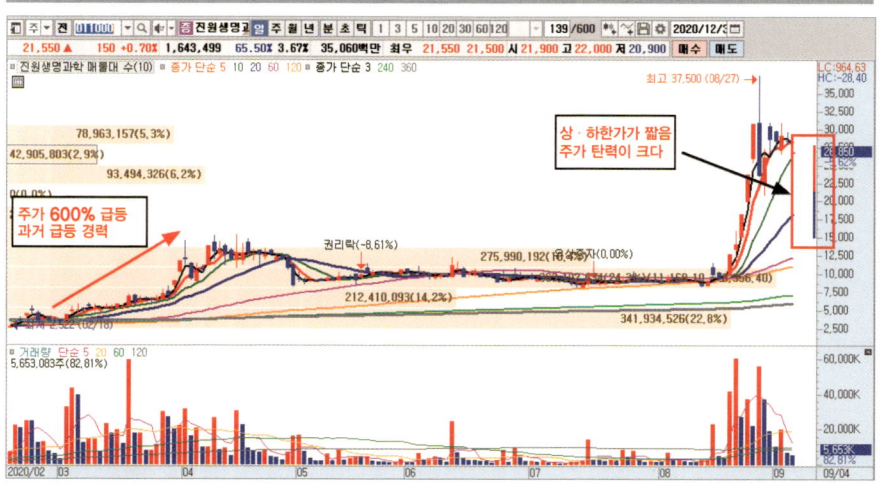

4) 매물 부담이 적은 주식
5) 주가 바닥에서 상승 초기 대량거래 발생, 매수세 유입
6) 시장 인기 테마주, 업종 대표주

[그림 4-29] 에스맥 매물대 및 거래량

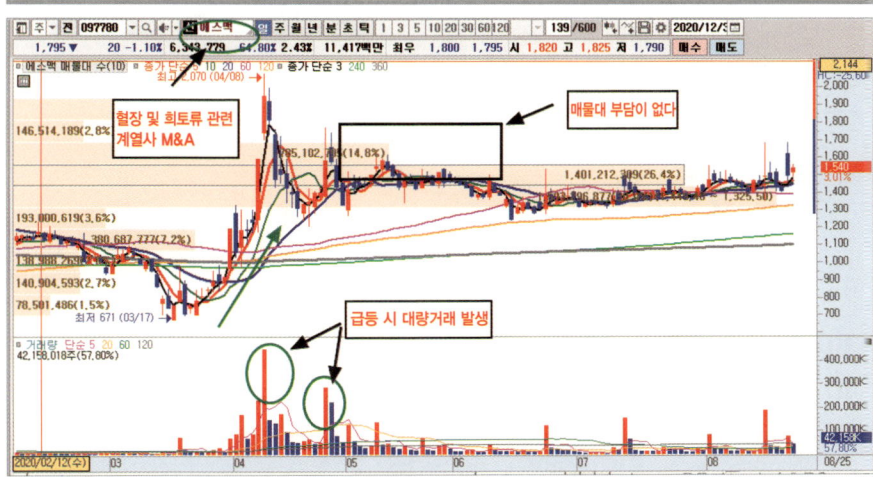

7) 주가 상승 초기 캔들의 아래꼬리보다 위꼬리 발생
8) 주가 상승 초기 거래량이 급증하는 경우(평균거래량 대비 5배 이상 증가)
9) 피뢰침 캔들 발생 이후 급락 없이 지지선 지지

[그림 4-30] 새로닉스 매물대 및 거래량

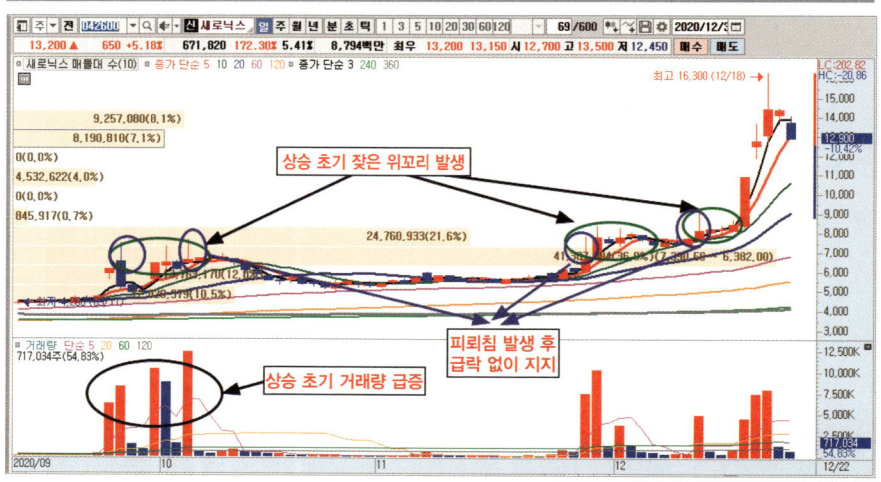

10) 점진적인 거래량 증가
11) 단기 이동평균선(3일선, 5일선, 10일선, 20일선, 60일선) 역배열에서 정배열로 전환 후 이평선 수렴

[그림 4-31] SV인베스트먼트 매물대 및 거래량

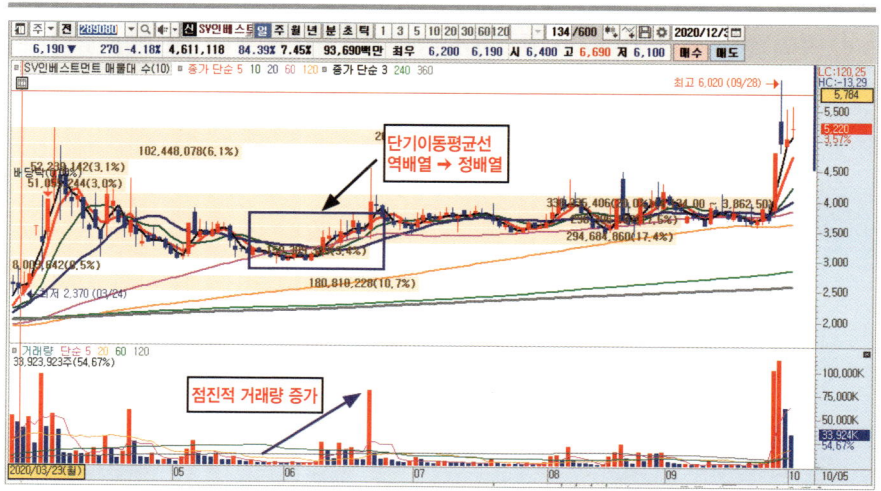

12) 박스권 또는 전 고점 갭 상승과 강한 수급

[그림 4-32] 웰크론한텍 매물대 및 거래량

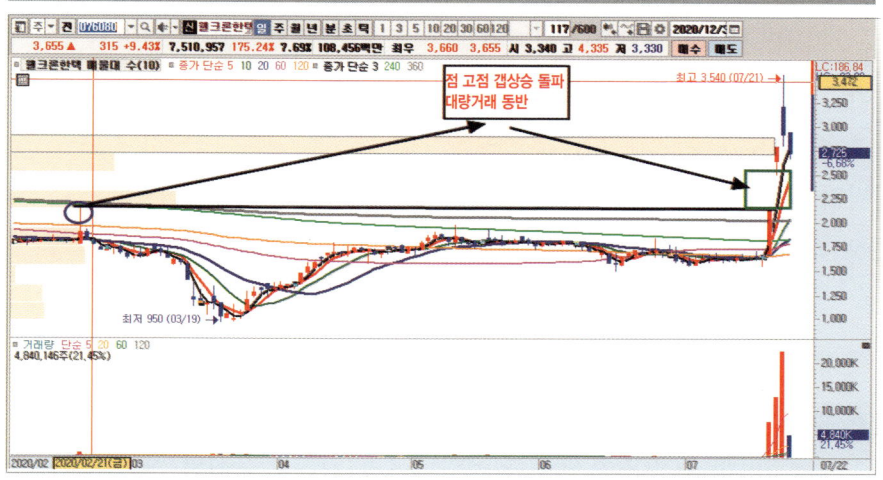

　이밖에 수많은 매집 차트 흔적들이 있다. 설명에서도 다른 파트보다 더 많은 차트 분석을 실례로 보여준 것처럼 매력주 분석은 끝이 없고 습관적으로 차트를 자주 돌려보며 눈에 익히는 것이 가장 빠르고 정확히 발전하는 코스다. 차트는 급등주에서도 정직하다. 차트에 재료가 숨어 있고 세력이든 주포든 캔들과 이평선을 통한 차트는 순간적으로 속일 수는 있지만 거래량은 주가의 척도라고 할 만큼 속일 수 없는, 표가 나는 분석임을 잊지 말자. 개인 투자자들은 차트를 70%만 분석해도 큰 손실은 안 본다.

(5) 명품주 VS 매력주 정보의 급등 시나리오 계보

　개인 투자자들이 주가 상승의 첫 변화를 감지하기란 여간 어렵지 않다. 그래서 바닥에서 확인하는 작업이 반드시 선행되어야 한다. 투자자가 주가 바닥을 정말 안다면 얼마나 좋을까? 무조건 수익을 내는 투자만 할 수 있을 것이다. 필자가 개발한 종목 추출 자판기 중에 세일 자판기가 있다. 주가의 저점을 기술적으로 분석해 꾸준한 시세 대응 수익을 내고 싶다면 세일 자판기도 개인 투자자들에게 도움이 된다.

　마지막 단원 '돈버는 실전 매매'에서는 종목 추출 자판기의 매매 원리를 공부하면서 기법을 숙지한다. 기본적 분석에서 대표적인 분석은 기업의 성장성, 즉 미래 투자 가치가 얼마나 있느냐다. 기술적 분석의 최우선 요소는 필자가 늘 강조하는 거래량이다.

　자본주의의 기본 논리는 수요와 공급에 의해 결정된다. 그래서 필요 충분 조건도 앞에서 설명한 바 있다. 수요가 많으면 즉, 매수자가 많으면 가격이 오르고 공급 즉, 매도자가 많으면 주가는 내린다. 바로 이것이 거래량인데 주가 변화는 곧 수급 변화인 것이다. 개인 투자자가 수급 흐름만 정확히 감지한다면 바로 차트의 핵심을 거의 읽었다고 해도 과언이 아니다.

　주가 변동성의 가장 큰 핵심 원인은 수급 변화다. 하락이든 상승이든 주가의 변동성에 수급 변화는 그 방향으로 곧 주가가 움직일 것임을 암시한다. 결론적으로 주식 가격 즉, 주가는 수요와 공급, 매수와 매도에 의한 수급, 거래량 원칙에 의해 결정된다. 물론 명품주는 어떤 작전의 시나리오나 계보에 의해 움직이기보다 산업 동향, 글로벌증시의 대내외적인 악재, 호재 등에 의해 움직인다. 그래서 명품주는 꼭 실적을 중요하게 체크해야 하고 앞으로의 산업 성장성 또는 그 기업의 핵심 사업에 정부 정책이나 시장의 중심이 될 이슈 사업을 진행할지를 보아야 한다.

명품주는 소위 시장에서 얘기하는 "~~카더라", "OO주식이 몇 배 간다, 얼마 간다" 이런 낭설보다 실적과 산업의 성장성, 수급에 의해 시세가 완성되기 때문에 이 단원에서 급등주의 시나리오 계보는 제외시키고 공부해본다. 반면, 매력주는 그 시나리오의 계보가 분명히 있다. 물론 개인 투자자들은 계보의 맨 앞자리에서 정보를 들을 수 없다는 것을 먼저 인정하고 시작하자.

매력주의 대부분은 주가 급등 초기 급등 이유를 찾기가 쉽지 않다. 주식시장에 상장된 모든 기업은 투자에 영향을 미칠 만한 명분을 갖고 있다면 모두 금융감독원에 공시할 의무가 있다. 그런데 주가는 급등하는데 공시도 없고 호재가 될 만한 뉴스도 없고 시장에 핫한 테마군의 사업을 진행하지도 않고 임원이나 이사의 변동성, 계열사, 지분 관계사와의 변화도 찾을 수 없다면 단순히 유동성과 수급에 의한 일시적 급등이라고 무시하기에는 뭔가 석연치 않다면 종목 분석을 해야 한다. 매력주의 정보 시나리오와 계보를 간단히 정리하면 다음과 같다.

대주주 → 가족 및 일가 친척 → 회사 핵심임원 → 사채업자, 사설 펀드, 증권사 주요 임원, 제3의 작전세력들 → 주요 직원(고위급 주담) → 공시 담당 주담 → 소규모 세력들 → 개인 투자자

절대적이지는 않지만 대략 위와 같은 계보 흐름에 따라 주가는 급등한다. 주가 급등이 어느 정도 이루어지고 급등 명분이 비로소 시장에 오픈되며 한 번에 끝날 재료라면 급등 후 바로 급격한 매도 물량 출회와 함께 주가는 급락하고 개인 투자자들은 급등의 명분인 뉴스에 환호하며 주가 꼭지에서 매수에 가담한다.

주식 격언 중 가장 흔한 것은 '루머에 사서 뉴스에 팔아라'다. 자주 듣는 격언인데도 개인 투자자들은 뉴스가 나오면 이성을 상실한다. 이런 격언들은 왜 생긴 걸까? 바로 선취매한 투자자들이 있다는 뜻이다. 그 주인공이 바로 위에서 말한 대주주, 일가 친척, 회사 고위임원, 사채업자(자금 유입을 위해), 작전세력, 동호회 세력이다. 항상 그들은 개인 투자자들보다 한 발 앞서 정보를 입수하고 매수한다. 기업의 호재나 악재 이슈는 대주주가 맨 먼저 알 수 있다. 참고로 대주주의 정보력이 미치는 영향력은 코스피, 코스닥의 시가총액 상위종목인 대규모 상장사보다 중소기업에 더 절대적이다.

삼성, LG, SK, 현대, 한화 등 대기업들은 개인 투자자가 생각하는 만큼 주가에 미치는 영향력이 크지 않다. 그룹사 대기업은 대주주나 오너가 이끄는 유형의 기업이 아니라 대한민국 경제를 이끌고 글로벌시장에서 경쟁하고 어깨를 나란히 하는 국민기업이기 때문에 주가를 핸들링할 수 없고

그럴 에너지도 없을 것이다. 또한, 외국인 지분이 상당하고 실질적인 기업 운영권도 채권단에 있다.

제일모직과 삼성물산 합병 문제로 삼성은 국민에게 실망을 안겨주었지만 이렇듯 기업의 큰 획을 그을 만한 요소가 아니라면 국민형 기업은 대주주 한 명의 도덕적 결함이나 논란의 대상이 되더라도 기업 전체를 흔들지는 못한다. 하지만 중소기업은 다르다. 대주주의 사상과 기업철학, 사업 의지, 사업 방향에 따라 기업의 존망이 결정되므로 그 영향력은 절대적이다. 중소기업 대주주가 배임·횡령을 했다면 그 기업은 뉴스와 함께 바로 하한가이며 주가 급락은 필연이다.

대주주의 배우자나 그를 통한 일가 친척, 회의를 통한 주요 핵심임원들과 그들과 거래하는 증권사 간부, 회사의 주거래 증권사나 은행 임원들, 명동 자금으로 불렸던 사채업자, 사설 펀드자금들, 그런 곳과 연계된 제3의 작전세력, 속칭 형님들… 그 후 소문이 퍼지면서 주요 직원, 주담, 제4, 제5의 손바뀜 세력들과 그들을 통해 '○○ 종목, 내일 아침 상한가 직행, ○○○○원까지 간다, 최소 200% 수익률 보장' 등 각종 종목 관련 문자들이 난무한다. 개인들의 이런 최고점 마지막 불꽃매매를 속칭 '설거지'라고 부른다. 안타깝지만 뉴스 공시를 통해 확인하는 기업 정보가 사실상 가장 늦은 정보다. 그로 인해 개인 투자자들은 엄청난 손해를 입는다. 이제 주식을 시작하는 개인 투자자나 오랫동안 주식을 해온 투자자라도 "○○ 종목은 ××원 갈 거다", "세력이 입성해 있다"라는 남의 얘기들은 절대로 귀담아 듣지 말고 내 자금으로 내가 투자하는 만큼 책임감을 갖고 분석하고 공부해 분명한 확신이 섰을 때 매수에 가담하자.

실제로 2006년 설립되어 2016년 코스닥에 상장된 면역 항암치료제 연구개발업체 신라젠은 핵심 플랫폼 펙사벡으로 유전자를 재조합해 만든 백시니아 바이러스로 암세포를 선택적으로 사멸시키고 면역세포가 암세포를 공격할 수 있도록 설계된 연구기술로 2016년 증시에 상장될 때 공모가 15,000원, 공모주 청약경쟁률 172.5대1을 기록했고 청약 증거금은 무려 2조 6,000억 원대에 달했다. 물론 2020년 SK바이오팜, 카카오게임즈, 빅히트와 같은 대어급 IPO들도 있었지만 2020년과 2016년의 고객예탁금과 유동성은 비교할 바가 아니다. 1년여 만에 만 원에서 15배나 뛰어 152,300원을 기록했고 바이오 시장의 대세임을 선언했다.

이후 신라젠은 개미들의 무덤을 만들고 펙사벡의 효능을 제대로 평가받는 데 실패했고 미국 데이터모니터링위원회는 '무용성 평가', '효능 없음' 등의 결과와 함께 임상 중단을 권고했다. 이를 이용해 주요 임원들의 선행매매에 따른 차익실현, 경영진의 배임 혐의 기소설이 흘러나오면서 거래정지에 이르렀고 결국 상장폐지 위기까지 갔지만 2020년 12월 거래소는 1년의 경영개선 기간을 부여해 신라젠의 경영 정상화 여부를 지켜보기로 했다. 신라젠의 소액 주주는 2020년 7월 16일 기준 16만 5,692명에 달하며 이들이 보유한 주식은 전체의 93.44%에 달한다. 정말 개인 투자자들의 피눈물이 담긴 자금이며 개탄스러운 일이 아닐 수 없다. 한때 코스닥 시가총액 2위까지 올랐던 주식인데 말이다.

[그림 4-33] 신라젠 주봉

(6) 진짜 작전주 '루보'의 작전 명령

2020년 주식을 시작한 주린이들은 아마도 '루보(051170)'라는 기업은 생소할 것이다. 하지만 몇 번 인터넷 검색을 해보면 루보가 왜 주가조작 작전주의 대명사가 되었는지 알 수 있을 것이다. '저런 주식을 사서 한 번 대박을 쳐야 하는데…'라고 부러워하는 한편, 주가조작설 이후 급락한 주가를 보며 등골이 오싹해져 '정말 저런 잡주는 절대로 사지 말아야겠다. 정석투자를 하자'라고 다짐할 수도 있다.

필자는 오랜 세월을 살아오지는 않았지만 그래도 반백 년을 지내보니 돈을 쫓는다고 돈이 들어오지는 않았다. 돈이 내게 오게 만들어야 한다. 주식도 마찬가지다. 시장에서 일희일비하며 오늘 급등하는 주식을 추격 매수하면 결국 꼭지가 되고 허탈감에 넋놓고 있다가 변동성이 크고 활발히 움직이는 종목을 또다시 따라가려고 손절매하고 추격 매수하면 또 꼭지가 되고 결국 손절매한 종목은 충분한 눌림목이나 조정을 거쳐 급등하는 사례를 지켜보게 된다. 이번 단원에서는 짧고 굵게 수익을 내려는 '한탕주의'로 주식투자를 도박으로 생각하는 사람들의 부질없음을 간략히 공부하자. 그런 어리석은 매매를 하지 말자는 취지다.

2006년 10월 1일 루보의 주가는 1,185원이었다. 영락없는 동전주였다. 자동차를 비롯한 여러 장치에 들어가는 부품인 베어링을 생산하는 업체였다. 다음 표에서 보듯이 2006년 3분기 매출액은 54억 원, 당기순이익은 1억 4천만 원 적자로 내재가치 면에서는 투자할 의미가 없는 기업이었다.

<표 4-1> 루보

(단위 : 백만원)

구 분	제 28기 3분기	제 27기	제 26기	제 25기	제 24기
[유동자산]	15,156	16,203	14,530	15,865	14,177
・당좌자산	10,128	11,188	9,277	10,175	8,419
・재고자산	5,028	5,015	5,253	5,690	5,757
[고정자산]	15,723	15,166	12,611	11,585	10,994
・투자자산	5,282	5,302	3,443	3,087	2,410
・유형자산	10,438	9,862	9,165	8,467	8,504
・무형자산	3	2	2	31	80
자산총계	30,879	31,369	27,141	27,450	25,171
[유동부채]	10,016	10,137	11,399	10,900	9,284
[고정부채]	3,891	4,205	2,505	3,128	2,695
부채총계	13,906	14,342	13,905	14,027	11,979
[자본금]	4,950	4,950	3,450	3,450	3,450
[자본잉여금]	5,506	5,506	3,966	3,966	3,966
・자본준비금	3,640	3,640	2,100	2,100	2,100
・재평가적립금	1,866	1,866	1,866	1,866	1,866
[이익잉여금]	7,500	7,531	6,570	6,588	5,849
[자본조정]	(-)984	(-)961	(-)750	(-)581	(-)73
자본총계	16,972	17,027	13,237	13,423	13,192
매출액	16,900	24,164	24,616	25,459	20,500
영업이익	(-)557	632	815	1,923	1,075
경상이익	(-)32	955	309	824	588
당기순이익	(-)32	961	379	739	536

<표 4-2> 루보 제28기 분기 실적

(단위 : 천원)

과 목	제 28 기 분기		제 27 기 분기		제 27 기	제 26 기
	3개월	누적	3개월	누적		
I. 매 출 액(주석10)	5,392,703	16,899,999	5,799,542	18,111,237	24,164,241	24,616,314
V. 영 업 이 익	(-)227,050	(-)556,691	186,654	802,347	632,439	814,596
XIII. 당 기 순 이 익	(-)141,489	(-)31,728	29,125	753,867	961,236	379,079

이랬던 기업이 2006년 10월부터 서서히 움직이기 시작했다. 그렇다고 상한가를 연속으로 만들어내는 것도 아니었다. 점상도 아닌 1,185원에서 시작해 매일 2~5%씩 꾸준히 상승하며 2,000원대까지 상승했다. 중간에 상한가를 두 번 쳤다. 당시 상한가 제한은 15%였다. 한국 거래소는 그때부터 뭔가 낌새를 채고 루보에게 조회 공시를 요구했다. 당연히 '주가에 영향을 미칠 만한 사유 없음'이라는 만만한 대답이 돌아왔다. 루보의 주가 급등 배후에는 제이유 그룹이라는 다단계 작전세력이 있었다. 이 그룹의 부회장인 김 모 형제는 사업설명회를 여러 차례 개최하고 다단계조직 회원들의 자금을 끌어모았고 회원들은 그들을 철석같이 믿고 주식계좌의 모든 권한인 공인인증서와 보안카드 등을 맡기는 우를 범했다. 하지만 결국 회사가 회원들에게 돌려주지 않자 주식을 사고팔 수 없는 답답한 지경에 이르렀다.

요즘도 이런 사기극이 벌어질 수 있을까? 물론 있다고 본다. 코로나로 F/X 거래, 인스타그램 부업, 온라인 카지노, 대리 베팅 심지어 한국경제 와우넷과 유명 투자자문 업자를 사칭해 대리투자 명목으로 자금 입금을 요구하고 실제로 필자를 사칭한 사기업자에게 현금 1억 원 이상을 입금했다는 회원들이 나중에 와우넷에서 하소연하는 경우도 많이 보았다. 루보 사태 당시 필자도 뉴스와 주가 흐름을 보았지만 정말 경악하지 않을 수 없을 만큼 주가는 화려하게 급등했다.

또한, 제이유 회원들은 자신의 공인인증서를 맡기고 보안카드까지 소유하지 못한 상태에서 오히려 자체적으로 투자설명회를 열어 일반인의 자금까지 끌어들이는 열성을 보였다. 사기꾼들이 늘 그렇듯이 고수익을 보장하고 투자자의 자금을 끌어모은 후 처음에는 수익금을 입금해주고 굳게 믿게 하고 더 큰 금액을 투자하도록 유도했다. 앞에서 수요와 공급을 설명했던 것처럼 매도는 전혀 나오지 않고 당연히 회원들의 공인인증 보안카드가 없어 매매할 수 없었으므로 주가는 매물이 줄면서 자연스럽게 상승곡선을 탔다.

주가가 6,000원대에 이르고 시가 대비 500% 이상 수익을 보이자 초기 세력들은 빠져나갈 궁리를 했다. 보통 세력들이 '모찌 계좌'라고 부르는 차명계좌를 만들어 루보 주식을 이 차명계좌로 이체시켰고 주가가 만 원을 넘어서자 차명계좌를 활용해 주식을 매도하기 시작했다. 그때부터 시장에 루보 소문이 나기 시작했고 제2, 제3의 규모가 크지 않은 세력과 동호회, 개인 투자자까지 합세해 루보 주식을 사주면서 거래량은 눈덩이처럼 커지기 시작했다. 2007년 3월 23일 주가는 약 25,000원까지 상승했다. 개인 투자자들이 매물을 자연스럽게 모두 소화해주자 세력들은 본격적으로 매도에 나섰다. 한 번에 매도하면 주가가 붕괴되므로 밀당해가며 분할 매도로 차익을 챙겼다. 개인 투자자들의 매수는 또 다른 매수를 불러 분할 매도이 수급은 지속적으로 유입되었고 주가 상승에 이성을 잃고 사들인 개인 투자자들은 매일 아침마다 환상을 꿈꾸며 행복감에 도취되었다.

4월 16일 주가는 51,400원까지 급등했고 이때의 루보 시가총액은 5,200억 원으로 코스닥 시가총액 19위, 하루 거래량 100~200만 주에 이르렀다. 분기 매출액이 54억 원이던 기업이 세력의 주가조작으로 시총

5,200억 원 기업이 된 것이다. 주식투자를 하는 사람으로서 정말 씁쓸하다. 오래된 투자자들은 2006년, 2007년 루보 주식을 한두 번 매매해보았을 것이다. 지금 보아도 '대한민국 증시에 저만한 작전주가 있을까'라고 생각하게 할 만큼 루보 차트는 환상적이었다.

[그림 4-34] 루보

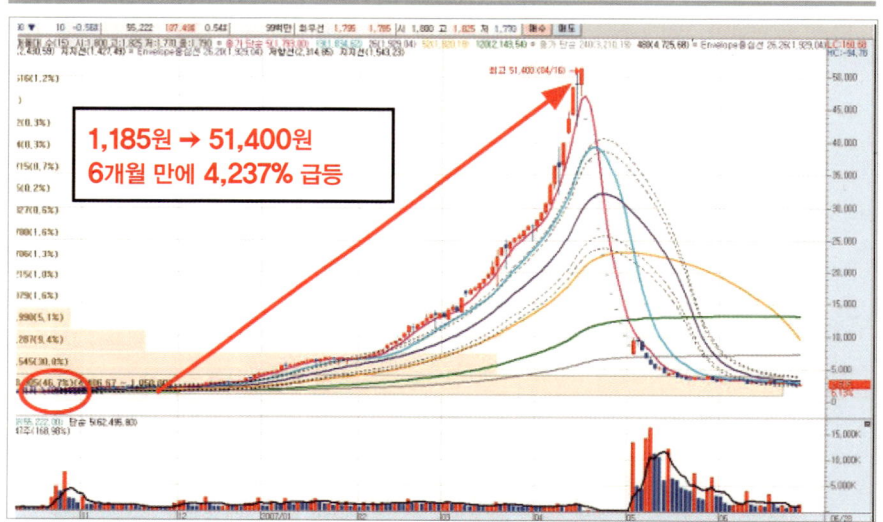

이날 장 마감 후 검찰이 주가조작 혐의를 발견하고 세력들을 소환해 주식계좌를 동결했다는 뉴스가 알려졌다. 저녁 뉴스에는 1,250원이던 자동차 부품 제조업체 L사의 주가조작 사건 관계자 소환조사와 9개 차명계좌 조사 등의 뉴스가 이니셜로 나왔지만 개인 투자자들은 그 주식이 루보라는 것을 알 수 있었다.

그들이 거래했던 증권사 직원도 참고인 자격으로 불러 시세 조종행위

가담 여부를 조사했고 그 외 주가조작 관련 인물 5~6명에 대한 출국금지 명령도 내려졌다. 다음 날부터 주가는 급락해 11거래일 연속 하한가를 맞으며 고점에서 매수한 개인 투자자들은 매도하고 싶어도 매도할 수 없는 상황에 처했다. 결국 한 달여 만에 주가는 3,000원대, 1년 만인 10월 17일에는 2,000원대까지 추락했다.

엄청난 손실을 입은 개인 투자자들은 루보 본사와 공장도 찾아가보고 망연자실해 그 앞에서 대성통곡했다는 후문까지 들렸다. 그도 그럴 것이 당시 인터넷에 떠돌았던 다음 사진에서 루보의 형편없는 작업장과 공장 등의 적나라한 실체가 드러났기 때문이다.

[그림 4-35] 루보 현장

[그림 4-36] 루보 공장

　어차피 주식시장에 늘 잔존해온 주가조작이나 세력의 행태라고 치부했지만 루보 사태는 주식시장에 큰 파장을 불렀다. 한국거래소는 루보 사태 이후 전 종목을 모니터링하기 시작했다. 후문에 의하면 루보 사태로 안타깝게도 스스로 목숨을 끊은 개인 투자자가 꽤 많았다고 한다. 회사 경영에 문제가 있었던 것이 아니어서 루보는 존재했고 2009년 3월 20일 루보는 기업 이미지 개선을 위해 상호를 '주식회사 제다'로 바꾸었다가 2년 만인 2011년 3월 다시 '주식회사 루보'로 변경했다. 변경 사유는 마찬가지로 기업 이미지 개선과 브랜드 가치 제고였다. 그리고 2015년 7월 3일 사명을 '썬코어'로 다시 변경하며 주식시장에 또 다시 이름 석 자 획을 그을 (물론 좋은 일은 아닌) 최규선 회장이 인수했다.

전기차 사업을 할 의도로 2016년 후반 아랍 왕자와 사업을 추진한다며 사진까지 찍어가며 주가를 요란하게 들썩였는데 결국 최 회장이 무려 430억 원이나 타사 자금 횡령 혐의로 법정 구속되면서 썬코어는 추락했고 거래정지를 촉발했다. 2017년 4월 최 회장은 구속집행정지 상태에서 병원에서 야반도주한 끝에 보름 만에 다시 붙잡혀 언론의 유명세를 다시 치뤘다. 2017년 8월에는 상반기 반기 보고서를 미제출하고 이후 회계법인으로부터 반기 보고서 의견 거절을 받으며 상장폐지 통보를 받았다. 2018년 개선 기간을 부여받았지만 결국 상장폐지되고 정리매매되었다.

지나고 나니 주식의 전설처럼 루보 사태는 작전주의 메카로 가끔 거론되곤 한다. 하지만 루보 사태를 통해 주식투자를 하는 동안 나 자신이 반드시 지켜야 할 원칙을 절감했다. 가능하면 자신이 잘 아는 종목에 투자하고 급등주에는 올라타지 않고 잠깐의 방심과 안일함이 재산상 큰 손실을 부를 수 있다는 점을 명심해야 한다. 특히 코스닥 시장에는 재무제표 조작 및 회사 정보조차 투명하게 공개되지 않는 기업이 많으며 매스컴이나 애널리스트의 분석 자료로 보여지는 것이 전부가 아닐 수도 있다는 점을 반드시 기억하고 절대로 무리한 투자, 몰빵 투자, 대출 투자, 신용 투자 등은 하지 않아야 한다는 원칙은 주식시장을 떠날 때까지 반드시 지켜야 할 내용이다.

코스피든 코스닥이든 기업 규모가 크든 작든 최소 2~3년 동안 적자 상태가 아니고 이윤을 지속적으로 내고 성장하고 장기간 존속 가능성이 있는 기업에 투자하는 것이 투자의 정석이다. 지금 특정 종목을 매수하고 싶다면 위의 질문을 자신에게 해보고 자신있게 'Yes'라고 대답할 수 있는 기업에 투자하자. 이번 단원에서는 주식시장의 절대 원칙인 실적이 뒷받침되는 산업 성장주, 주도주인 명품주와 테마 또는 시장의 중심인 핫한 이슈를 가진 매력주의 기본적 분석, 기술적 분석 등을 공부했다. 다음 단원에서는 명품주와 매력주를 통틀어 세 자리 수 수익률을 낼 수 있는 종목들에 대한 좀 더 세밀한 기술적 분석을 공부하자.

5
CHAPTER

주린이 S대 수석 입학

화려한 급등주의 오프닝 차트

주식투자자들은 누구나 로또와 같은 급등주를 매수하고 싶어한다. 그것도 바닥에서 최저점 매수를 간절히 원하고 최고점 매도도 간절히 원할 것이다. 하지만 문제는 운좋게 저점에서 매수하더라도 고점까지 보유하지 못한다는 것이다. 급등 전까지 횡보 구간도 버티지 못할 뿐만 아니라 매수한 후 주가가 하락하면 심리적으로 더더욱 매도하고 싶은 충동이 생긴다. 개인 투자자들은 차트 매집이나 재료도 잘 모르고 종목에 대한 믿음도 없기 때문이다.

영국의 세계적 극작가 셰익스피어의 4대 비극에 다음과 같은 명대사가 나온다.

"It's never the worst as long as you can say it's the worst."
(지금이 최악이라고 말할 수 있는 한, 결코 최악이 아니다.)

인생을 살아가면서 너무 힘든 지금이 최악인 것 같지만 현재가 어떻다고 결코 말할 수 없다. 시간이 흐른 후 뒤돌아보았을 때 지금이 그때보다 조금이라도 나아졌다면 "아, 그때가 정말 내 인생의 바닥이었구나. 최악이었구나!"라고 말할 수 있다는 것이다. 길고 어두운 터널에서 빠져나와 밝은 빛이 보여야 비로소 터널의 끝임을 알 수 있듯이 주가의 바닥도 마찬가지다. 가끔 개인 투자자들은 처음 주식을 매수하고 주가가 빠진다고 아무 계획도 없이 그냥 물타기만 계속한다. 하락의 끝이 어딘지도 모르면서 빠질 때마다 매수해 50~60% 이상 비중을 채우고도 끝없이 하락한다. 그리고 가장 힘든 것은 하락 후 다른 종목이 대부분 상승할 때 그렇게 하락했던 종목이 곧바로 반등하는 것이 아니라 횡보한다는 것이다. 개인 투자자들은 그 횡보 구간을 너무 지루해한다.

그렇다! 바닥은 지나고 나서야 비로소 "아, 그때가 바닥이었구나!"라고 말할 수 있다는 것이다. 바닥이라고 섣불리 판단해 매수하는 특히 물타기하는 우를 범하지 말자. 급등주의 바닥권 모습을 확실히 익혀두고 큰 자금 세력의 매집이 있는 차트를 매수해 이미 100% 이상의 수익을 즐기면서 급등 이후 눌림목이나 변동성에도 끄떡없이 버티면서 큰 수익을 내보자.

(1) 기린목 거래량을 기억하자

주가 움직임에서 가장 중요한 것은 거래량이다. 개인 투자자들이 가장 자주 하는 차트 흐름 질문 유형 중 하나는 "주가가 너무 지루해요. 다른 종목으로 갈아타야 할까요?"다. 수익이든 보합이든 상관없이 그런 생각을 하는 것 같다. 아마도 손실이 났을 때는 더욱 절실했던 것 같다. 다른 종목은 변동성이 있는데 자신이 보유한 종목은 답답하게 큰 움직임이 없어서 그런 질문을 했을 것이다. 그런 질문을 받을 때마다 필자는 답답하고 말문도 막힌다. 물론 초보니까 몰라서 그럴 수밖에 없겠지만 한 번 생각해보자.

주가가 거래량이 없고 그날 매수·매도가 활발하지 않은 상태에서 불안한 보유자들이 그 질문을 했던 사람들처럼 심리적으로 매도하고 싶은 욕구에 매도가 우위를 보인다면… 그래서 보유했던 개인 투자자들이 포기하면서 매도하고 그 물량이 개인이다 보니 매우 크지는 않아 급락하지는 않지만 참 기분 나쁘게 하락하는 경우가 있다.

결론부터 말해 음봉이든 양봉이든 대량 거래가 수반되지 않은 캔들은 큰 의미가 없다. 작은 캔들은 더더욱 그렇고 캔들의 변동 폭이 좀 있더라도 의미를 부여할 만한 거래가 아니라면 조정이나 눌림목일 가능성이 크고 향후 흐름을 주시할 필요가 있다. 다음 유형 차트를 보면서 최소 이 정도의 주가 변동성이나 차트 흐름은 의연하게 지켜보자. 물론 주가 변동 폭은 10% 이상 되기 때문에 이런 종류의 차트를 매집 차트로 안 보고 단타 매매로 본다면 당일 매도, 1박 2일 매도 청산이 맞지만 종목의 재료와 차트, 수급, 거래량 매집을 어느 정도 파악했다면 10~20% 등락은 무시해도 좋다고 필자는 생각한다. 그래야 100%, 300%, 500% 이상 수익이 창출된다.

[그림 5-1] 우리바이오 매물대 및 거래량

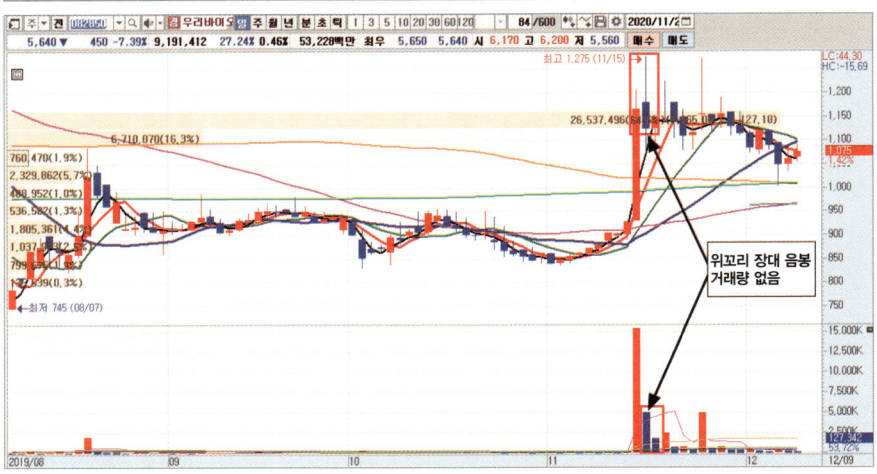

[그림 5-2] 우리바이오 매물대 및 거래량

[그림 5-3] 켐온 매물대 및 거래량

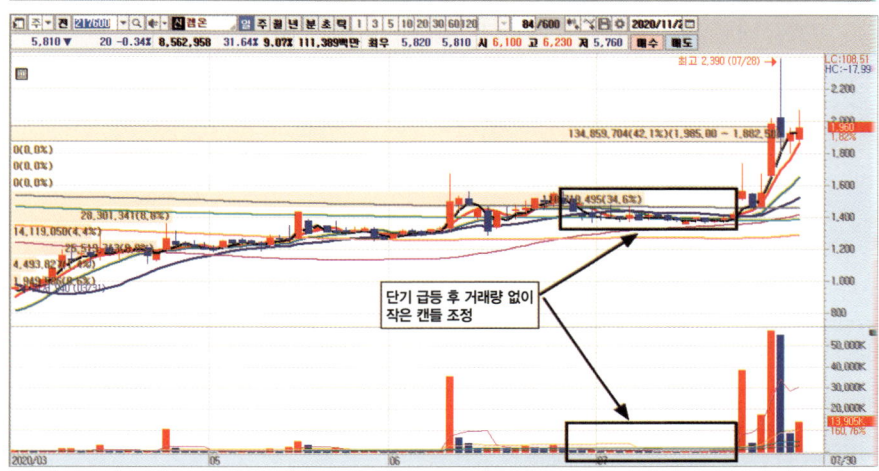

[그림 5-4] 켐온 매물대 및 거래량

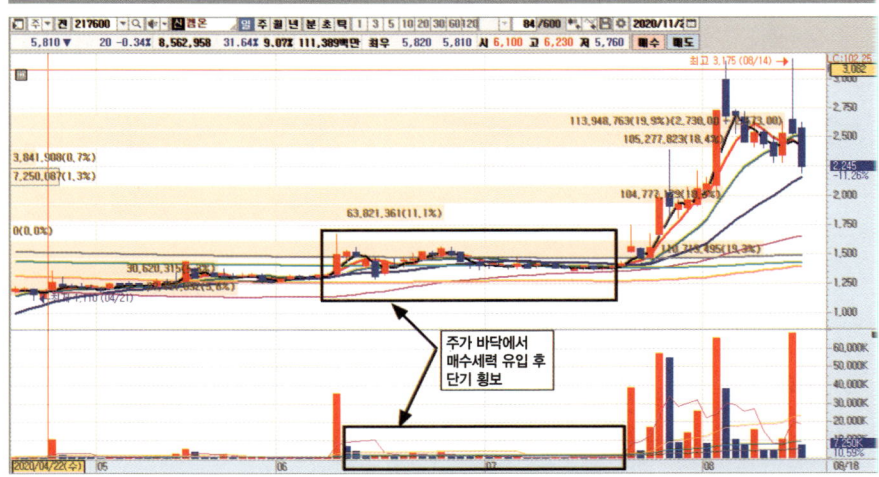

CHAPTER 5 주린이 S대 수석 입학

이번 단원에서 필자는 기린형의 대량거래를 꼭 주목하자고 했다. 기린형 대량거래란 거래량 차트에서 평소에는 변화가 없이 적은 거래가 동반되다가 어느 날 평균거래량의 10배 이상 대량거래가 폭발하는 흐름이 수개월 동안 주기적으로 나타나는 현상이다. 그런 주가의 흐름 중 저점을 서서히 높여가는데 대량거래가 상한가나 개인이 좋아하는 캔들 유형이 아니라 급등의 위꼬리 양봉이나 피뢰침 모양의 음봉인 경우다. 그리고 가끔 저점을 살짝 이탈하는 속임 동작도 나올 수 있다. 중·소형주에서 발생할 가능성이 크고 반드시 숙지해야 할 것은 대량거래는 팔아먹으려는 대량거래와 물량 매집의 대량거래가 있기 때문에 전자의 경우, 대량거래 이후 주가 하락은 필연적이고 본격적인 하락이 수반된다는 것이다.

[그림 5-5] 국일제지 매물대 및 거래량

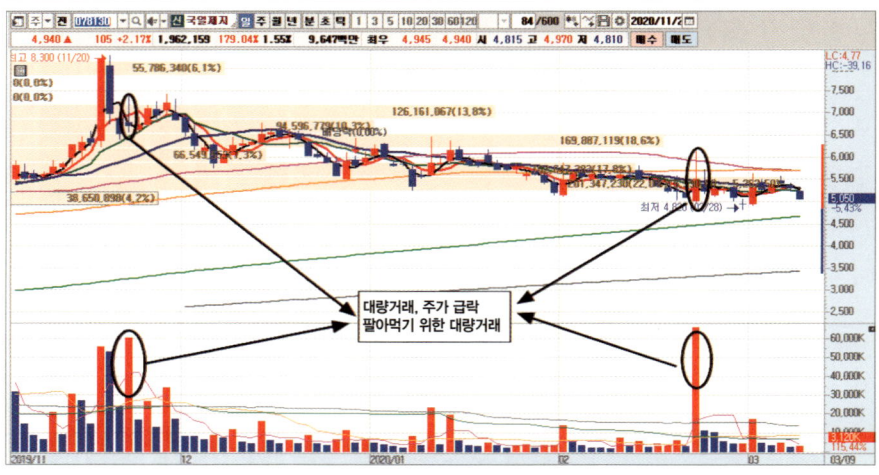

물량 매집을 목적으로 하는 대량거래는 저점을 깨지 않으며 주기적으로 기린형의 대량거래가 반복적으로 출현되고 그 주기는 처음에는 한 달 간격

이다가 점점 짧아지고 중간중간 조정 구간 거래량이 조금씩 늘어난다. 보통 짧게는 3개월, 길게는 1년가량 매집될 수 있으며 오히려 매집하는 시간이 길수록 향후 주가 급등 폭이 클 수 있다. 그만큼 세력들이 공들인 종목이기 때문이다.

다음은 코스닥 소형주로 개인생활용품 관련주인 컬러레이(900310)다. 6~7개월가량 박스권에서 기린형 대량거래가 주기적으로 형성되면서 물량을 매집하는 모습이 보였고 저점을 지지해주며 전형적인 횡보 조정으로 개인이 버티기 힘든 구간을 보여주었다. 그리고 10월 중국이 코로나 방역에서 선제적으로 성공적인 모습을 보이면서 경제활동이 재개되고 맨 먼저 코로나 종식을 선언할 수 있을 거라는 기대감에 중국 현지 법인 관련주들이 급등했다. 컬러레이도 거기에 동참하며 상승하기 시작하자 주가도 폭등하기 시작했고 이후 주가는 매우 긍정적인 흐름을 보였다. 주봉 흐름도 이제 주가 바닥에서 시작이며 2021년 실적도 중소형 개인생활용품 섹터치곤 매우 양호한 실적개선을 보여주고 있다. 결국 주봉을 확인해보면 일봉을 보면서 기린목 대량거래는 주봉상 급등을 위한 횡보 구간에 불과했다.

[그림 5-6] 컬러레이 매물대 및 주기적 기린목 거래

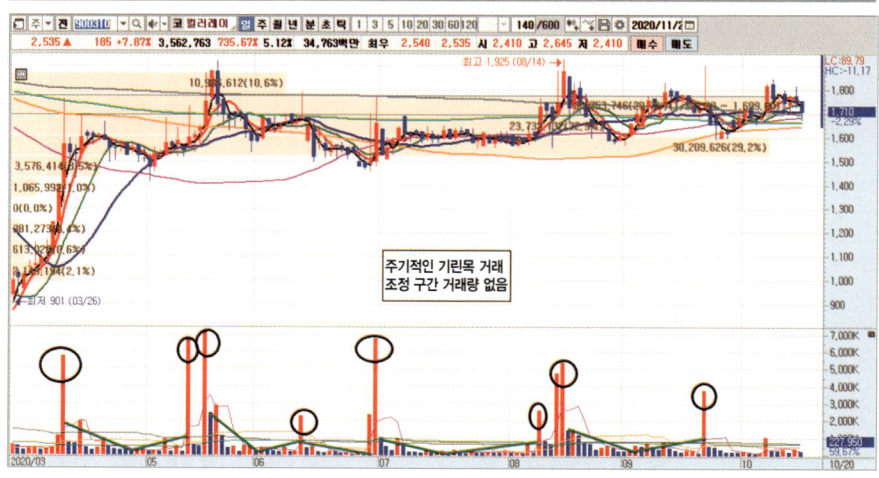

[그림 5-7] 컬러레이 주가 상승

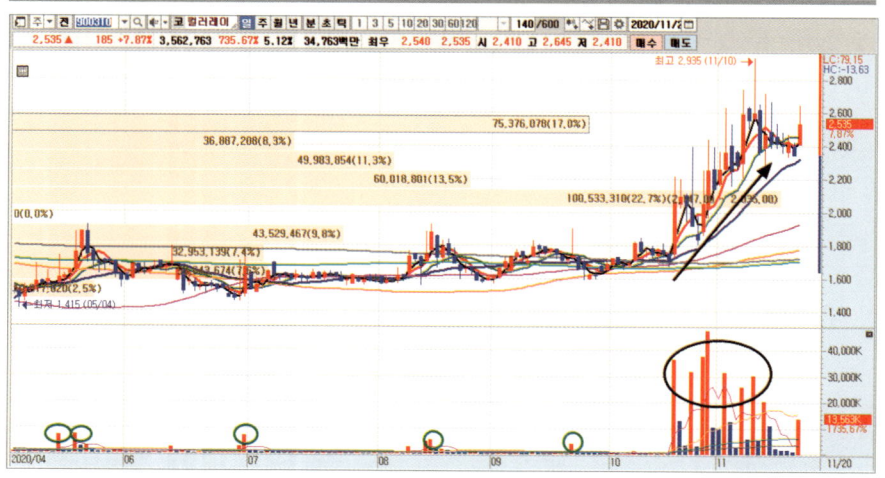

[그림 5-8] 컬러레이 주봉

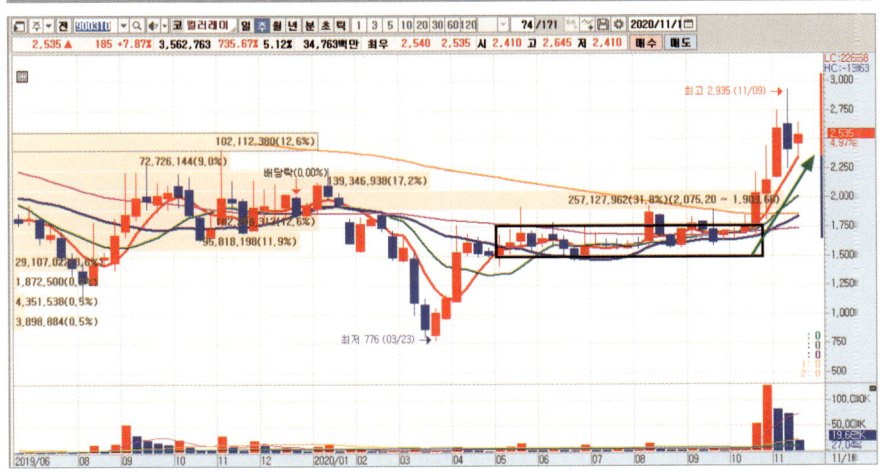

(2) 지루하다고 돈을 포기하지 말자

　필자는 회원들을 접하면서 안타까운 질문을 받을 때가 있다. "지금 수익 구간이긴 한데 주가 흐름이 너무 지루해요. 다른 종목으로 교체해야 할까요?"라고 많이 묻는다. 앞에서도 말했지만 연 2%도 안 되는 이자율에 통장 하나 달랑 받아와 마음 편히 은행에 믿고 맡기고 그 수익률 받으려고 지루하게 1~2년 잘 넣어두시면서 매일 계좌잔고가 늘어나는 것이 보이는 주식을 지루하고 답답하다고 말하는 것인가? 또한, 펀드는 가입하고 어쩌다 -10~20% 손실이 나도 원금이 될 때까지 절대로 해지하지 않고 버틸 각오를 하시면서 주식은 산 지 몇 시간 안 지났는데도 꽉꽉 안 오르면 팔고 싶고 다른 걸 사고 싶은 걸까?

하… 참, 필자야말로 그런 질문을 받을 때마다 답답하다. 그것은 그동안 증시에서 급등락하는 종목에만 길들여져 있고 그렇게 급등해 한국인들이 좋아하는 '빨리빨리' 투자도 빨리 수익을 내고 빨리 매도하고 또 다른 종목을 매수하고 빨리빨리 결론을 내고 싶은 욕심 때문이다. 단기 매매에 길들여져 있고 누군가 주식은 단타 매매도 가능하고 매수하자마자 바로바로 수익이 나는 운좋은 결과도 맛보았기 때문이다. 발달한 인터넷 시스템에 따라 매일 추정 예탁자산이 변하는 자신의 계좌를 보고 행복을 결정짓기 때문이다.

주식은 투자다. 부동산은 500만 원, 1,000만 원, 5,000만 원 적은 금액으로 살 수 없지만 주식은 내가 운용할 수 있는 자금으로 한 가지 부동산이 아닌 여러 기업에 마음대로 투자할 수 있기 때문이다. 글로벌 시장에서 애플과 어깨를 나란히 하는 삼성전자에 투자할 수 있고 내가 주주가 되는 현실이 얼마나 매력적인가? 이 점을 꼭 기억하길 바란다.

한 종목에 몰빵 투자, 한 번에 풀 매수하는 잘못된 습관 때문이지 여러 종목, 여러 산업 분야에 투자하고 올해 여름은 반도체 업황이 좋고 가을은 조선업 업황이 좋고 꾸준히 오를 때는 주가가 고점일까 봐 더 사고 싶어도 매수할 수 없었는데 단기 조정 구간이라면 그동안 사고 싶었던 물량을 저렴한 가격에 추가로 분할매수하는 등의 전략이 끊임없이 요구되고 공부하게 만드는 매우 매력적인 재테크 수단이 주식이다. 내가 공부해 투자한 만큼 수익이 나는 것이 바로 주식이다. 물론 외부 리스크나 외부 요인이 있을 수도 있지만 가장 중요한 것은 나의 노력이다. 이 점을 절대로 잊지 말자.

주식시장에서 선취매한 세력들은 개인 투자자들에게 수익을 절대로 쉽게 양보하지 않는다. 주가 횡보 구간을 만들면서 개인 투자자들을 지치게 하고 큰 수익이 아닌데도 야금야금 오르는 우상향 추세를 만들어 매도하기에도 애매하고 보유하자니 지루한 패턴을 만들기도 한다.

전에는 전 저점을 반드시 지지해주는 원칙을 보여주기라도 했는데 최근 개인 투자자들도 차트 흐름을 잘 파악하다 보니 일부러 전 저점을 이탈하고 개인들의 손절매 물량을 받아내며 저점에서 상한가를 만들고 다음 날 갭 상승 장대 음봉으로 손절한 후 물량을 빼앗기도 한다.

[그림 5-9] 엑세스바이오 일봉

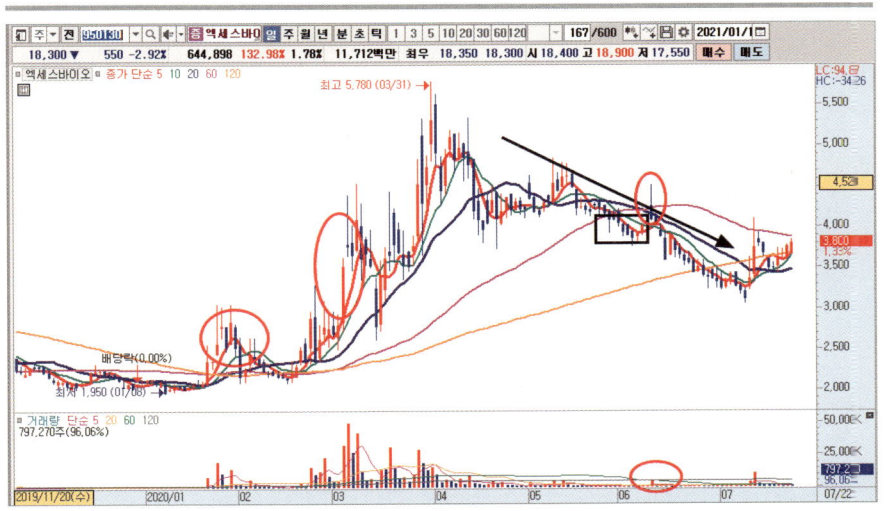

2020년 코로나 진단키트 관련주로 2,000원대에서 62,900원까지 급등한 엑세스바이오는 개인들을 털어낸 후 급등한 대표적 종목이다. 2~3월 주

가는 약 250% 급등한 후 단기 박스권의 지루한 조정을 보여주었다. 하지만 2~3월 세력의 1차 매집 흔적은 매도되지 않은 모습으로 더 강한 2차 급등을 기다렸던 것이 분명하다. 필자는 4,200원부터 3,700원까지 어필했고 7월 주가는 결국 전 저점을 이탈해 3,200원대까지 하락하며 개인 투자자들을 지치게 했다. 6월 4일 전 저점 부근까지 하락하며 이중바닥을 형성하고 반등할 의지도 보였지만 6월 10일 주가는 20일선과 60일선 변곡점에서 결국 피뢰침 음봉이 발생하고 500% 이상의 대량거래가 발생하면서 결국 주가 하락했다. 필자도 정말 버티기 고통스러운 구간이었지만 선행된 매집 흔적과 출회되지 않은 거래량, 차트상 가장 중요한 척도인 거래량을 집중 분석하고 주가 흐름을 관찰했다.

결국 7월 9일과 10일 대량거래가 터지면서 개인들의 남은 물량 테스트가 이루어지고 7월 13~15일 사흘 동안 음봉 캔들로 마지막 물량 털기까지 만든 후 개인 대기물량을 7일 동안 확인하고 주가는 그날부터 천국을 향해 날아갔다.

[그림 5-10] 엑세스바이오 고공행진

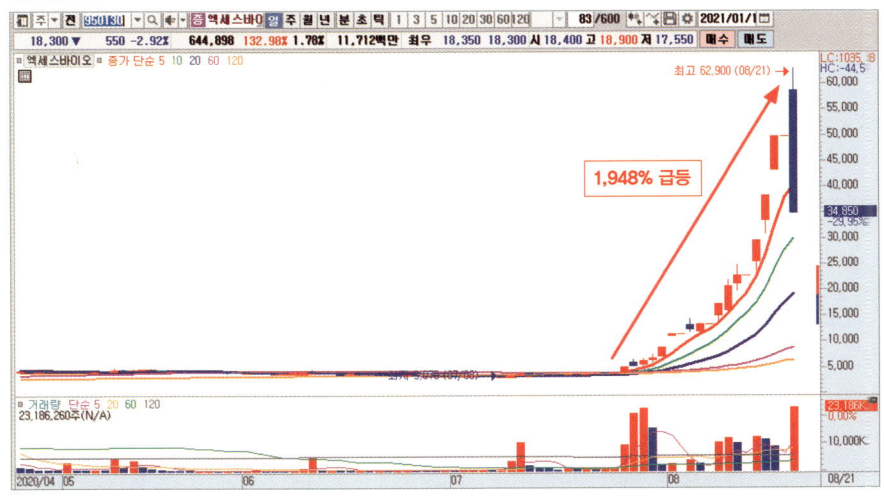

그리고 7월 28일 상한가가 출현하고 주가는 여기서부터 고공행진해 8월 21일 62,900원을 고점으로 만들어냈다. 필자가 차트에서 세력의 수급, 매수·매도세를 분석하지 못했다면 분명히 중간에 손절매했을 것이다. 주가가 횡보할 때 무조건 막연히 버티라는 말이 아니다. 미리 공부해온 여러 유형의 조건이 성립되면 차트 분석이 완성된 개인 투자자들은 두려워하기보다 대담함과 여유를 가지고 기다려보자. 주식이든 펀드든 어차피 모든 재테크는 진행 과정에서 생기는 수익률과 손실률은 내 것이 아니다. 매도를 확정한 후 내 손 안에 들어와야 내 것임을 잊지 말자. 이 부분을 좀 더 대담하게 깨닫고 상승이든 하락이든 대량거래를 동반한 의미 있는 움직임이 나올 때까지 마음의 여유를 가져보자.

(3) 위꼬리를 사랑하자

장중 무료특강이든 야간 무료특강이든 한국경제 와우넷 무료특강을 통해 개인 투자자들과 차트를 공부하다 보면 개인들의 심리가 차트 속에 숨어 있다는 사실을 알면서도 차트를 반대로 해석하는 경우가 의외로 정말 많다. 그중 하나가 캔들 위꼬리 해석이다. 개인 투자자들은 캔들의 아래꼬리가 길어야 저가 매수세 유입과 대기 매수자가 많아 좋은 주식이라고 생각하고 위꼬리가 길면 고가에서 주가가 조금만 반등해도 매도하려고 한다. 안 좋은 주식이어서 매도 대기물량이 많다고 대부분 생각하는데 실제 차트 분석은 정반대로 해석해야 하고 주가 흐름도 추후 변동성을 보면 오히려 상승하는 종목은 위꼬리가 많고 하락하는 종목은 아래꼬리가 많음을 확인할 수 있다. 물론 주가의 위치와 거래량에 따라 다르게 해석될 수 있지만 특히 주가가 저점일 때와 1차 상승 후 눌림목 구간에서는 개인들의 생각과 다르다는 것을 숙지하고 이 단원을 공부해보자.

[그림 5-11] 새로닉스 조정 및 횡보

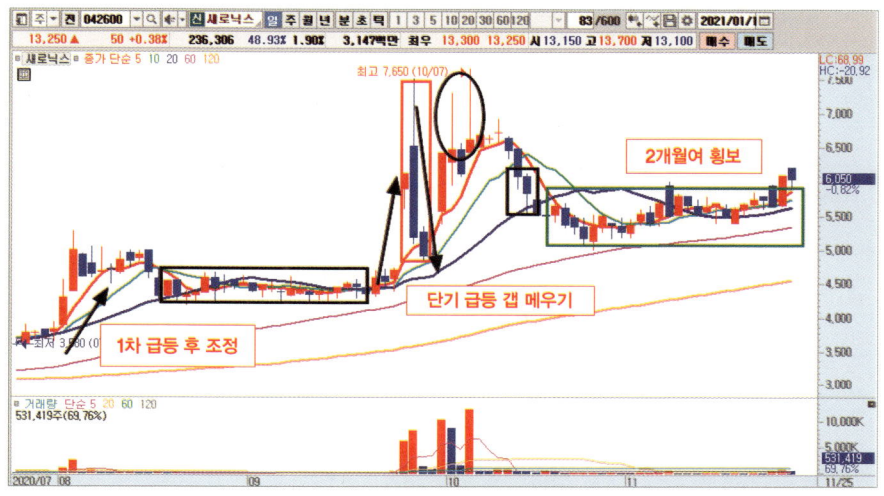

　새로닉스 차트는 2020년 8월 1차 급등 후 단기 조정을 보이고 9월 재차 급등했다. 80% 가까이 오르면서 갭 상승을 보였지만 결국 갭을 메꾸며 일반 갭을 만들고 상한가 이후 개인 물량 털기로 3일간 조정 후 다시 갭 상승과 함께 상한가에 안착했다. 이후 주가는 기간 조정에서 위꼬리 양봉 캔들을 통해 개인 물량을 지속적으로 소화하고 전 저점 지지 가격이 조정을 받으면 아래꼬리 캔들이 형성되면서 저가 매수세가 유입되는 것 같지만 결국 2개월 동안 개인 투자자들이 지루한 나머지 포기하고 싶게 만들었다. 10월 고점에서 급락한 후부터 11월 말 급등 직전까지 주가 캔들은 위꼬리보다 아래꼬리 캔들이 더 많이 형성되면서 저가 매수세는 유입되지만 빠른 상승과 탄력이 나오지 않자 포기하는 개인 물량들만 거래되면서 상승 전환될 듯했지만 결국 다음날 음봉 또는 역망치형 작은 캔들을 만들었다. 주포들이 위에서 누르면서 주가를 관리하는 모습이다.

[그림 5-12] 새로닉스 일봉

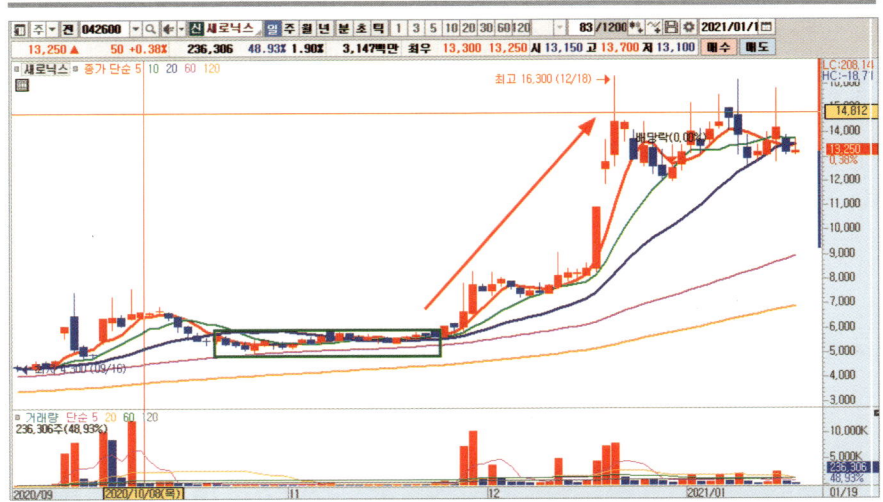

　11월 26일 1,400%의 폭발적인 거래량, 즉 수급 물꼬가 터지면서 상한가까지 안착했던 주가는 결국 10.74%대 종가에 마감하고 다음 날 -1.04% 하락 출발한 후 저점을 2~3호가 더 하락시키고 다시 역전의 승부사처럼 전날보다 많은 거래량과 함께 전일 상한가를 돌파해 24.63%까지 상승시켰다. 이것이 선취매 세력들이 개인 투자자들을 유혹하는 화려한 수법이다. 바로 비상할 것만 같던 주가는 또다시 3주가량 위꼬리 캔들의 모습으로 개인 투자자들의 손절매를 부르고 12월 16일 전 고점과 박스권을 돌파해 급등했다.

　고점에서 거래량을 동반한 위꼬리 음봉은 분명히 매도세이고 개인 투자자들도 매도할 구간이고 저가 매수자라면 부분 매도할 자리다. 하지만 주가가 횡보하거나 중간중간에 수반된 거래량과 함께 지지선을 지키면서 위꼬리가 형성된 캔들이라면 세력의 매집 흔적으로 보고 종목의 재료와 시장의 대형 이슈가 될 만한 재료를 찾아볼 필요가 있다.

(4) 밑그림을 잘 그려보자

필자가 장중 방송으로 회원들에게 차트를 교육할 때 반복해 설명하는 내용이 있다. 캔들과 이평선만 보고 안절부절 조바심을 내지 말고 큰 밑그림으로 차트를 보라는 관점이다. 누차 말하지만 세력은 함께 수익을 낼 기회를 개인 투자자들에게 주지 않는다. 그래서 개인이 생각하는 지지선이 중요한 이평선, 전 저점 등을 이탈하고 그 선에서 개인 투자자의 손절매를 부른다. 때로는 우리는 대담해져야 하고 '아는 것이 무기'라고 할 수밖에 없다. 자정이 넘어 버스를 기다리는데 막차가 남았다는 사실을 알고 정류장에서 기다리는 것과 막차가 끊겼는지 안 끊겼는지 알 수 없는 상태에서 막연히 기다리는 마음은 하늘과 땅 차이일 것이다. 그것이 바로 우리가 주식시장에서 살아남기 위해 공부해야 한다고 필자가 강조하는 이유 중 하나다. 알고 버티는 것과 모르고 막연히 불안해하는 것은 큰 차이다.

[그림 5-13] 에스맥 장기 횡보

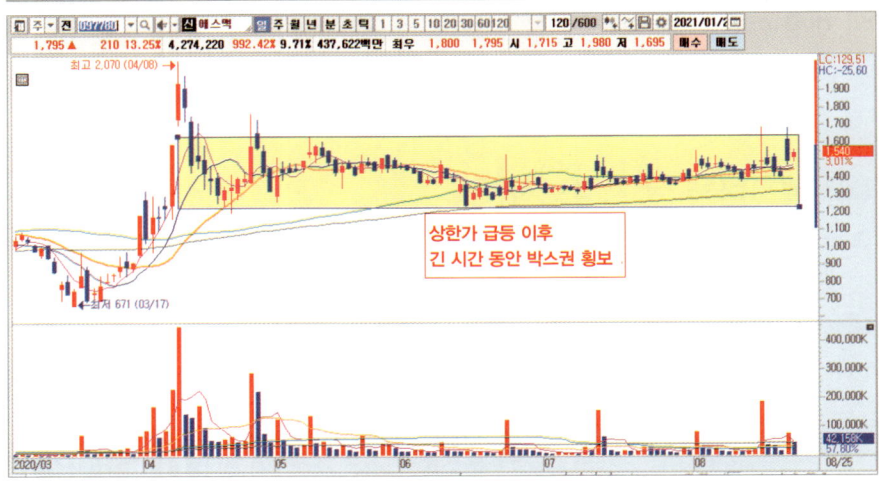

에스맥(097780)은 휴대폰 부품회사로 2020년 여러 테마에 속했던 종목이다. 코로나로 혈장 관련 테마에 속했고 미·중 무역분쟁 때는 희토류 관련주로 부각되었다. 2020년 말부터 금호에이치티의 지분을 25.53% 보유한 대주주로서 금호에이치티와 제약·바이오 업종의 비상장사 다이노나의 상장 이슈 수혜주로 주목받기도 했다. 2021년 상반기 두 회사의 인수합병 이슈가 이미 언론에 언급되었는데도 개인 투자자들은 보유하는 데 지루함을 느끼기 시작했다. 하지만 차트에서 보듯이 4월 급등 이후부터 8월 급등 전까지 개인 투자자들은 횡보 구간을 못 버티고 조금이라도 주가 반등이 나올 때마다 앞에서 설명한 기린목 거래량이 동반될 때 매도하며 포기하는 매매 흐름이다. 주가는 저점을 이탈하지 않고 박스권의 모습을 이어가는데 말이다. 8월 18일 십자형 캔들 이후 90% 가까이 급등하는 흐름이 나왔다. 1차 급등 이후 다시 단기 조정을 받고 있지만 매도 물량은 아직 모두 출회되지 않은 흐름이다.

[그림 5-14] 에스맥 횡보 후 급등

 이렇게 개인 투자자들은 단순히 캔들에만 연연하고 그나마 확인하기 쉬운 이평선을 지지선과 저항선으로 두고 대응한다. 주식투자는 길게 멀리 널리 내다보고 대응해야 한다. 기술적 분석에만 입각해 보는 것도 문제지만 이왕 기술적 분석으로 대응한다면 가장 중요한 거래량과 큰 밑그림을 통으로 그려 분석하는 습관을 키워야 한다. 몇 개 종목 차트를 보면서 밑그림을 그려보자.

[그림 5-15] 명문제약 횡보 후 급등

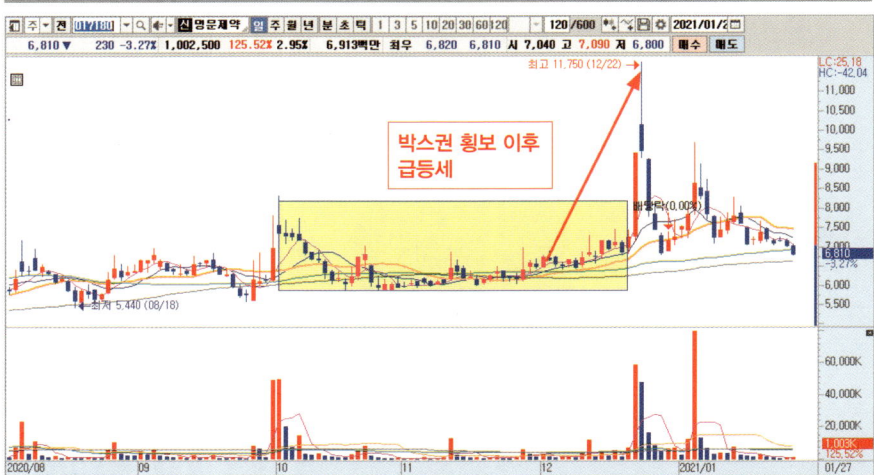

명문제약(017180)은 10월부터 12월 중순까지 2개월가량 박스권에서 횡보하며 저점 지지와 함께 11월 거래량이 동반되고 회사에서 매각 이슈와 함께 12월 주가 급등 사례를 보여주었다.

[그림 5-16] 인포뱅크 일봉

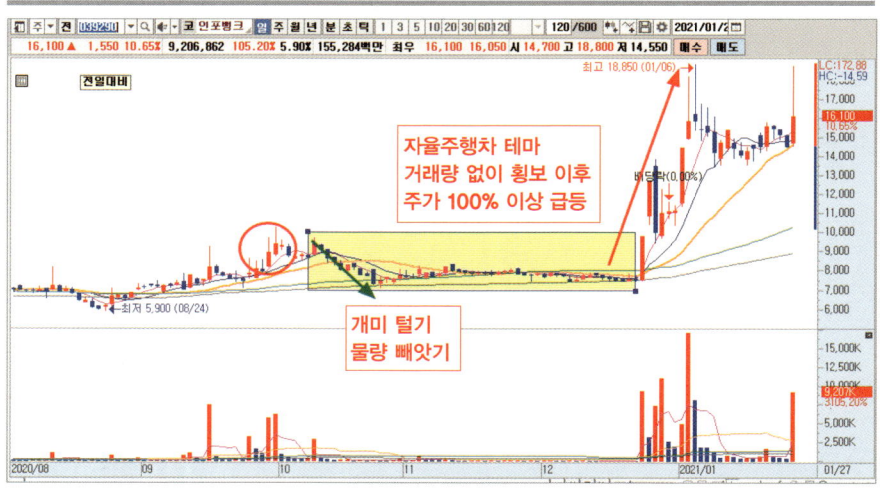

인포뱅크는 자율주행차 테마주이자 대선 인맥 관련주였고 거래량이 많지 않고 대주주 지분이 40% 이상이던 종목이다. 필자가 단기 매매로 추천했던 종목인데 10월부터 12월까지 지루한 조정 구간을 거치며 정말 개인투자자들의 피를 말린 종목이다. 결국 12월 22일 최대 대량거래가 터지며 주가는 급등했고 100% 이상 급등 후 눌림목이 발생했고 추가 상승 여력도 있어 보인다.

[그림 5-17] 신원종합개발 일봉

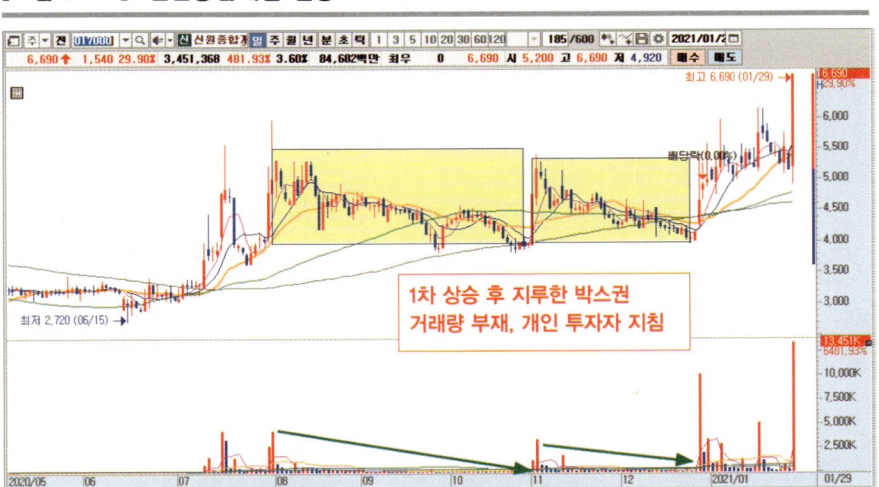

신원종합개발(017000)은 건설사로 시장에서 한때 소외되었던 업종 군이다. 대북 관련 이슈가 터질 때는 건설주가 조금 움직이긴 했지만 워낙 건설경기가 안 좋아 지수가 상승해도 건설주들은 주목받지 못했다. 특히 평소 거래량이 많지 않았던 종목이다. 8월에 슈팅이 한 번 나오고 그 박스권 안에서 3개월가량 횡보한 후 11월 다시 거래량 동반과 함께 40%가량 급등한 후 2개월가량 또 횡보하는 흐름이다. 개인 투자자들은 저 긴 시간에 투자하지 못한다. 물론 지수는 오르고 내 종목만 소외되는 느낌이라면 심리가 무너지고 힘들어지는 것은 당연하다. 하지만 조금만 더 냉철히 판단하자. 기업 내용에 무리가 없고 거래량 없이 개인 투자자들의 심리가 무너져 하락하거나 밑그림을 그렸을 때 틀 안에서 거래되고 있다면 조금 여유를 갖고 기다려보자.

여러 차트를 많이 보고 눈에 익혀야 그런 밑그림을 그릴 수 있다. 다음 몇 가지 차트를 보고 밑그림을 익혀 놓자. 그 외에도 차트를 보면서 이런 밑그림을 보는 습관을 갖자. 통으로 밑그림을 보게 되면 단순히 당장 이동평균선과 캔들만 보는 심리적 압박감에서 벗어나 조금 여유 있게 종목을 바라보고 투자의 여유가 생긴다.

[그림 5-18] 나인테크 일봉

[그림 5-19] 디와이피엔에프 일봉

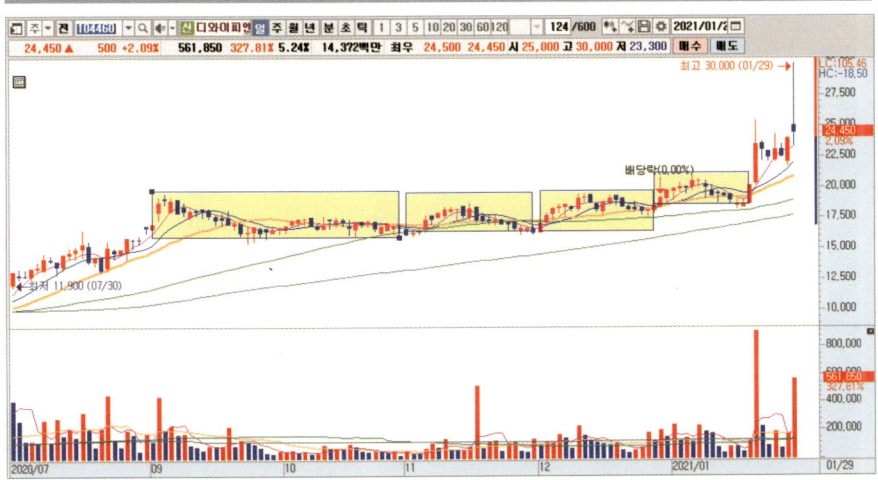

[그림 5-20] 기아차 일봉

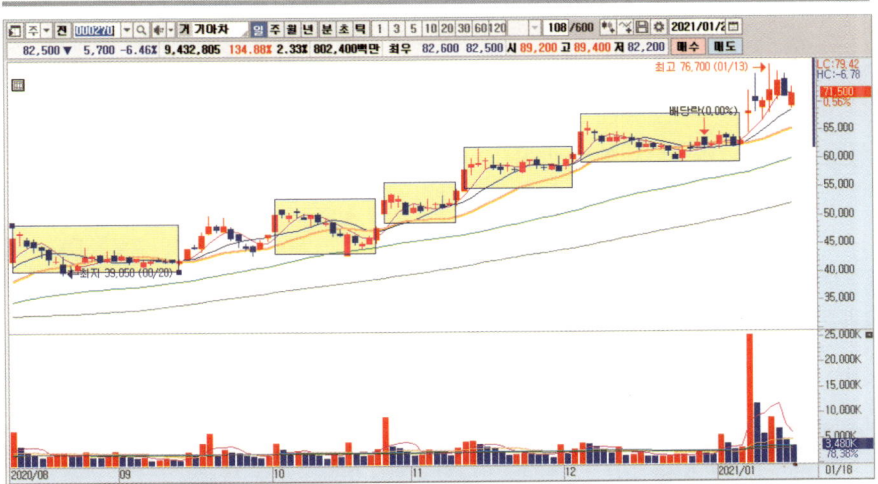

(5) 세력선과 심리선 이용하기

필자는 보조지표를 잘 이용하지 않는 전문가 중 한 명이다. 주식투자자들 각자 선호하는 보조지표가 1~2개씩 있기 마련이다. 주식을 처음 접할 때는 누구나 보조지표를 보고 매수·매도 신호로 생각한다면 모두 똑같은 자리에서 매수·매도할 것으로 생각했지만 틀린 생각이다. 주식은 지극히 주관적 관점의 승부다. 기관 분석자료는 사실에 입각해 쓰지만 작성자의 주관적 관전평이 요소마다 들어가 있다.

투자 자체가 자신의 판단에 따른 결정이므로 보조지표를 보고 매수·매도로 판단하는 것도 자신의 주관적 접근요소이므로 각자가 보는 눈은 지극히 다를 수밖에 없다. 필자가 세력선이라고 부르는 보조지표는 거래량 지표인 OBV 지표다. 투자자 대부분이 기존 사용하는 지표에서 수식만 조금 바꾼 형식으로 종목의 매수·매도 신호로 보기보다 보유자의 관점에서 주가가 하락할 때 매도해야 할지 아니면 좀 더 보유해야 할지 판단하는 데 참고하는 그야말로 보조적인 요소다. OBV 지표에 대해 알아보자.

OBV 지표는 간단히 표현해 주가가 상승하는 날에는 그날 거래량을 더해주고 하락하는 날에는 그날 거래량을 OBV 총합에서 빼는 것이다. 결국 OBV 계산은 종가에 따라 거래량을 더하거나 빼는 계산으로 누적된다.

종가 상승	OBV = 전날 OBV + 오늘 거래량
종가 하락	OBV = 전날 OBV − 오늘 거래량

OBV 계산식을 굳이 외울 필요는 없다. 차트에 자동으로 계산되어 체크된다. 다만, 표시된 OBV 지표를 보면서 거래량을 통한 물량 매집이 이루어진 차트인지, 분산된 차트인지 정도만 파악할 수 있으면 된다. 단순히 OBV선이 상승하는데 주가는 횡보하고 있다면 누군가가 꾸준히 매수하고 있다고 생각하고 OBV가 하락하면 매수보다 매도세가 지속적으로 유입되어 분산되고 있다고 생각하면 쉽다. 특히 주가와 OBV가 동반 하락한다면 빨리 종목을 교체하는 것이 좋다.

내가 보유한 종목이 거래량도 없고 악재도 없이 하락하고 있는데 OBV 지표가 상승하고 있다면 재료나 기업 내용 등 이슈를 챙겨보면서 인내심을 갖고 지켜볼 필요가 있다. 또한, OBV 지표는 당장 주가가 오르내리는 변동성보다 주가의 선행지표인 거래량 동향을 통해 세력의 매집 상태를 보는 것이므로 단기 투자자보다 장기 투자자가 좀 더 넓은 안목으로 주가 동향에 대응하는 데 필요한 지표라고 할 수 있다. 결국 OBV 지표를 통해 현재 주식이 주인이 있는지 없는지, 매집되고 있는지 분산되고 있는지 판단함으로써 매일 일희일비하며 투자하는 단기 지표가 아니라 장기적 관점에서 세력의 움직임, 즉 향후 주가를 우상향시킬 가능성이 크다는 것을 인지하면 된다.

필자가 세팅하는 OBV 식을 살펴보자. 각자 사용하는 HTS에서 OBV 보조지표를 차트에 설정하자. 그럼 다음 그림처럼 차트에 두 줄이 생긴다.

[그림 5-21] OBV 지표

　　지표를 더블클릭하면 지표 설정 창이 팝업되는데 모든 설정은 기존대로 놔두고 '라인설정'을 클릭하고 Signal9 체크를 해지한다. 그 외 선 색상과 굵기는 각자 선호하는 대로 조절하고 거래량에 함께 겹쳐주면 매매하는 데 훨씬 보기 좋다.

[그림 5-22] OBV 지표 설정

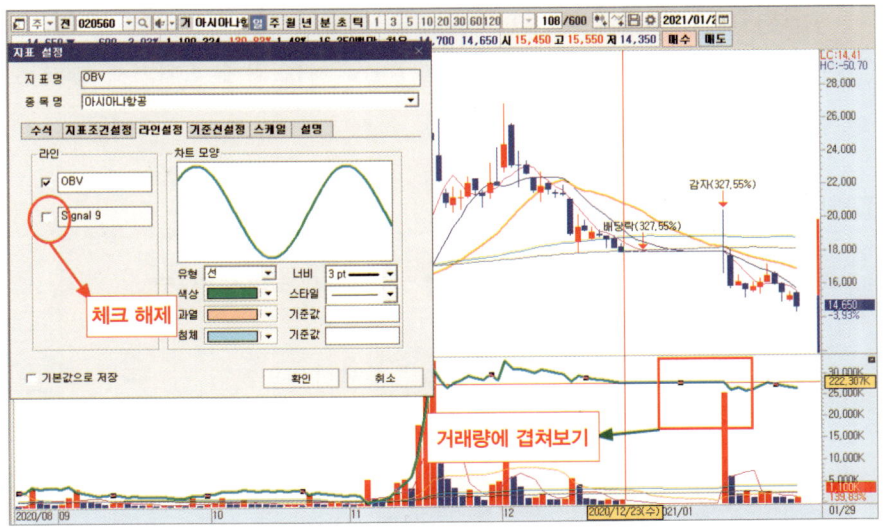

　　세력선과 함께 보아야 할 지표는 개인 심리선이다. 필자가 말하는 개인 심리선은 바로 종목별 신용잔고율이다. 신용잔고율은 상장 주식 수 중 신용으로 매수한 주식 비율이다. 상장 주식 수가 100만 주일 때 신용으로 매수한 주식 수가 30만 주라면 신용잔고율은 30%다. 신용잔고율은 왜 의미가 있는 걸까? 신용으로 매수한 주식은 결국 갚아야 할 빚이다. 무한정 빌릴 수 없고 신용 기간과 비율도 정해져 있어 주가가 하락하면 강제로 매도 청산되기도 한다. 그래서 단기 시세차익을 노리는 경우도 많이 발생한다. 시간이 지나면 갚아야 하므로 조급증이 생길 수밖에 없고 주가가 하락하면 반대 매매 청산 때문에 손절매를 감행하기도 한다. 매도는 매도를 부르고 투매는 투매를 불러 큰 폭으로 하락할 수도 있다.

차트에서 신용잔고율을 설정하는 방법은 OBV와 같다. HTS에서 마우스를 우클릭한 후 지표 추가 신용잔고율(종목별)을 찾아 세팅하면 끝이다. 마찬가지로 조금 전에 설정했던 거래량과 OBV 지표 위에 겹치기해 함께 보면 유용하다. 다음은 2개 지표가 완성된 차트다.

[그림 5-23] 종목별 신용잔고율

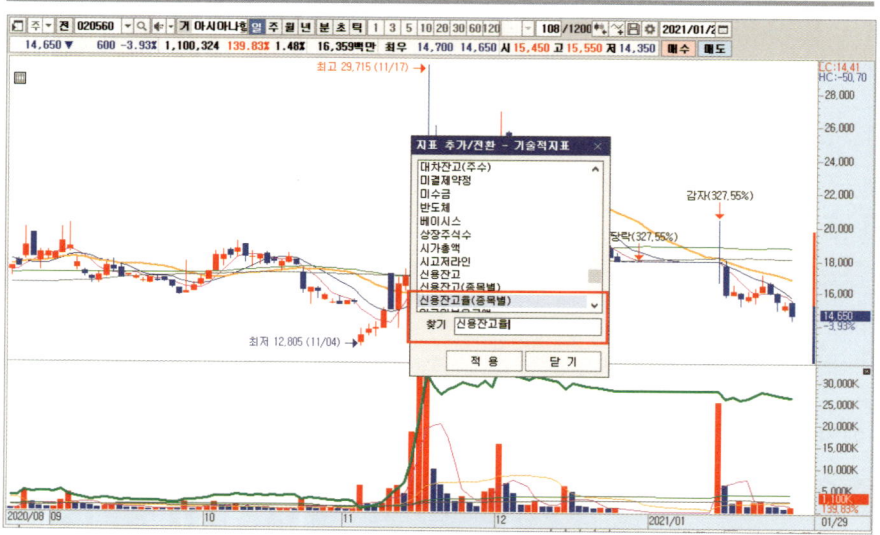

[그림 5-24] 세력선·심리선

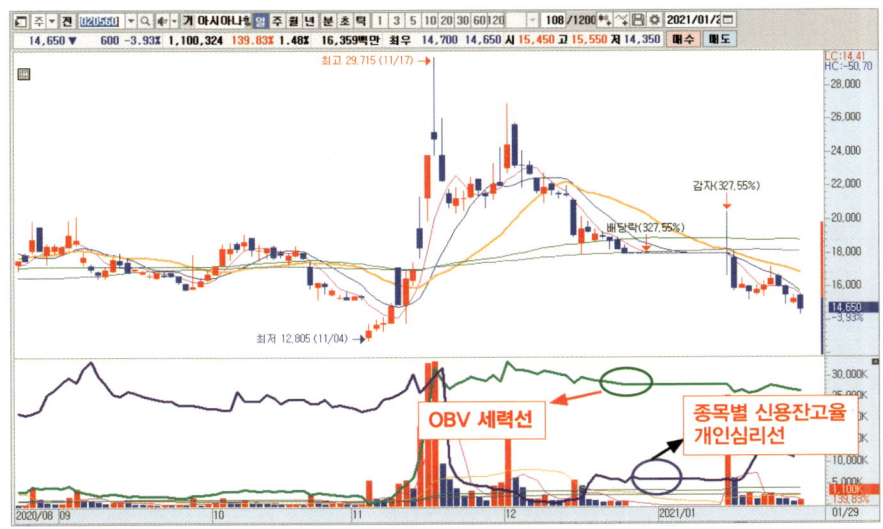

평소 자주 안 보는 보조지표를 세팅했다면 반드시 유용하게 활용해야 한다. 2가지 지표를 활용해 매수·매도 타이밍을 공부해보자. 먼저 앞에서 세팅한 OBV 지표는 거래량 지표이므로 추세를 알아보는 데 편리하다고 설명했다. 추세에 따라 의미와 해석을 다음과 같이 다르게 할 수 있다.

주가 하락	OBV 상승 추세	→ 매수 또는 보유 관점
주가 하락	OBV 횡보 추세	→ 보유 관점, 매수 타이밍 포착
주가 상승 또는 횡보	OBV 하락 추세	→ 매도

다이버전시(Divergency)라는 주식 용어가 있다. 보조지표를 볼 때 많이 접하는 용어다. 주가는 하락하는데 보조지표는 오히려 상승하는 것처럼 주가와 지표가 움직이는 방향이 정반대인 현상을 말한다. 대체로 바닥권에서

다이버전시 현상이 나타나면 하락을 거의 마무리하고 추세 전환될 신호로 해석할 수 있다.

1) 주가 하락 + OBV 상승 → 매수 또는 보유 관점

[그림 5-25] 켐온 OBV 상승

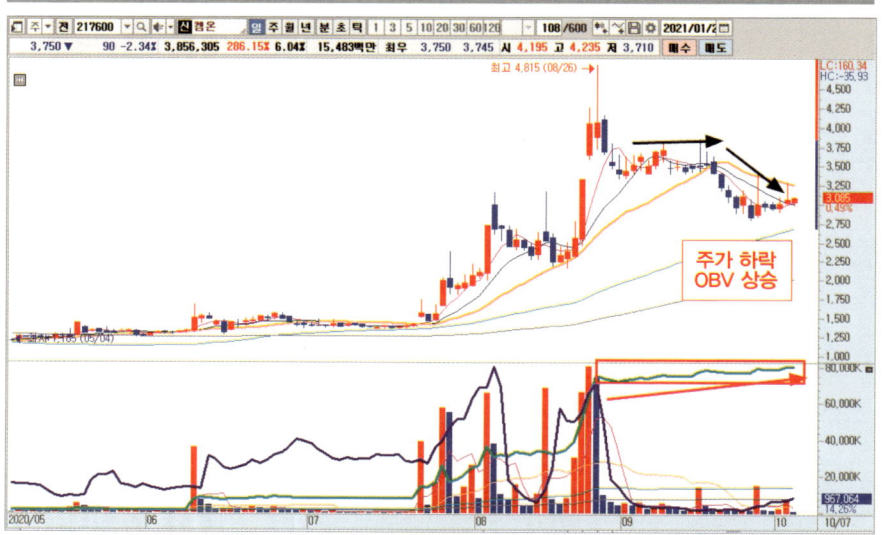

켐온 차트는 8월 2차 급등 이후 1차 조정을 받고 횡보하다가 다시 추가 하락이 나왔다. 하지만 아래 거래량에 표시된 OBV 지표는 오히려 서서히 우상향되고 있다. 매수 또는 보유의 관점이다. 조정 마무리 이후 반등할 자리다.

2) 주가 하락 + OBV 횡보 → 매수 타이밍 포착 또는 보유 관점

[그림 5-26] SV인베스트먼트 OBV 횡보

 SV인베스트먼트 차트도 2021년 1월 주가가 하락했지만 OBV는 횡보 추세를 보였다. 기존 보유자라면 홀딩으로 접근할 자리다. 신규 접근은 거래량 동반과 저점 지지 흐름 이후 상승 전환 구간이다. 조만간 추세 전환 흐름이 나올 것으로 보이는 차트다.

3) 주가 하락 + OBV 하락 → 매도, 접근 금지

[그림 5-27] 동아엘텍 OBV 하락

이해하기 쉽도록 차트에서 거래량을 삭제했다. 10월 13일까지 고점을 찍고 주가는 급락했다. OBV 지표도 동반 급락세를 보였는데 이때 보유자라면 당연히 올 매도 관점이며 신규 접근도 금지다.

이상으로 OBV 지표를 살펴보았다. 한 가지 더 주가 상승 가능성을 추가하기 위해 종목별 신용잔고율을 통한 매수 관점을 공부해보자. 다음은 이미 세팅해둔 신용잔고율에 대한 매수·매도 시점이다.

매수	종목별 신용잔고율, 즉 지표 하락
	지표 하락 후 바닥을 다지고 상승 시작, 즉 신용잔고 증가 초기
매도	신용잔고율은 지속적인 증가 추세
	신용잔고는 고점을 찍고 급격한 감소 추세

① 매수: 종목별 신용잔고율 지표 하락 + 신용잔고 증가 초기

[그림 5-28] 에넥스 일봉 및 신용잔고 추이

 에넥스는 2020년 7월 급등 이후 9월까지 급락하고 9월부터 박스원에서 횡보하며 저점을 높여가는 흐름이었다. 종목별 신용잔고는 바닥을 찍고 11월 신용융자가 조금씩 증가하면서 주가도 조금씩 우상향하기 시작했는데 이 시점에 앞에서 공부한 OBV는 횡보 또는 우상향 추세를 보였다. 매수의 관점이다. 조정을 마무리하는 자리라고 볼 수 있다.

② 매도: 신용잔고율이 지속적으로 증가 또는 신용잔고 증가율이 고점에서
　　 급격한 감소의 첫 신호

[그림 5-29] 에넥스 일봉 및 신용잔고 추이

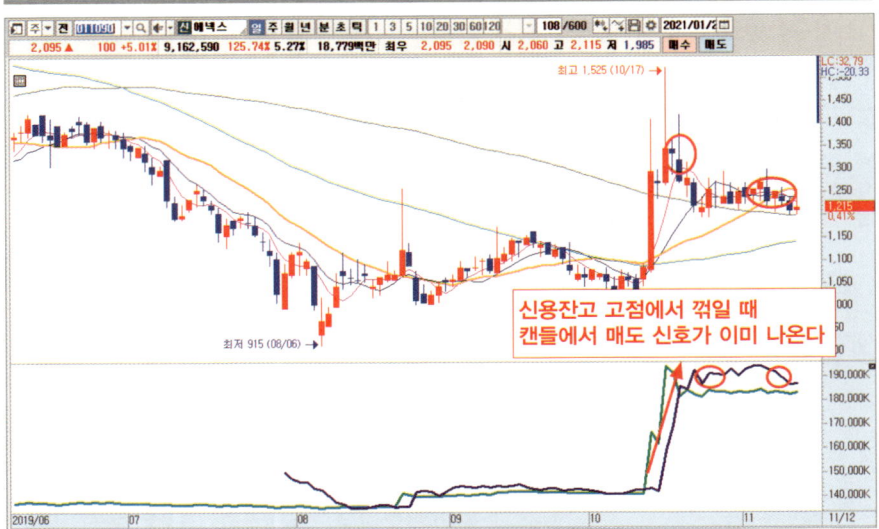

　신용잔고가 급격히 증가할 때는 조만간 단기 매도 타이밍이 올 수 있으므로 집중할 필요가 있다. 물론 차트에서 기본적으로 캔들만 보아도 매도 타이밍이 나오지만 보조지표에서도 정확히 신호가 나온다. 단순히 보조지표에서도 찾을 수 있지만 차트에서의 거래량만큼 매도가 정확한 것도 없다.

　주가 상승의 가장 이상적인 세력선(OBV)과 개인 심리선(종목별 신용융자)의 조화는 주가는 횡보 또는 하락 구간에서 세력선은 우상향하고 개인 심리선은 바닥을 찍고 턴하기 시작하는 자리의 조화다. 에넥스(011090)는 2021년 1

월 초 차트처럼 주가가 급등한 후 눌림목에서 반등 자리이고 종목별 신용 융자 물량은 급감한 후 다시 증가하는 초기이며 OBV는 주가 급락에도 불구하고 오히려 살짝 조정을 받은 후 반등하는 자리로 세력선과 개인 심리선이 서로 마주보며 이격이 많이 벌어진 자리는 주가 급등의 초기 자리다.

[그림 5-30] 에넥스

한 가지 반드시 짚고 넘어가야 할 것은 OBV 지표 세력선의 한계. 단순히 거래량으로만 계산하므로 적은 금액으로도 거래량을 늘릴 수 있는 소형주의 경우, OBV 지표 하나만으로 해석하기에는 다소 무리다. 단순히 바닥권에서 거래량만 증가한다고 해서 모두 좋게 해석할 수는 없으며 소형주일수록 OBV의 속임 동작이 많이 나타나고 다이버전시 현상이 나타난다고 해서 무조건 세력주, 매집주라고 단정해서도 안 된다.

특히 소형주일수록 기술적 분석과 기본적 분석의 기본인 실적이 중요하다. 재료 분석, 테마 분석 등을 철저히 병행해야 한다는 것을 절대로 잊지 말길 바란다. 이 단원에서 공부한 내용 중 필자가 가장 강조하고 싶은 중요한 내용은 바로 맨 마지막 내용일 것이다.

(6) 물량 털기와 물량 매집형 대량거래 구별하기

상장사의 어떤 주식이든 저마다 선도세력, 주세력은 존재한다. 세력이라고 해서 반드시 매스컴에 나오는 사람들처럼 나쁜 의도로 주가 부양을 목적으로 개인 투자자들에게 막대한 손실을 입히는 사람들인 것은 아니다. 선도세력은 기관투자자나 외국인일 수도 있다. 선도세력이 누구든 저가에 그 주식을 대량매수해 물량을 보유한 사람을 그렇게 표현할 수 있다. 주가 급등의 명분은 기업 내·외적 호재를 말한다. 호재성 정보가 공개되기 전 낮은 가격에 선취매하면 당연히 최대 수익을 준다. 세력이 공개되기 전부터 저가에 주식을 매수하는 과정을 '물량 매집'이라고 한다. 개인 투자자들이 이 물량 매집을 정말 잘 안다면 얼마나 좋을까?

그 반대인 '물량 털기'라는 잔혹한 행위에 개인 투자자들이 당하는데 고가에 잘못 매수해 큰 마음고생을 하기도 한다. 사실 매집 차트에서 물량 매집과 물량 털기는 수학처럼 정답이 있는 것이 아니어서 더 어렵다. 서술형 주관식 문제라고 할 수 있으므로 가장 일반적인 물량 매집과 물량 털기 선도세력이 팔아먹기 위한 매도인지, 매집하기 위한 매도인지 구별하는 공부를 하자. 가장 일반적인 물량 매집은 호재가 나오기 전 주식 대량매수 바로 우리가 원하는 것이다. 저가에서 매수세가 꾸준히 유입되면서 점점 우상향을 만들고 전 저점을 이탈하지 않는다. 이탈하더라도 거래량이 수반되지 않는 범위 내에서 소폭 이탈한다면 개인들을 힘들게 하려는 속임 동작일 수 있다.

오랫동안 지루한 횡보를 보이며 개인들을 철저히 왕따시키고 투매성 물량 매집을 이루며 호가 창을 통한 자전거래, 시간 외 대량거래, 1차 급등 후 고가권 놀이, 대주주 지분 공매도, 허위성 악재 루머 활용, 유상증자를 이용한 물량 매집 등을 한다. 가장 일반적인 물량 매집형 대량거래를 살펴보자.

① 물량 매집형 대량거래

차트에서 특별한 명분이나 사유가 없는데도 갑자기 주가가 거래량 없이 한 단계 하락하는 경우를 종종 보게 된다. 이후 주가는 뚜렷한 반등이나 하락도 없이 가격 조정 이후 횡보하는 모습을 보인다. 이 기간 중 가끔 대량거래가 발생하며 양봉이나 위꼬리 양봉이 출현할 때도 있다. 하지만 다음 날 주가는 바로 상승하지 못하고 오히려 거래량이 줄면서 전 저점을 지지하거나 살짝 이탈하는 모습으로 개인 투자자들을 실망시키는 차트를 만든다. 이 구간의 대량거래는 세력의 마지막 물량 매집일 가능성이 크다. 매수시점은 이후 거래량이 최저점을 찍고 점점 늘면서 5일선 변곡점 자리가 1차 매수 자리이며 한 단계 레벨 다운되던 저점을 상향 돌파하거나 저항선 단기 박스권을 상향 돌파하는 구간이 2차 매수 자리다.

[그림 5-31] 까뮤이앤씨

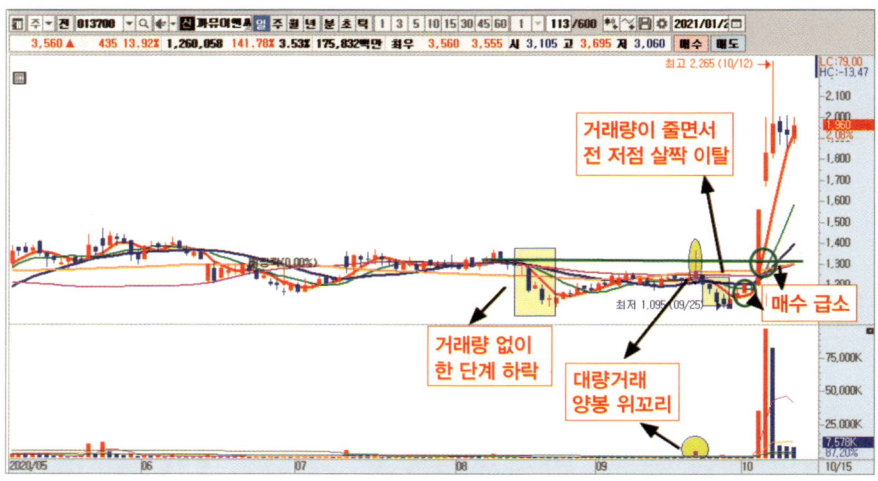

까뮤이앤씨(013700)는 코스피 기업으로 매우 작은 소형주다. 정치 테마주로 주목받으면서 급등했던 종목인데 8월 횡보하던 주가는 거래량 없이 한 단계 더 하락하고 기술적 반등 정도가 하락 대비 50%가량 나온 후 횡보하다가 1,350%가량의 대량거래와 함께 위꼬리 양봉이 나오면서 세력의 마지막 물량 매집이 출현했다. 그리고 4일 동안 주가는 마지막 물량 테스트 과정을 거치며 전 저점을 1호가 차이로 이탈하며 물량을 체크하고 점진적인 거래량 증가와 함께 양봉 출현 두 번째 양봉에서 5일선 변곡점 1차 매수 관점과 박스권 돌파 또는 8월에 하락했던 한 단계 다운된 자리를 돌파할 때 2차 매수 관점에서 대응할 수 있다.

② 물량 털기용 대량거래

대량거래는 그동안 잠잠했던 주가에 대한 관심이 살아나면서 거래량이 대거 출현하는 데 큰 의미가 있다. 하지만 대량거래가 호재로만 받아들여지지 못하는 것은 매수 거래보다 매도 거래가 강하기 때문이다. 대량거래가 수반되면 일단 가격변동 폭이 유난히 크게 나오는데 하락 도중 나온 대량거래는 세력이 본격적인 상승을 위해 유입하는 경우와 가격 반등을 이용한 세력의 물량 털기용으로 구별할 수 있다.

물량 털기용 대량거래는 말 그대로 세력이 보유한 물량을 최대한 털어내야 해 매수세를 많이 끌어들여 보유 물량을 처분하는 것이 목적이므로 허매수와 자전거래로 최대한 거래량을 늘려 개인 투자자들을 유혹한다. 주가 급락 이후 반등할 때는 반등 폭이 크지 않은데 급락 폭의 50%에도 미치지 못한다면 물량 털기용 대량거래로 해석하며 개인 투자자들이 확실한 물량 털기의 대량거래를 파악하지 못한다면 일단 최근 거래일 대비 최대 거래량과 함께 장대 음봉이나 위꼬리 음봉이 출현할 때 매도 관점에서 대응하는 것이 안전한 매매전략이다.

[그림 5-32] 수젠텍

　　수젠텍(253840)은 코로나 진단키트 관련주로 수혜를 입고 큰 폭으로 급등했던 종목이다. 5,000원대였던 주가는 65,800원까지 급등해 1,000% 이상 올랐는데 마지막 랠리 구간에서 급락할 때는 갭 하락이 출현했다. 2~3거래일 하락한 후 다시 상한가에 안착하며 매수세가 유입되었지만 갭 하락한 구간을 돌파하지 못하고 힘을 잃었다. 하지만 주가가 횡보하자 개인 투자자들은 미련을 갖게 되고 다시 양봉 거래량이 유입되고 다음 날 점상을 기록했다. 장밋빛 화려한 재비상으로 보이지만 시들기 직전에 마지막 가시에 찔리는 순간이다. 바로 전 고점 돌파, 갭 상승과 함께 장대 음봉, 대량거래가 출현했다. 이 자리는 무조건 36계 줄행랑해도 모자라는 위험한 구간이다.

　　사실 물량 털기가 저점에서 발생하는 경우는 매우 드물다. 세력이 작전에 실패했더라도 저점에서 털기보다 개인 매수세의 유입을 유도해 최소한의 수익이라도 보고 매도하려고 한다. 최소 100%는 급등시키고 매도하는 경우가 많다. 그러니 개인 투자자들은 급등주를 매수하고 싶다면 물론 저점에서 매수해 큰 수익을 내고 안전하게 기다리는 매매전략이 바람직하지만 그것이 힘들다면 다음 단원에서 공부할 화려한 급등주가 반드시 쉬어가는 눌림목 자리를 잘 공략해 위험하지 않은 안전한 매매를 하는 것이 좋다.

2
화려한 급등주도 눌림목이 있다

(1) 급등주 눌림목이란?

1단원에서 매력주가 급등하기 전 고요할 때 매수해 기다리는 기법과 그 고요하고 동트기 전이 가장 어두운 새벽에 매수해 기다리는 기법을 공부했다면 이번 단원에서는 그런 기다림이 지루한 투자자들이 한 번 급등한 종목이 1차 급등에 그치지 않고 급등 대비 약간의 조정 구간을 거쳐 전 고점을 재차 돌파하는 급등이 나온다면 1차 급등 전에 매수해 긴 시간 동안 기다리지 못하고 매도하기보다 짧은 시간 안에 확실할 수도 있을 것이다. 하지만 주식에 늘 100%는 없으므로 삼성전자와 같은 시가총액 1위 종목이 실적도 좋고 현재 주가보다 더 오른다는 증권사의 분석이 쏟아져 나와도 투자자들은 주가가 조금만 조정받아도 불안해지고 힘들어한다. 그 이유가 뭘까? 바로 돈, 내 재산이 걸려 있기 때문이다.

일반 개인 투자자들이 급등주에 올라타 수익을 내는 방법은 간단히 말해 2가지밖에 없다. 첫째, 1단원에서 배운 오프닝인 급등 초기에 매수해 거래량이 동반되는 시점에서 2차 매수와 함께 수익을 즐기는 것, 둘째, 2단원에서 배울 급등 후 눌림목 구간이다. 대체로 오프닝에서는 매수한 투자자들이 눌림목 이후 화려한 오프닝과 장밋빛 화려한 잔치까지 끝장을 보는 투자자는 거의 없다. 저점에서 매수한 이후로 너무 지루했거나 세력의 주가질 장난에 한때 수익률 −20~30% 가끔 −40%까지 고통을 겪었기 때문에 그 과정 속에서 주가가 급등해 계좌가 수익으로 변하고 −30% 이상이었던 주가가 갑자기 +50% 이상이 되면 정신이 혼미해지면서 손실일 때보다 더 급격히 불안해진다. 왜? 손실로 다시 돌아갈까 봐. 지금 매도하지 않으면 이 수익마저 몽땅 까먹고 물거품이 될 것 같아서다. '아, 이 정도도 감사하다. 더이상 욕심내지 말자'라며 애써 위로하면서 탈탈 털어버린다. 그럴 때는 또 왜 그리도 욕심들이 없으신지…

1차 급등 후 눌림목 구간을 공략하려면 눌림목이 무엇인지 알아야 한다. 주가는 급등하면 차익실현을 하려는 투자자들이 분명히 생기기 마련이다. 그들이 심리적 압박을 이기지 못하고 매도하면서 물량이 나오고 주가는 자연스럽게 하락하며 탄력이 떨어지는 구간으로 매물대 소화 과정이다. 매수세와 매도세가 팽팽히 맞서다가 주가가 이미 1차 급등했기 때문에 대기 매수세보다 대기 매도세가 더 강해 고점에서 단기 하락하고 어느 정도 급등한 주가는 한 구간에서 차익 매물을 받게 되며 그 매물을 대기 매수자들이 얼마만큼의 힘으로 받아내느냐에 따라 탄력의 힘이 결정된다. 이 구간을 '눌림목'이라고 한다.

2020년 증시는 코로나로 많은 변화와 이슈가 있었다. 그중 가장 두드러졌던 현상은 제약·바이오와 언택트, 개별 소형주 중에서 급등주가 많이 발생한 것인데 실제로 실적이 뒷받침된 종목도 정말 많았다. 그중 최고로 손꼽을 수 있는 씨젠(096530)은 진단키트 관련주로 글로벌 시장에 수출한 물량도 많고 사상 최대 실적을 올렸다.

[그림 5-33] 씨젠

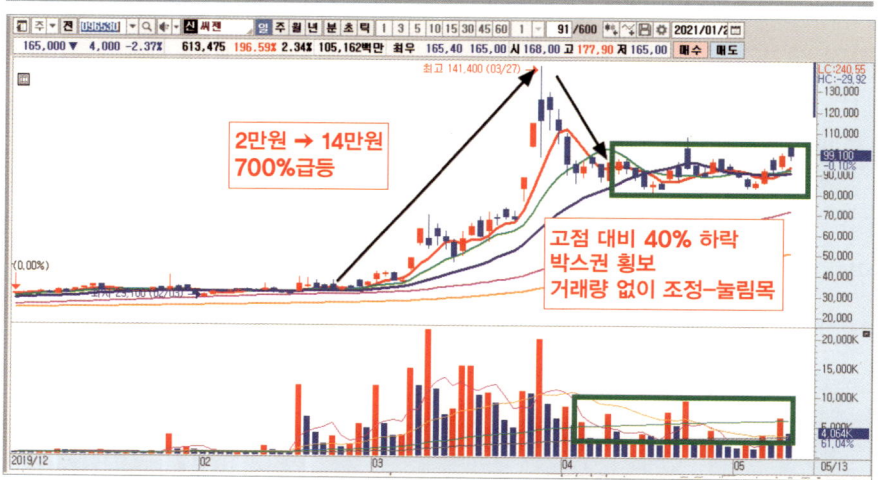

2019년 가을부터 차트는 이미 매집 흐름이 나오면서 주가는 서서히 기린형 거래량과 대량거래가 한 번씩 터지기 시작했고 2020년 1월부터 본격적으로 물꼬를 트기 시작했다. 주가는 2만 원 부근에서 3개월 만에 14만 원대까지 급등하며 700% 상승했는데 중간중간 작은 눌림목이 있었지만 개인 투자자들, 즉 초보들이 2차 진입 시기로 볼 정도의 확실한 조정은 눈에 띄지 않았다. 3월 27일까지 주가는 고공행진했고 3월 27일 차익실현 물량이 대량으로 터지면서 급락하고 5거래일 장대 음봉 출현으로 약 40%

의 조정이 나왔다. 3월 25일 갭 상승했던 갭 구간을 바로 메꿔주며 상승 갭이 아닌 일반 갭을 만들고 약 한 달 반 동안 박스권에서 개인 투자자들을 지루하고 힘들게 했다. 이 구간이 바로 2차 상승을 위한 눌림목 구간이다.

(2) 급등주 눌림목 판별법

개인 투자자들이 급등주를 눌림목에서 쉽게 매수하지 못하는 가장 큰 이유는 이 구간이 눌림목인지 아닌지, 즉 추가 상승이나 더 큰 상승이 다시 나올지 안 나올지 확신이 없기 때문이고 이미 급등주를 고점에서 추격 매수해 물린 개인 투자자가 더 많을 것이다. 보유자 관점에서 현재 하락하고 있지만 현재 구간이 눌림목이고 전 고점 이상으로 급등할 거라는 확신만 있다면 누가 손절하겠는가?

대부분 그것을 모르기 때문에 하루하루가 불안한 것이다. 급등주 눌림목 판별은 물론 100% 정확할 수는 없다. 다시 말하지만 주식에는 100%가 없기 때문이다. 하루하루가 이슈에 따라 다르고 살아 움직이는 생물과 같고 장기적 관점에서 보면 결국 실적이지만 단기적 관점에서는 선도세력의 주가 움직임, 개인들의 심리에 따라 바로바로 변할 수 있다.

1) 급등 후 가격 조정 때 거래량 출회가 없어야 한다

[그림 5-34] 알서포트

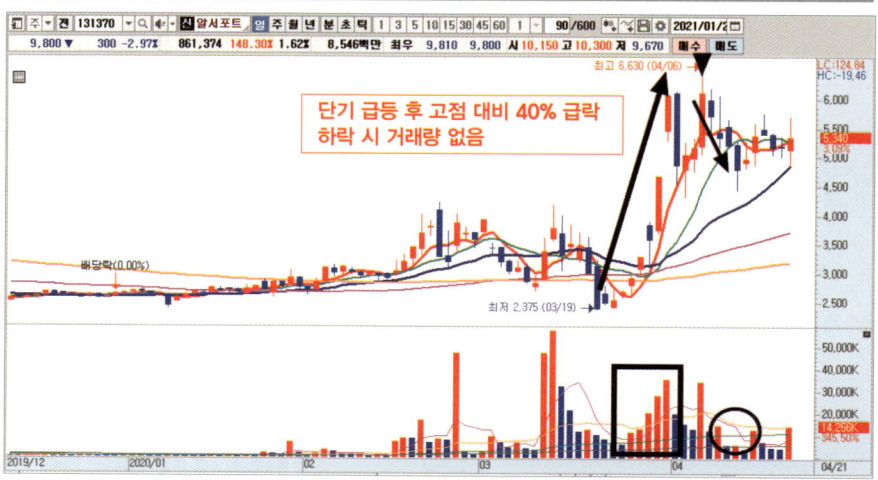

알서포트(131370)는 대표적인 언택트 종목으로 재테크 관련주로 편입된 종목이다. 기본적인 실적도 갖추었지만 2020년 코로나 창궐로 기업들의 재택근무가 의무화되면서 실적이 증가했고 이번 경험을 통해 우리나라도 평소 재택근무를 실시하는 기업들이 늘 것으로 보인다. 필자는 주가에서 가장 중요한 것은 거래량이라고 수없이 강조했다. 급등 후 주가가 조정을 받을 때는 거래량, 즉 매도 물량이 반드시 없어야 한다. 만약 매도세가 나왔다면 그 종목의 주가는 전 고점을 돌파해 재차 급등하기보다 기술적 반등 정도만 나올 것이다.

2) 눌림목 구간에서 전 저점 지지 또는 큰 이탈이 없어야 한다

[그림 5-35] 알서포트

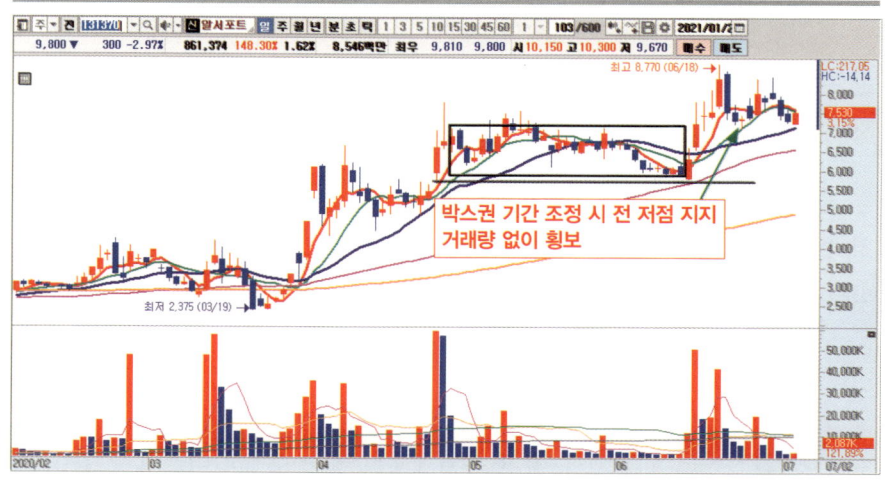

 가격 조정을 거치고 기간 조정을 거치는 과정에서도 주가는 전 저점을 지지해주는 흐름이 나와야 하며 1~2호가 정도 전 저점을 살짝 이탈해 개인 투자자들을 속이려는 패턴이 나오더라도 대량거래만 없다면 기다릴 필요가 있다. 오히려 그렇게 전 저점을 깨고 가는 종목이 더 큰 대세 상승을 만들기도 한다. 다만, 이 횡보 기간에 조정 구간에서도 큰 거래량이 절대로 동반되면 안 된다.

3) 1차 급등 재료의 희소가치 여부 판단

 주가가 1차 급등했을 때는 분명히 급등한 명분이 있었을 것이다. 그 재료가 단순한 1회성 재료였는지, 지속형 재료였는지를 파악해야 한다. A라는 중소업체 상장사가 삼성전자와 단일 계약체결 공시를 냈다고 가정해보

자. 이 공시 재료는 물론 1회성으로 끝날 수 있는 재료다. 아마도 주가는 당일 급등하고 급등을 이용해 매도 물량이 출회되거나 단타성 물량이 변동 폭을 이용해 당일 매매에 가담할 것이다. 그런데 계약 내용을 자세히 보니 앞으로도 삼성전자가 이 계약과 관련된 사업을 확장시켜 나가고 사업투자와 설비투자를 계획 중이며 더 나아가 중소기업 중에서 흡수·합병할 회사를 물색 중이었다고 가정해보자. 이런 뉴스로 앞으로 삼성전자의 흡수·합병 이슈가 나올 때마다 A사는 관련주로 부각되고 투자자들의 관심을 받을 것이다.

재료가 있는 종목은 누군가의 수급에 의해 급등이 이루어지므로 크든 작든 재료가 반드시 있어야 하며 눌림목에서 재차 상승하려면 1차 급등 때의 재료가 소멸되지 않고 진행형이어야 한다. 가장 좋은 예가 바로 제약·바이오 업체의 연구·개발 건이다. 임상 허가신청을 받고 1상부터 시작해 진행 과정에 따라 순항 중이라면 그보다 더 좋은 주가 급등 재료도 없다. 바로 2020년의 작품 엑세스바이오(950130), 신풍제약(09170)이었고 개인 투자자들의 피눈물을 뺀 신라젠(215600)이었다.

[그림 5-36] 엑세스바이오

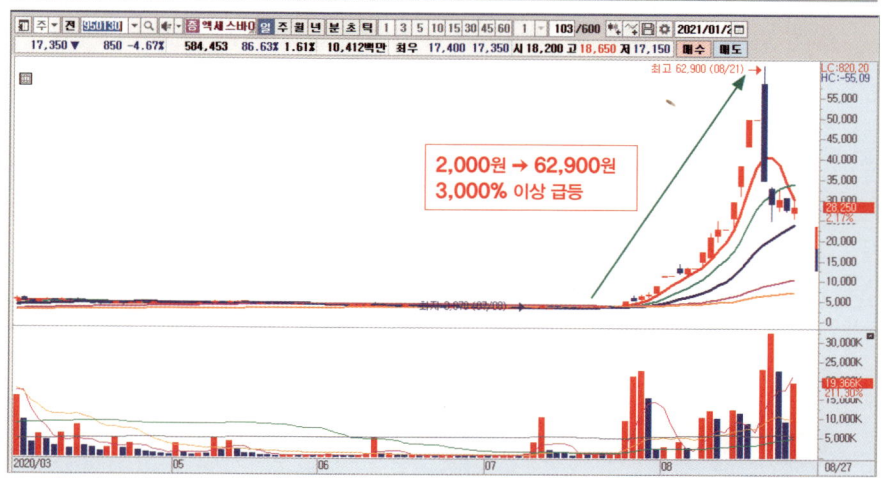

[그림 5-37] 신풍제약

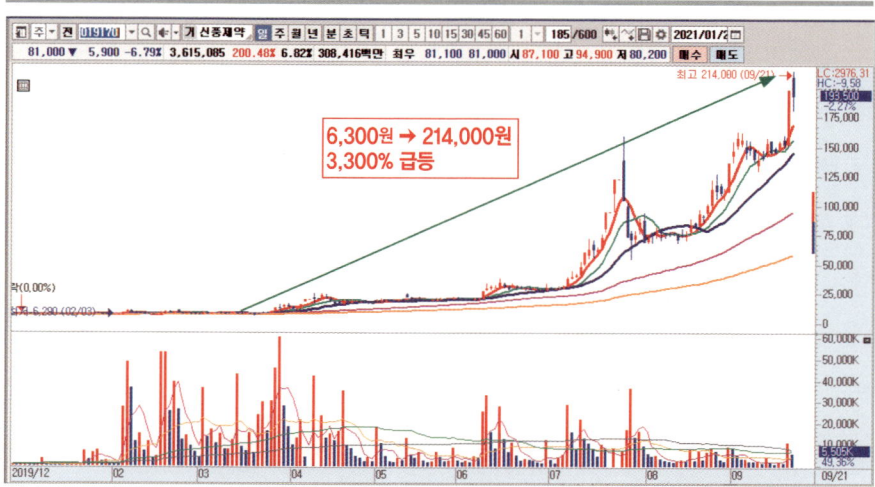

[그림 5-38] 신라젠

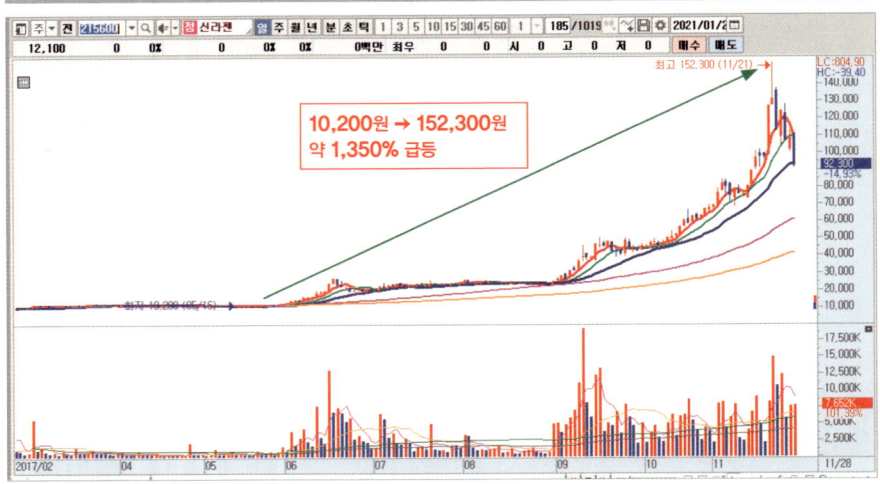

(3) 급등주 고가권 눌림목 매매

　급등주가 고점 대비 확실한 가격 조정을 받지 않고 고가권에서 짧은 기간 조정을 보이다가 바로 재차 급등하는 경우도 있다. 상승 초기에 이런 경우가 많은데 재료 노출이 임박했거나 긴 시간 동안 꾸준히 매집해왔다기보다 예상치 못한 돌발 재료로 매집해 단기 급등주보다 일단 급등시켜 놓고 중·단기 관점에서 지속적으로 급상승하는 종목에서 많이 볼 수 있다. 중간에 재료가 지속적으로 나오기 때문에 손바뀜도 이루어지고 제2, 제3의 세력들에 의해 주가는 2차, 3차 급등까지도 나온다. 고가권 놀이 눌림목은 돌파 갭이나 상승 갭 등을 동반하기보다 짧은 기간 조정을 통해 힘을 비축해 재차 급등하는 경우가 많다.

급등주 고가권 놀이에서 기간이 길어지고 주가가 하락, 즉 가격 조정으로 이어지면 눌림목이 형성되므로 그때는 빠른 매도 전략으로 대응하고 이후 눌림목, 횡보 구간에서 다시 공략하는 것이 좋다. 급등주 고가권 눌림목 매매의 제1원칙은 '기간은 짧을수록 좋다', 제2원칙은 '캔들 길이도 짧을수록 좋다. 위꼬리, 아래꼬리도 길지 않은 것이 더 좋다. 즉, 변동 폭이 크지 않은 것이 좋다'다. 거래량도 감소하며 양호한 기간 조정이 좋다. 가격 조정이 나올 때는 반드시 빠른 매도가 좋은 전략이다. 거래량 감소 후 증가하는 시점에서는 5일선 변곡점부터 분할 매수하는 관점이 좋다. 첫 양봉의 종가 부근을 지지해주는 자리, 좀 더 비싼 가격에 매수하더라도 확실한 주가 반등 구간이 안정적이다.

[그림 5-39] 엘비세미콘

고가권 놀이가 나오는 종목들은 재료가 있는 급등주에서도 많이 나오지만 시장주도주, 산업주, 실적주에서도 흔히 볼 수 있다. 기관과 외국인의 꾸준한 매수로 흔들림 없이 대시세가 나오는 종목인 경우가 많아 앞에서 배운 명품주에서 이런 패턴이 자주 나온다. 개인 투자자에게는 기본적 분석에서 가장 정석투자이고 기술적 분석에서도 안정적인 패턴이다.

(4) 급등주 눌림 비율에 따른 매매

주가가 등락할 때 모든 종목이 같은 움직임을 보이는 것은 아니지만 급등주는 대체로 비슷한 패턴이 형성되는 경우가 많다. 상·하한가 가격제한폭이 30%로 변경된 후 급등주의 첫 눌림목은 대부분 바닥 대비 70~100% 급등하면 1차 매도 물량이 출회된다. 저점에서 매수한 투자자나 고점에서 매수해 그동안 마음고생이 심했던 기존 매수자라면 그 정도 단기 급등할 때 매도하고 싶은 심리가 생긴다. 급등주의 1차 급등 후 주가 조정비율에 따른 매매전략을 살펴보자.

① 1차 급등 후

1차 급등 후 조정을 받을 때 단순한 개인투자자들만의 소량 물량이라면 조정 폭이 크지 않을 것이고 가격 조정이 나오더라도 출회되는 매도 물량은 많지 않다. 1차 급등 후 조정을 받을 때 가격 조정이 아닌 기간 조정을 받는 종목은 급등주 중 탄력이 가장 큰 종목이라고 할 수 있다. 추가 상승 여력이 매우 강하다는 의미다. 앞의 고가권 놀이 매매와 같은 패턴으로 보면 된다.

급등한 구간의 마지막 양봉의 가격대 50% 라인대를 깨지 않고 옆으로 붙이는 작은 캔들들이 이루어지며 위꼬리, 아래꼬리가 작고 주가 변동성이 크지 않은 구간의 5일선 변곡점 거래량 증가 구간이 매수의 급소다. 앞에서 설명했듯이 가격 조정이 시작된다면 바로 매도하는 전략이 좋다.

[그림 5-40] KC코트렐

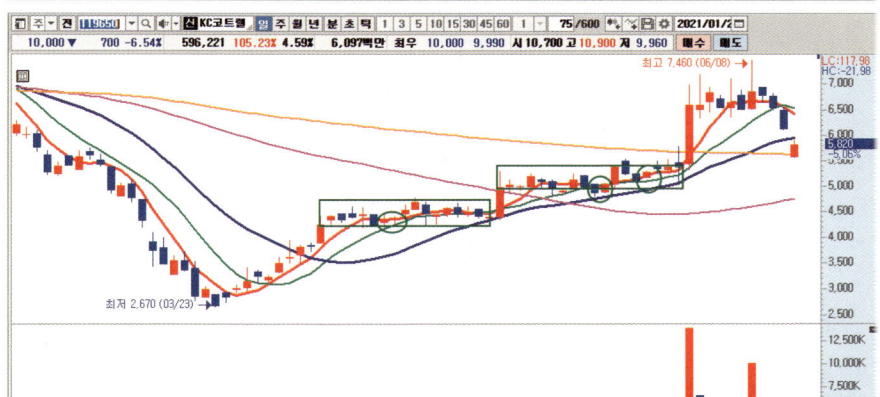

② 급등 대비 40~60% 눌림목은 급등주 눌림목에서 가장 많이 출현하는 기법이다

추세상 1차 급등 이후 가격 조정의 가장 많은 신호다. 고점 대비 40~60% 하락하는 패턴으로 기존 보유자라면 하락을 보면서 굳이 보유할 필요는 없고 저가 매수자라면 최소 물량만 보유할 수 있다. 신규 대기 매수

자들은 주가 하락의 끝을 반드시 확인한 후 추세가 횡보 또는 다시 우상향 하는 패턴을 확인하고 매수해야 손실이 없다. 이때 잘못하면 떨어지는 칼날을 잡게 되고 급등주 추격 매수가 될 수도 있다.

가장 큰 특징은 급등주가 1차 조정 때 당연히 가격 조정이 이루어지고 40~60%의 가격 조정 후 기간 조정에 들어가게 된다. 기간 조정에서는 거래량이 감소하면서 세력들은 개인들의 개입 여부를 확인하고 중간에 한 번씩 주가에 탄력을 넣어보며 위꼬리 음봉이나 양봉을 만들어 이 종목에 대한 시장의 관심도를 파악하기도 한다.

매수 포인트는 횡보 후 전 저점 지지 또는 1~2호가 전 저점 이탈 후 거래량 동반과 함께 5일선 변곡점 구간 + 저항선 또는 박스권 상단 돌파 구간이다. 분할 매수 관점이다. 박스권 상단을 돌파할 때는 대량거래가 동반되어야 하며 점진적으로 거래량이 출회되지 않는다면 1차 급등했던 고점을 돌파하지 못할 수도 있다. 2차 급등할 때는 1차 급등 시점보다 최소 1.3배 이상의 대량거래가 반드시 동반되어야 전 고점을 돌파할 수 있다. 만약 거래량 없이 전 고점 부근에서 음봉이 발생할 때는 매도 관점에서 대응한다. 가끔 1차 급등 자리를 돌파하면서 2차 급등 때 더 많은 거래량이 출현하지 않을 때가 있다. 이런 종목들은 대부분 더 큰 상승이 이루어지는 경우가 많으며 주가에 호재가 될 만한 재료가 기다리는 경우가 많다.

[그림 5-41] 엑세스바이오

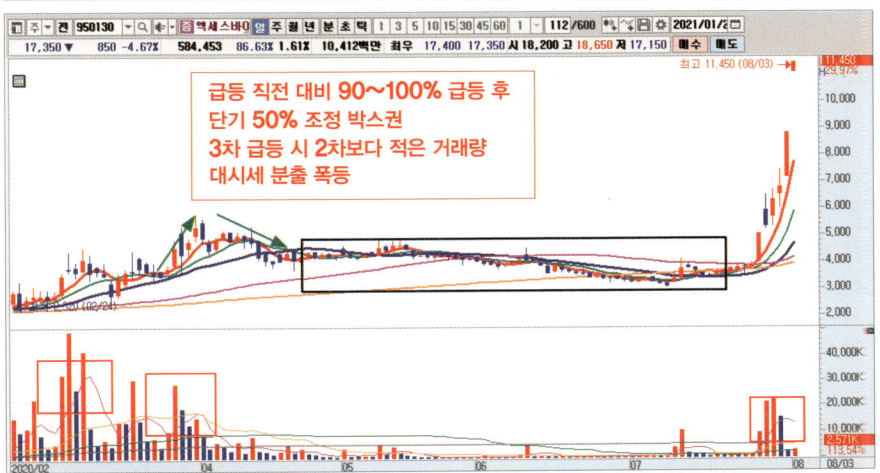

(5) 급등주 눌림목 매매 후 목표가 잡기

살아가면서 미래를 알 수만 있다면 얼마나 좋을까? 그럼 실수하지도 않을 것이고 나쁜 일들은 아예 쳐다보지도 않으면 되고 주식도 상승할 가격을 미리 안다면 오를 주식만 매수하면 될 텐데… 세상천지 제 아무리 경제에 해박하고 미래를 예측하는 사람도 향후 주가 목표가를 정해두고 거기까지라고 분명히 말할 수 있는 사람은 없다. 설령 맞더라도 단지 운이 좋았거나 우리가 그나마 기업 분석자료나 산업의 방향성, 거시경제 등을 토대로 주가를 예측해 증권사마다 목표가를 분석하고 중간중간 경제 흐름이나 기업 변동성에 따라 목표가를 상향 또는 하향 조정했기 때문일 것이다. 물론 그나마 증권사의 목표가라도 나온 종목은 시총 상위종목이거나 분석자료가 있는 종목이다. 개인 투자자들이 사실상 궁금해하는 종목들은 개별주, 소형주, 세력주, 급등주, 단타 종목, 더 따지고 들어가면 자신이 물린 종목들의 최종 목표가일 것이다.

개인 투자자들이 가장 많이 물어보는 질문은 "이 종목은 얼마까지 갈까요?"다. 그걸 정확히 안다면 필자는 신이다. 그렇다. 우리는 신은 아니지만 신의 경지에 오르기 위해 경우의 수에 대비해 주가에 대응하는 것이다. 먼저 주식매매에서 개인 투자자들은 분할 매수와 분할 매도를 몸에 익혀야 한다. 모든 종목의 매수·매도는 무조건 분할이다. 매도에서 초단기 매매 관점이거나 매도해야 할 명분이 분명한 종목이라면 당연히 올 매도 전략이 맞다. 악재 노출이거나 현금 확보를 위한 시장 트렌드라면 완전한 매도 전략이며 매수도 초단기 대응이 아니라면 철저히 3분할, 4분할 매수전략을 세워야 한다.

급등주를 1차에 매수하지 못하고 눌림목에 운좋게 매수했는데 주가가 상승한다면 목표가를 도대체 얼마로 잡아야 할까? 가장 중요한 지표는 거래량이다. 눌림목 이후 주가가 반등할 때는 수급이 뒷받침되어야 1차 급등 때의 고점을 돌파할 가능성이 크다. 1차 고점에서 매수해 손실구간인 물량을 소화해야 하기 때문이다. 앞에서 필자가 여러 번 강조한 부분이다. 전고점 부근에서 거래량이 1차 급등할 때 거래량 대비 1.3배 이상 대량거래가 나와야 한다. 그럼 그 거래량을 종가까지 가서 확인해야 할까?

아침 개장 후 9시 30분 무렵의 거래량에 소형주, 개별주인 경우, 약 7

배를 당일 종가 부근 거래량으로 예측할 수 있으며 대형주, 시총 상위종목은 약 5배로 예측하면 가늠해보기 쉽다. 물론 오전 내내 거래량이 없다가 오후에 갑자기 이슈가 터지면서 거래량이 증가할 수도 있지만 일반적인 통계상 그렇다는 말이다. 이렇게 거래량 동반과 함께 양봉 때는 매도 없이 그대로 보유하는 전략이며 그 이후에는 대량거래와 함께 장대 음봉이 나올 때까지 수익을 극대화하면 된다. 만약 전 고점을 돌파하기도 전에 음봉과 대량거래가 출현한다면 세력들이 남은 물량을 매도하기 위해 인위적으로 주가 상승을 만드는 구간으로 보고 전 고점까지 볼 필요도 없이 고점 대비 약 80% 선에서 매도 물량이 출회하게 되어 있다.

정리해보자. 급등주 눌림목 매수 후 전 고점 돌파를 시도하기 전에 대량거래와 함께 음봉이 출현했다면 급등주의 눌림목이 아닌 주가 하락이나 긴 횡보로 이어질 수 있으므로 올 매도 전략이다. 목표가는 고점 대비 70~80%다. 점진적인 거래량 증가와 함께 전 고점을 돌파할 때는 거래량이 전 고점을 넘기고 양봉 출현이라면 보유 관점에서 수익을 극대화하고 매도 물량이 출회할 때까지 보유한다. 앞에서도 잠시 설명했지만 전 고점을 돌파하면서도 거래량이 동반되지 않을 때도 있으므로 거래량과 함께 매수세와 매도세 여부를 파악하는 것이 핵심 포인트다. 차트를 보면서 공부해보자.

[그림 5-42] 일신바이오

일신바이오는 7~9월 3개월 동안 매수세가 유입되며 크게 급등했다. 바닥권 대비 2,000원대 초반이던 주가는 만 원대를 훌쩍 넘겼는데 고점에서 급락하며 5,700원 부근까지 약 50% 조정을 받았지만 하락할 때 거래량이 없었고 매도 물량 출회도 없었다. 상승할 때 물론 일부 매도 물량과 손바뀜이 이루어졌지만 주가 하단부터 매수된 모든 물량이 차익실현으로 쏟아진 것은 아니다.

약 두 달 반 동안 횡보 추세를 보였고 8월 2차 급등하고 3차 급등을 위한 눌림목 정도까지 고점 대비 약 50% 하락한 자리까지만 조정을 받았다. 60일 이평선까지 조정을 받되 이탈 후 바로 회복한 흐름이다. 11월 주가는 거래량 증가와 함께 재차 급등했지만 8월 급등 때의 거래량 1.3배 이상의 대량거래가 출현하지 않고 고점에서 물린 대기 매도세가 매물로 쏟아지자 위꼬리가 나오며 기존 매수 물량이 모두 이탈한 모습이다.

[그림 5-43] 초록뱀

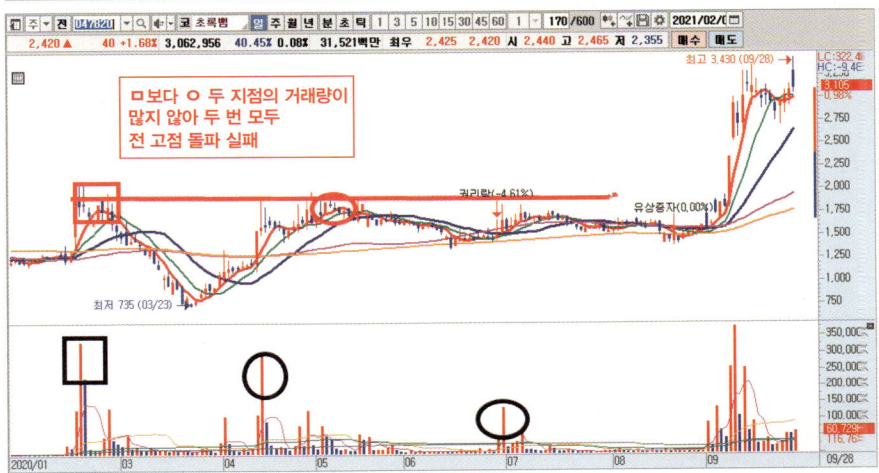

초록뱀 차트는 1월 급등 후 상한가가 출현하고 전 저점까지 이탈하며 조정을 받았다. 전 저점 지지도 실패하고 하락했다. 4월 상승 때는 1월보다 거래량이 줄고 주가는 전 고점 돌파에 실패하며 7월에도 거래량에서 역브족 모습을 보였고 4월, 5월 고점 돌파에 실패했지만 4월 이후부터 주가가 전 저점을 지지하는 흐름이 나오면서 9월 이평선을 밀집시키고 9월 폭발적인 대량거래와 함께 급등세가 연출되었다. 3번의 실패 원인은 거래량이었다. 이렇게 거래량이 동반되지 않을 때는 큰 욕심을 내지 말고 전 고점 대비 약 80% 선을 목표가로 정하고 대응하는 것이 가장 빠른 대응 전략이다.

CHAPTER 6

감은숙의
돈버는 실전 매매

매수와 수익극대화

매수와 매도 중 중요한 것은?

개인 투자자들에게 매수와 매도 중 어느 것이 더 어려울까? 자신에게 질문해보자. 사실 필자가 몸담은 한국경제TV 증권방송만 들어도 시장의 중심 우량종목을 많이 소개받을 수 있지만 같은 종목도 매수하는 가격에 따라 수익과 손실은 하늘과 땅 차이다. 우리나라 유가증권 시총 1위 삼성전자도 분명히 수익이 난 사람과 손실을 본 사람이 있을 것이다. 그것이 바로 매수 위치다. 차트 공부를 어느 정도 준비한 투자자들은 매수에서는 대략적인 저점 분할매수나 분산투자 전략을 세우지만 준비가 전혀 안 된 투자자들은 올라가는 종목만 더 올라갈 것 같아 무조건 추격매수하고 본다. 추격매수는 절대 금지사항이다. 매수할 종목은 무수하다.

투자자들은 매도가 정말 어렵다고 말하지만 그건 아마도 저가 매수에 완전히 성공하지 못했고 고점에서 팔아 수익을 극대화하고 싶은 욕심 때문일 것이다. 퍼펙트하게 매수만 잘했더라도 개인 투자자들은 고점에서 매도하지 않아도 꽤 수익실현을 할 수 있을 것이다. 고점 매도는 의외로 단순할 수 있다. 저점 매수, 눌림목 매수가 아니라면 안 사면 된다. 매수하지 말자. 현금도 돈이고 종목이다. 현금을 종목으로 생각하자. 현금(○○○○○○○) 종목…

내 계좌에 항상 있어야 할 종목 중 하나다. 때로는 시장에 따라 큰 비중이나 적은 비중으로 반드시 보유하자. 저가 매수 또는 눌림목 매수라는 비장의 무기가 내게 생긴다면 굳이 고점 매도가 아니더라도 충분히 만족할 만한 수익을 낼 수 있다. 필자가 만들어 개인 투자자들에게 매수 신호로 교육했던 각종 종목 추출 자판기의 매수 신호를 보면 종목의 각 저점 매수 신호가 정말 정확히 나온다. 각 신호마다 기법의 로직이 들어 있지만 우선 종목마다 몇 가지 신호를 보고 전체적으로 매수하기 좋은 차트의 매수 급소를 눈에 익히고 매매 기법에 꼭 필요한 요소들을 익히자.

[그림 6-1] 주성엔지니어링

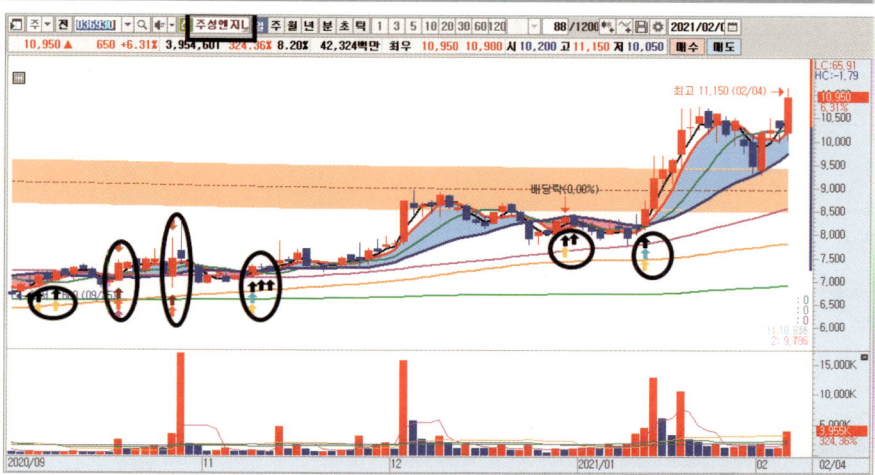

[그림 6-2] 대한제강

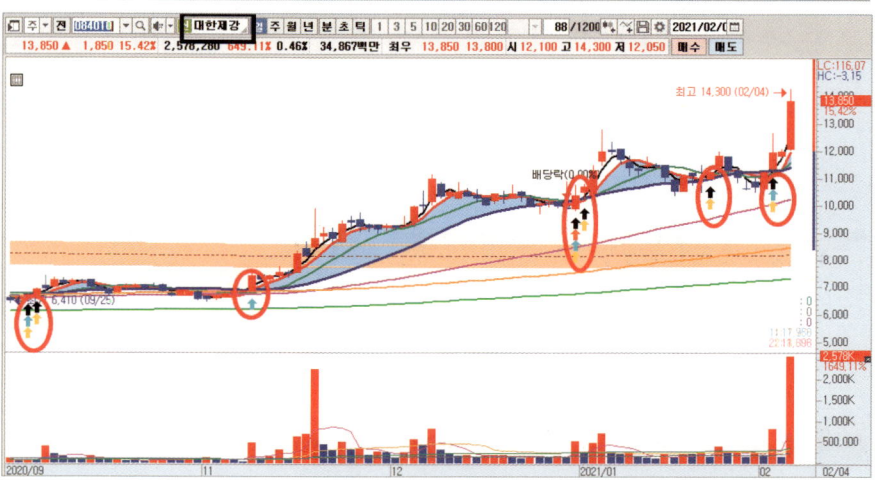

CHAPTER 6 감은숙의 돈버는 실전 매매

[그림 6-3] 삼성전자

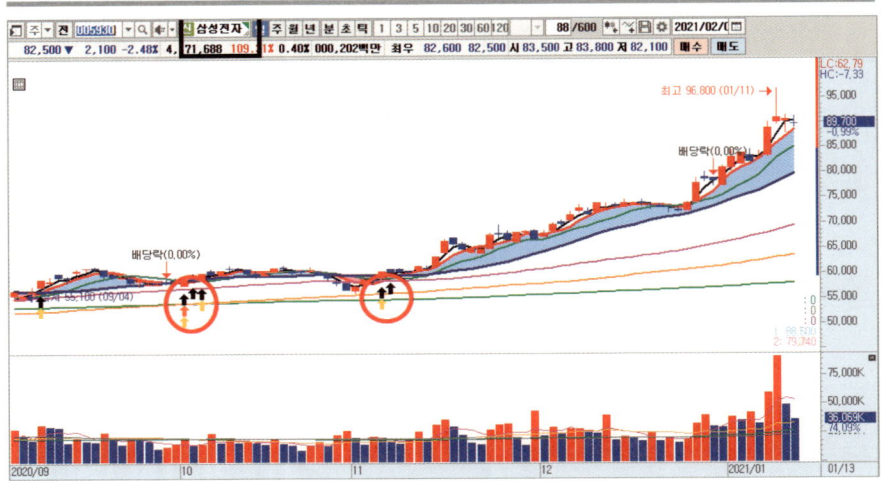

[그림 6-4] OCI

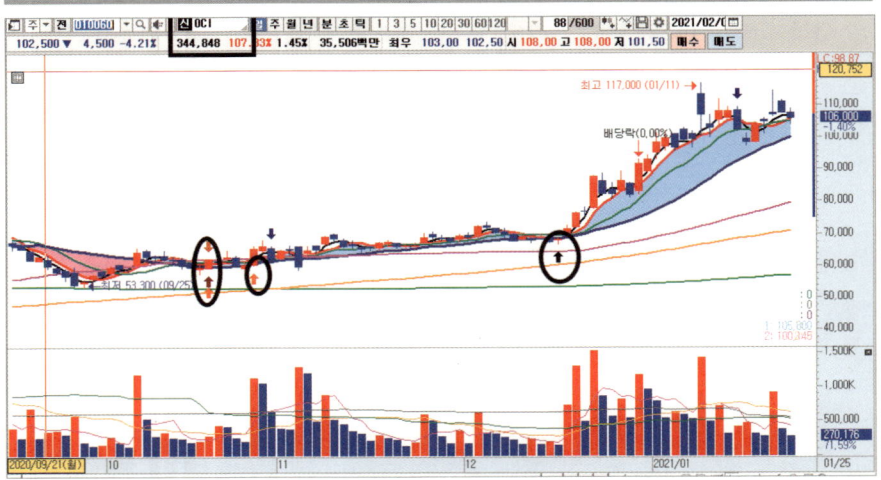

[그림 6-5] 현대차

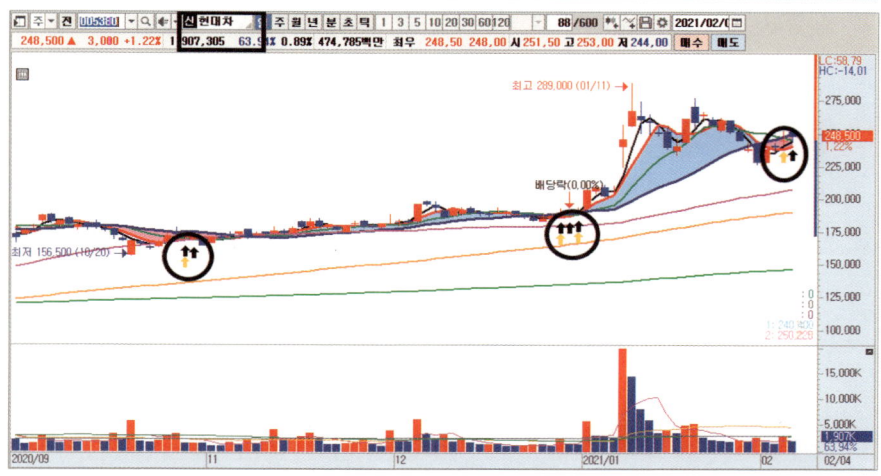

[그림 6-6] LG화학

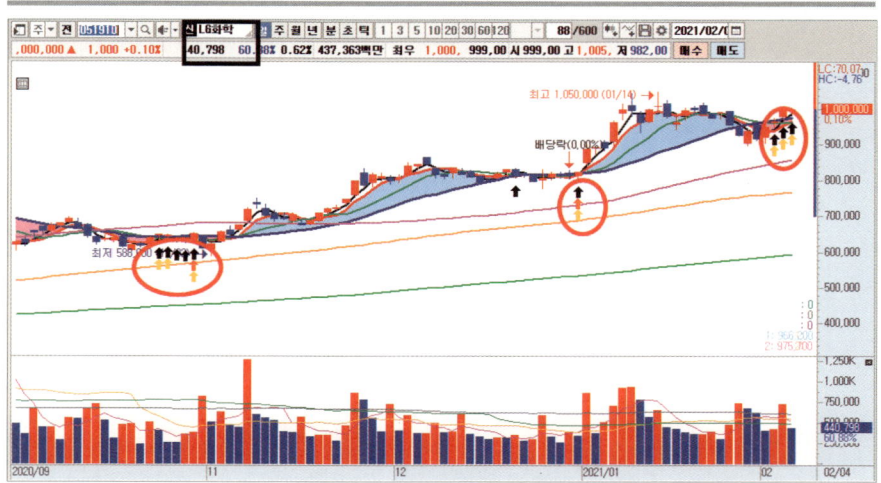

CHAPTER 6 감은숙의 돈버는 실전 매매

위의 소형주부터 대형주까지 각 차트에 화살표로 각양각색의 매수 신호가 발생한다. 종목은 다르지만 거의 모든 종목이 비슷한 자리에서 매수 급소 신호가 발생한다. 저런 포인트에서만 매수한다면 개인 투자자들은 일단 큰 리스크에서 벗어날 수 있다. 절대로 추격매수, 매수하면 안 될 자리 그 구간에서 욕심에 매수하기 때문에 수익이 적고 리스크가 큰 매매 결과를 낳는 것이다. 수익을 극대화하고 리스크를 최소화하는 가장 현명한 매매 기법을 익히자.

급등 세력 매력주
심리선(3일선)

2015년 6월 국내 증시에 큰 변화가 찾아왔다. 그동안 15%였던 상·하한가 제한폭이 30%로 늘어난 것이다. 미수 신용제도도 바뀌어 빠르게 움직이는 종목이 더 늘어나고 단기 매매 투자자들은 더 기승을 부리고 기존 온라인에서도 많이 알려진 기법들도 더 다양해졌다. 주식 차트에서 급등주가 아니더라도 5일선은 주가의 생명선과 같다. 거의 모든 매매의 첫 번째 기준을 5일선에 두며 주가가 상승하면 매수 관점에서 보고 하락하면 매도 관점에서 체크한다.

수많은 기법 중 5일선 매매만 해도 개인 투자자들은 꾸준히 수익을 낼 수 있겠지만 시대가 변했고 트렌드도 변했다. 이렇듯 중요한 5일선 안에 더 빠른 기준점이 생겼다. 앞에서 말했듯이 상·하한가 제도와 미수 신용제도가 바뀌면서 3일선의 중요성이 커졌다. 3일선을 기준으로 매수·매도 타이밍을 잡기 때문에 매매 시점이 매우 빨라지고 급등주에는 맞지만 주가의 기본 가치가 훼손되는 단점도 있다. 하지만 급등주에서는 3일선이 투자심리선 역할을 할 수밖에 없다.

[그림 6-7] 구영테크

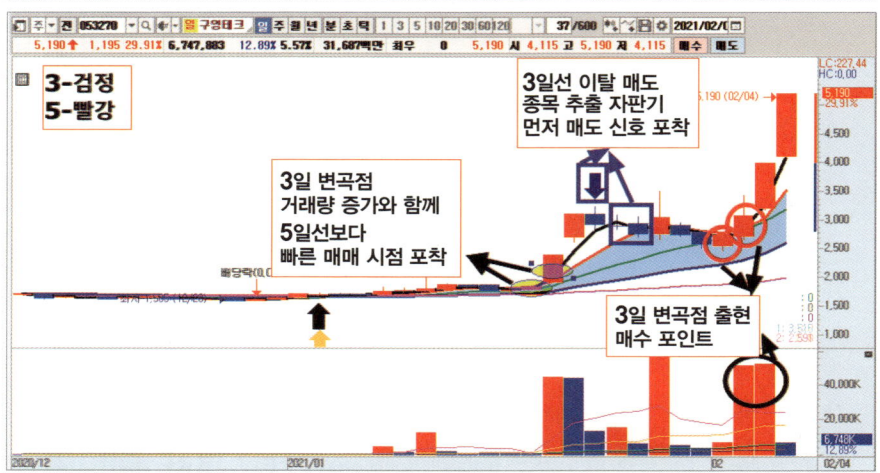

급등주가 잠시 쉬어가는 구간이나 급등 초기에 나올 수 있다. 거래량이 소폭 증가하면서 3일 이평선을 상향 돌파하는 시점에서 아래꼬리가 길지 않다면 더 좋고 단기 매매 투자자라면 급등 후 3일 이평선을 이탈할 때 매도하면 빠른 수익을 낼 수 있을 것이다.

3
급등 세력 매력주 생명선(5일선)

3일선은 급등 매력주의 심리선이면서 필자가 항상 강조하는 분할 매수 관점에서 본다면 1차 지지선이자 이탈 시에는 1차 매도 구간이다. 저점에서 매수해 오랫동안 기다렸는데 바닥 대비 약 100%만 급등한 후 단기 조정으로 3일선에서 이탈했다고 해서 올 매도하고 재차 급등한다면 수익이 났더라도 너무 억울하고 속상할 것이다. 이런 사태를 피하기 위해 필요한 것이 분할 대응 전략이다.

3일선이 급등주 심리선인 동시에 1차 지지선이라면 5일선은 생명선인 동시에 2차 지지선 역할을 한다. 밀려든 매도세에 일시적으로 3일선을 버티지 못할 수 있지만 단기적으로 대응하는 투자자가 아니더라도 5일선을 강하게 지지하려는 욕구가 있다. 강한 매도세를 5일선에서는 매수세로 버티려고 한다. 이 지지의 힘을 지켜내지 못하면 주가는 더 밀리고 3일선 이탈 때보다 더 많은 매도 물량이 출회될 수도 있다. 즉, 5일선에서 이탈할 때는 기존 보유자라면 최소 물량만 남기고 비중 축소 전략으로 대응하고 급등하던 매력주의 가속도 탄력이 떨어져 3일선과 5일선을 이탈하려고 한다면 신규 매수 관점에서 완전한 눌림목이 발생할 때까지 기다리고 앞 단원에서 배운 눌림목 구간을 익힌 후 매수에 가담해야 한다.

급등 도중 3일선 심리선이 불안하고 흔들린다면 비중 축소 전략으로 대응하고 급등 매력주가 3일선에서 이탈할 때는 5일선까지 하향 이탈하는 경우가 많으므로 보유자라면 집중하고 반드시 매도 관점에서 대응하는 것이 핵심 포인트다. 실전에서 재차 반등이 나오더라도 지나친 욕심보다 현실적으로 냉정하게 주가 수준을 판단해야 한다.

[그림 6-8] 한국비엔씨

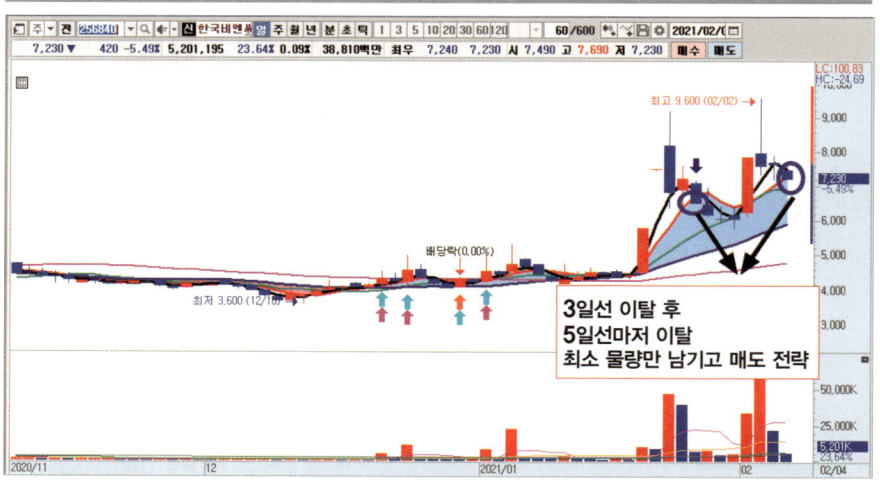

3일선 이탈 후 양봉이 나오면서 3일선이 다시 회복되는 듯한 속임 패턴이 나왔지만 다음 날 바로 5일선을 이탈했다. 두 번째 반등은 전 고점 물량과 매도 물량이 출회한 자리다. 초보자들에게는 매우 위험한 접근금지 구간이다.

4
급등 세력 매력주 지지선(10일선)

급등 세력 매력주의 1차 심리선은 3일선, 2차 지지선은 5일선, 여기까지 우리는 최소 물량만 남기고 올 매도했다. 그럼 마지막 3차 방어선은 더 디일까? 10일선이다.

가끔 개인 투자자들을 리딩하거나 무료 공개방송을 하다 보면 최종 지지선을 20일선으로 보고 20일선까지만 지지 여부를 확인하겠다는 대답이 많다. 하지만 최근 종목 차트를 보면 일단 10일선을 이탈한 급등주는 매우 강한 매수세가 없으면 십중팔구 20일선을 지지하는 것이 아니라 이탈하면서 개인 투자자들에게 마지막 손절매를 하고 포기하게 만든다. 그리고 바로 다시 20일 변곡점과 함께 주가 상승이 이루어진다. 주가가 10일선을 이탈했다면 20일선까지 기다리지 말자. 20일선은 이미 배신할 준비를 하고 있는지도 모른다.

실전 매매에서도 일단 치열한 공방 속에서 매도세와 매수세가 힘겨루기하면서 1차 심리선, 2차 생명선까지 이탈한 상태라면 이미 추세는 20일선까지 하락으로 기울 가능성이 크다. 그 사이에 있는 10일선은 급등 매력주의 마지막 데드라인이자 마지노선이라고 할 수 있다. 보유자라면 1차, 2차 심리선, 생명선까지 분할로 70~80%까지 매도로 대응한 후 10일선 데드라인을 이탈하면 올 매도 전략으로 대응한다.

[그림 6-9] 오리엔트바이오

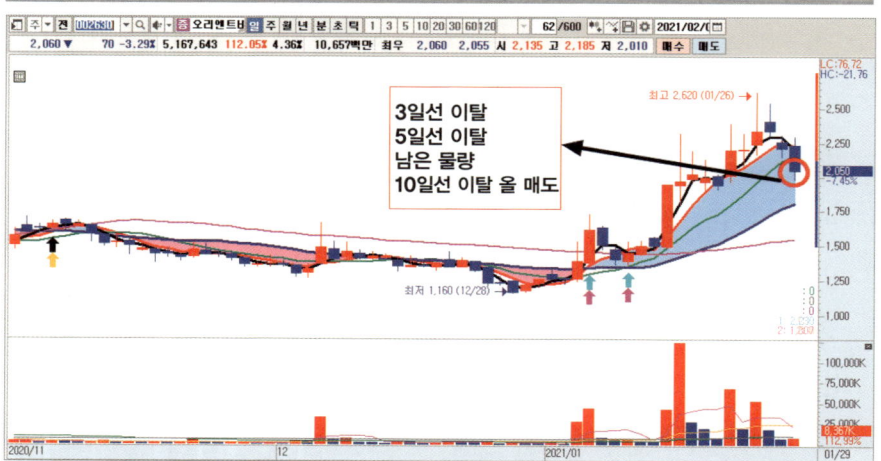

최고의 급등주 초기 매수 급소	3일선 / 5일선 이동평균선 변곡점 + 거래량 증가 + 저항선 돌파 + 갭 출현 − 금상첨화 매수 급소

급등 세력 매력주 분봉 활용

● **5분 봉 · 10분 봉 활용하기**

    장중 분봉 차트를 보고 매수하는 투자자들은 중기적 관점보다 단기적 관점의 저점 매수 포인트를 공략하는 것이다. 스윙 투자 관점이더라도 1분 봉, 20분 봉, 30분 봉을 통한 매매 기법이 필요하다. 필자는 회원들에게 분봉을 통해 매수 포인트를 선정할 때는 1분 봉을 통한 눌림목에서 분할 매수할 것을 권한다. 자신의 보유 관점에 따라 5분 봉을 이용한 단기 매매와 10분 봉, 30분 봉을 이용한 스윙매매를 교육하는데 차트를 보고 단기 매매하는 투자자라면 5분 봉, 10분 봉, 30분 봉이 가장 많이 활용된다.

    빠른 판단과 대응 전략을 구사하지 못한다면 분봉을 파악하지 못한 단타 매매와 뇌동매매는 절대로 금해야 한다. 계획성과 원칙이 없는 잦은 매매는 계좌만 멍들게 할 뿐이다. 5분 봉과 10분 봉을 이용한 매수 급소를 공부해보자.

5분 봉	5일·10일 이평선 골든크로스	20일 이평선 우상향	중형주 급 이하
	5일 이평선 변곡점		
10분 봉	5일·20일 이평선 골든크로스	20일 이평선 우상향	중형주 이상 좋음
	10일 이평선 변곡점		
5분 봉과 20일선은 심리선, 60일선은 생명선			
10분 봉과 20일선은 생명선, 60일선은 지지선			

[그림 6-10] PI첨단소재

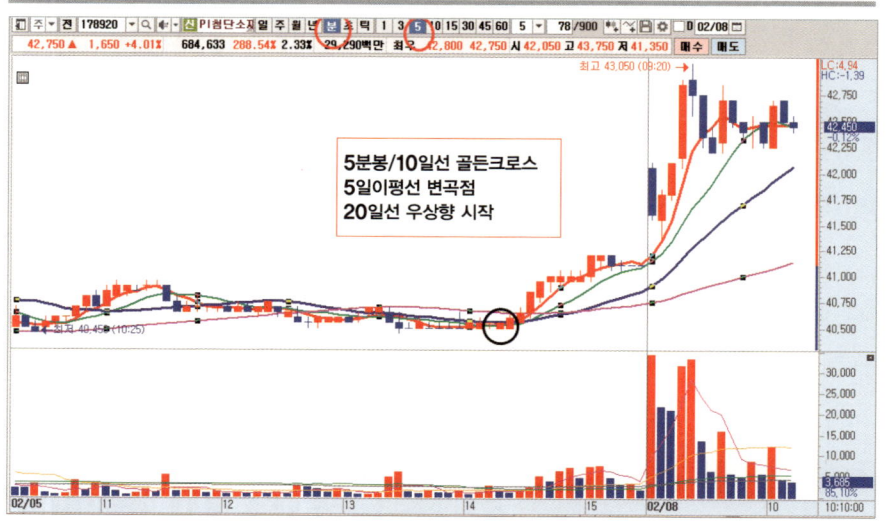

5분봉/10일선 골든크로스
5일이평선 변곡점
20일선 우상향 시작

[그림 6-11] PI첨단소재

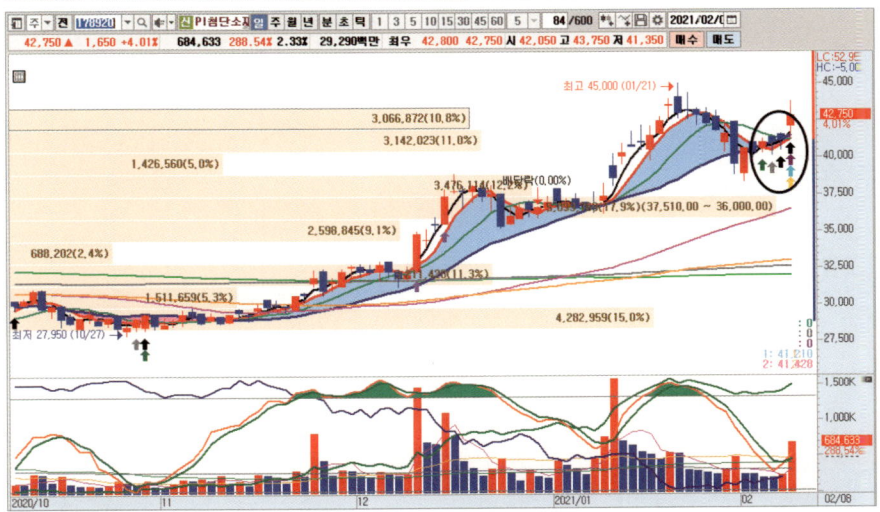

　　우량주도 종목이나 당일 시장 분위기에 따라 하루 중 크고 작은 가격 변동성이 발생한다. 아무리 적어도 2~3%, 많으면 10%가 넘을 수 있다. 중·장기 관점인데 어차피 많이 오를 종목이라면 아무 때나 사면 어떠랴? 하지만 절대로 그렇지 않다. 분봉을 반드시 확인해야 한다. 특히 스윙 투자자라면 5분 봉에서 5일선·10일선의 골든크로스 자리는 매수 급소다. PI첨단소재(178920) 주가는 며칠 동안 일봉에서 횡보하는 모습이 나왔다. 그때 개인 투자자들의 가장 적합한 매수 위치는 과연 어디일까?

　　그 매수 시점을 바로 분봉이 포착해준다. 20일선 이탈 후 4거래일 동안 주가는 횡보하고 일봉상 5일선과 20일선이 눌림목 이후 우상향 방향성을 만들어가는 시점에서 첫 번째 차트처럼 2월 5일 2시 20분 구간에서 5일선·10일선 골든크로스가 출현하고 점진적으로 거래량이 동반되었다. 매수 포인트다. 분할 매수로 접근하고 5일선 변곡점 발생과 함께 60일 이동평균선을 돌파할 때는 비중 확대 전략이다. 우량주, 중형주, 소형주 모두 저가 매수가 무난한 매수 포인트이지만 조금 빠른 전략이므로 중형주 이하에 더 적합하다.

[그림 6-12] 카카오게임즈

[그림 6-13] 카카오게임즈

카카오게임즈의 일봉 차트를 보면 음봉에 매수 급소가 전혀 나오지 않아 보이지만 일봉에서 60일선을 단기 이탈한 후 아래꼬리가 형성되었다. 개인 투자자들이 이 구간이 매수 급소인지 아닌지 판단이 되지 않을 때는 분봉을 이용하면 가장 적정한 가격대를 찾을 수 있다. 10분 봉에서 1월 29일 종가 부분의 5일선·20일선 골든크로스 매수 포인트와 10일선 변곡점 자리가 매수 포인트다. 그리고 주가는 20일선 지지를 받으며 우상향이 이어졌다.

물론 카카오게임즈라는 종목의 기업가치를 본다면 일희일비할 종목은 아니지만 변동성 장세에서 매일 시장을 보며 대응하는 투자자라면 계좌를 구분해 같은 종목도 매일 수익을 챙길 건 챙기고 중기적으로 보유할 건 보유하는 다른 계좌 전략이 필요하다. 같은 종목에서 다른 전략을 구사하는 것이다.

팁을 하나 소개하자면 좀 더 정교한 분석과 스켈핑 개념이라도 주식은 어차피 저점 매수, 고점 매도가 원칙이다. 그 논리를 더 구체적으로 적용해 1분 봉을 통한 저점 매수 후 5분 봉이나 10분 봉을 이용한 추세 매도 전략이다. 1분 봉만 보면서 매수·매도 타이밍을 잡다 보면 아무래도 높은 수익률을 내기 어렵다. 1분 봉에서 5일선·20일선 우상향 종목을 매수해 5분 봉에서 종가상 음봉이고 10일선을 이탈할 때 매도한다면 상한가까지도 공략할 수 있다.

매도와 리스크 관리

홀로서기 외봉 매도

위지트(036090)는 600원대 저점에서 1,500원대까지 급등했다. 상승하는 위치에서 상한가를 두 번 반복하며 급등했지만 2일 후 고점에서 십자형 캔들과 함께 음봉 이후 추세 전환인 듯 다시 재상승의 희망을 주었지만 결국 다음 날 급등한 후 위꼬리와 함께 대량거래가 출현하면서 음봉 캔들로 마감되었다. 차트의 1번 자리다. 1번 구간은 개인 투자자들에게는 무조건 매도할 자리다. 일단 가장 많은 거래량과 음봉이라는 의미에서 매도할 자리가 맞다.

고점에서의 위꼬리는 불안한 투자자들의 매도 심리이며 추가적인 대기 매수세도 부재 중인 구간이다. 12월 1일 상승 음봉인 2번 구간은 더더욱 강한 매도 구간이며 1번에서 매도하지 못한 물량의 차익실현과 보합에 매도하려는 심리들이다. 1번 거래량보다 더 많은 거래가 출회하지 못해 이후 주가는 급락할 수밖에 없다. 바로 저점에서 급등 후 홀로서기 외봉 매도 전략이다. 단기 저점 대비 약 100%의 시세가 약한 급등주의 경우, 십중팔구 외봉에서 하락하며 그 외 한두 종목만 2차 시세를 내고 급등한다.

개인 투자자들은 매수보다 매도를 더 어려워하지만 저점에서 매수했다면 너무 큰 욕심을 내지 말고 중·장기 관점의 종목이 아니라면 적당한 구간에서 수익을 내고 매도하는 것도 단기 투자 관점에서 좋아 보인다. 일주일 만에 100% 이상의 수익을 실현했다면 매우 훌륭한 전과다. 필자가 항상 강조했듯이 중·장기 매매 계좌와 단기 매매 계좌를 따로 관리하면서 소액이라도 그런 높은 수익률을 낼 수 있다면 굳이 고점에서 매도하려고 욕심내지 않더라도 저점 매수 기법만 습득한다면 매도를 그리 고민할 필요가 없다. 내가 매매할 때의 문제는 항상 욕심이 앞선 뇌동 매매인 것이다.

[그림 6-14] 위지트

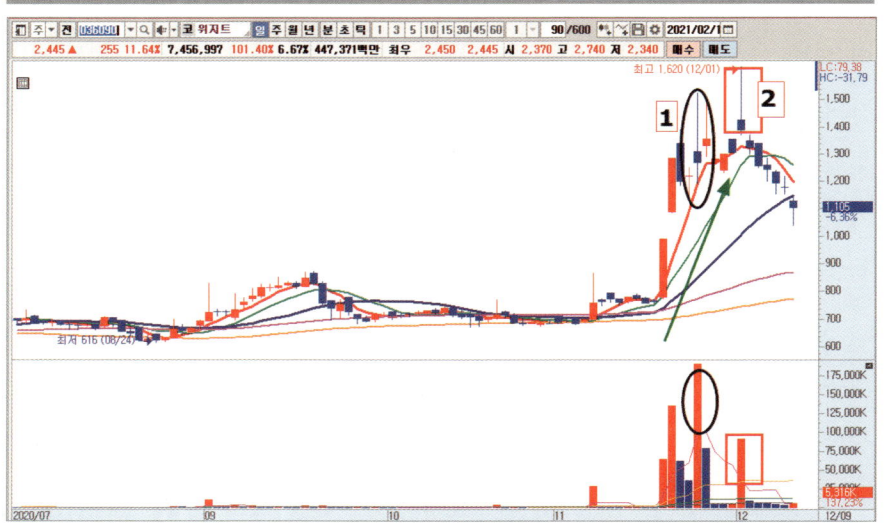

[그림 6-15] 외봉 예시

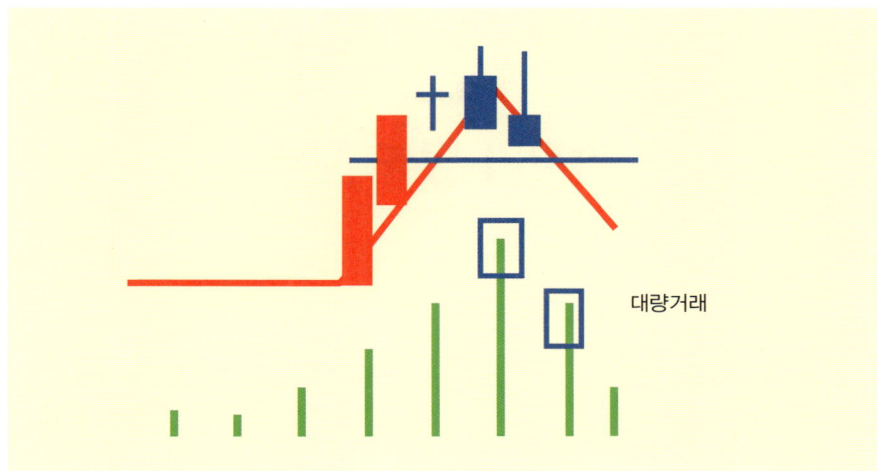
대량거래

2
짝짓기 쌍봉 매도

쌍봉 매도는 앞에서 설명한 외봉 고점 매도와 달리 소형주보다 중형주나 가격대가 좀 있거나 추세 움직임에 의해 매도 타이밍이 포착되는 경우가 많다. 급등주에서 출현하기보다 저점에서부터 우상향하면서 상승을 이어가다가 한 정점에서 상승 탄력이 부족하거나 대기 매수세가 부족할 때 이런 매도 전략을 활용할 수 있다. 힘을 계속 비축해가면서 우상향하다가 고점에서 차익실현 물량이 나오면서 대기 매수세가 부족하고 주가가 전 고점을 돌파하지 못하거나 전 고점을 돌파하더라도 음봉 위꼬리 테스트 과정이 있지만 결국 대기 매수세 부족으로 급락하며 1차 고점 이후 조정구간의 저점에서 이탈하게 된다. 이 구간이 최종 매도 구간이지만 사실 여기까지 보유할 필요는 없다. 그 전에 매도하고 오히려 저점 이탈 후 반등 구간을 공략하는 것이 더 현명한 전략이다.

태웅로직스(124560)는 20일선이 우상향하면서 상승 추세를 만들었는데

11월 초 20일선 눌림목에서 1번 고점까지 거래량과 함께 급등세가 나왔다. 그리고 N자형 하락으로 2번 20일선 부근까지 거래량 없이 조정을 받은 후 3번까지 반등이 나온 자리에서의 거래량을 보면 이 종목을 매도할 준비를 해야 한다는 것을 알 수 있다. 전 고점 1번을 돌파하면서 3번 탄력에서 거래량이 부족한 가운데 주가 상승이 이루어졌는데 이것은 추가적인 탄력을 받기는 부담스럽고 고점에서 여차하면 1번의 대기 매물과 2번의 저점 매물이 차익실현으로 출회할 수 있는 자리다.

개인 투자자들의 매도 자리는 3번 고점 이후 동그라미 친 음봉 위꼬리다. 거래량도 동반되면서 최고점을 갱신했지만 역부족으로 이전 물량의 차익실현이 나오고 주가는 4번 지점에서 2번 지점의 저점까지 이탈해 상승 추세가 무너졌다. 전 물량 매도할 구간이다.

쌍봉 매도 신호의 특징
- 1번 상승 시 대량거래량 수반
- 2번 하락 시 거래량 감소
- 3번 상승 시 1번보다 적은 거래량 수반
- 4번 하락 시 고점에서 매도 물량 출회, 급락 후 거래량 급감

[그림 6-16] 태웅로직스

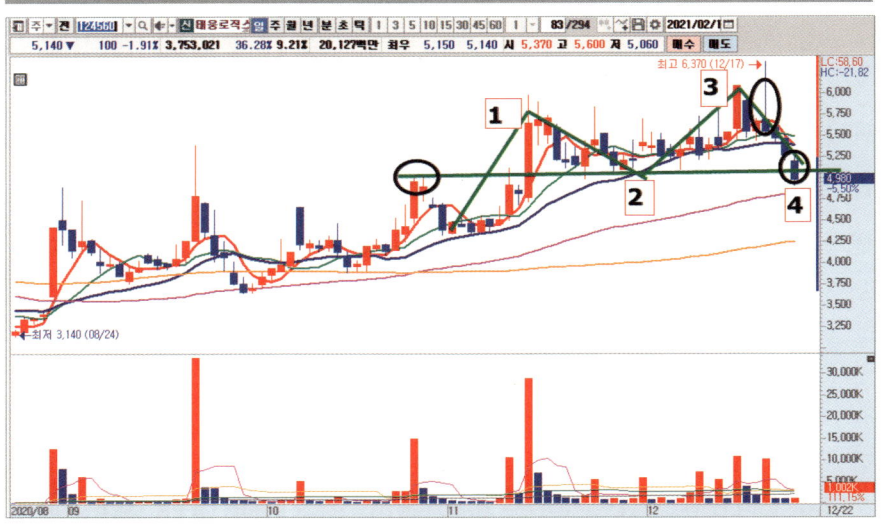

[그림 6-17] 쌍봉 예시

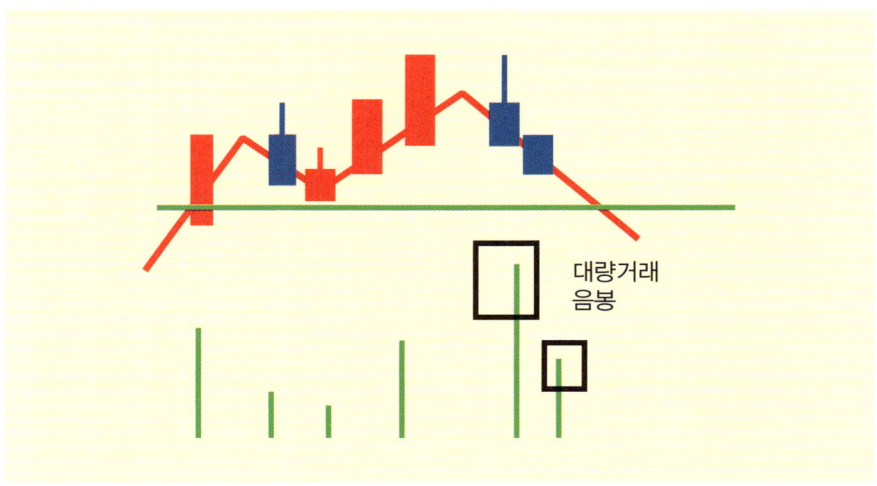

3
삼각관계 삼봉 매도

삼각관계 삼봉은 앞에서 설명한 짝짓기 쌍봉 매도의 연장선으로 볼 수 있다. 쌍봉의 두 번째 고점이 전 고점보다 높거나 돌파하지 못하면 매도 시점이고 높다고 하더라도 조정 자리가 첫 번째 상승 후 눌림목 구간을 지지하지 못한다면 매도 구간인데 삼각관계의 삼봉 매도는 헤드앤숄더 펜던이라고도 한다. 3개의 봉우리로 되어 있으며 하락과 상승이 3번의 파동으로 나타나고 3개의 봉우리 중 가운데 고점 봉우리에서 가장 높은 가격대가 형성되며 첫 번째와 세 번째는 비슷한 가격대의 봉우리를 형성한다. 주식 용어에서 봉우리의 고점을 머리(Head), 왼쪽 봉우리의 고점을 왼쪽 어깨(Left Shoulder), 오른쪽 봉우리의 고점을 오른쪽 어깨(Right Shoulder)라고 한다. 필자는 이것을 삼중 고점, 삼봉이라고 교육한다.

케이엠더블유(032500)는 지속적인 상승 패턴에서 고점을 포착해 매도하기가 정말 어려운 패턴이다. 실적도 좋고 기업 내용도 좋고 성장성과 시장의 주도주 역할을 해온 종목이다. 1번 상승 시 첫 거래량이 동반되며 주가 상승을 보이고 1번 고점에서 거래량이 출회한 후 하락하고 2번까지의 상승 파동에서는 1번보다 다소 적은 거래량이 나왔다. 반면, 고점에서는 음봉이 출현하면서 매도 물량이 출회하고 주가는 다시 하락했지만 오히려 1번 하락의 저점은 지지해주지만 하락 파동은 더 긴 시간 동안 하락하는 흐름이다. 다시 3번까지 상승이지만 주가는 탄력을 잃고 급감한 거래량으로 20일 선 저항선을 돌파하지 못한 흐름이다.

삼각관계 삼봉 매도의 특징
- 1번 상승 시 대량거래 수반
- 고점에서 단기 조정이나 거래량 감소, 추세선 지지
- 2번 상승 시 거래량이 1번보다 다소 감소
- 고점 이후 매도 물량 출회, 잦은 음봉과 주가 하락, 1번 상승 후 눌림목 지지
- 3번 상승 시 현저히 줄어든 거래량과 1번의 고점과 거의 비슷하거나 더 낮은 경우가 많다.

[그림 6-18] 케이엠더블유

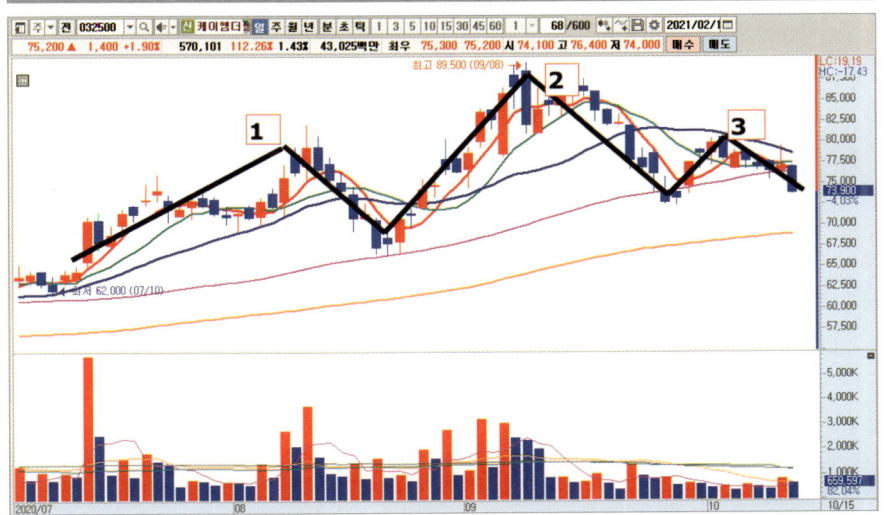

[그림 6-19] 삼봉 예시

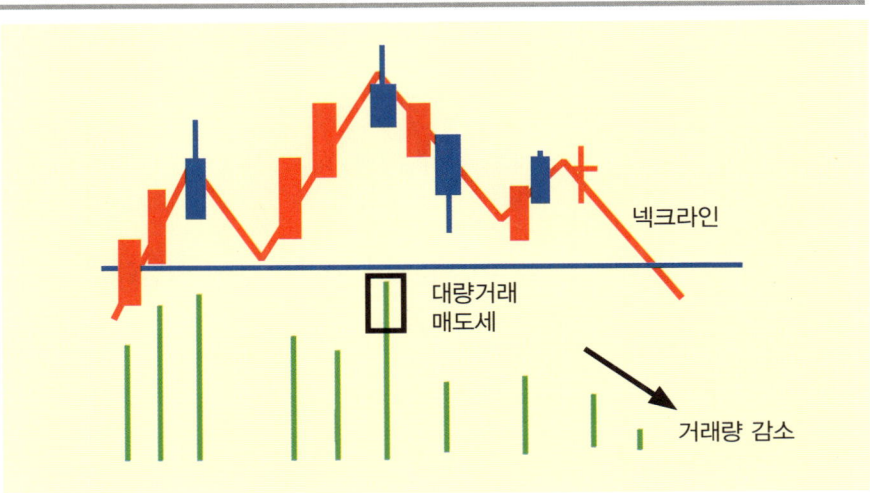

299
CHAPTER 6 감은숙의 돈버는 실전 매매

4
캔들과 이평선 매도

- 캔들 매도

　단순히 캔들만으로 매도 시점을 정하는 것은 다소 무리가 있다. 캔들은 세력이나 기관, 외인들의 눈속임이나 고의로 왜곡된 흐름으로 개인 투자자들을 불안하게 만들고 매도 욕구를 유도할 수 있기 때문이다. 캔들 하나의 흐름보다 최근 전후의 캔들 모양과 거래량, 주가의 위치를 함께 파악하는 것이 더 중요하지만 주가의 고점이나 저점에서 캔들을 통해 매도 기준을 잡는다면 고점 구간에서는 전 고점의 위꼬리 또는 종가를 돌파하지 못한 음봉이 출현할 때가 매도할 시점이며 저점에서는 최근 저점의 아래꼬리나 종가를 이탈하는 음봉이 출현할 때가 매도할 시점이다. 즉, 저항선과 지지선이라고 할 수 있다.

[그림 6-20] SBI인베스트먼트

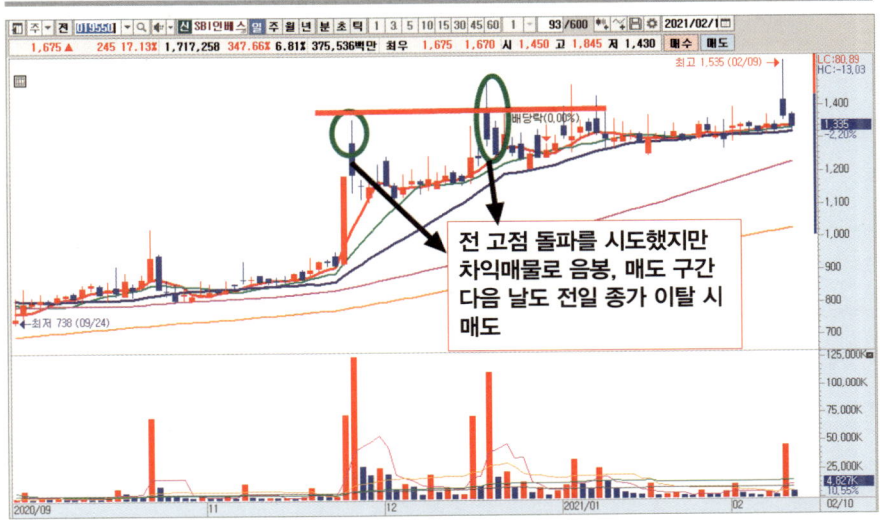

- 이평선 매도 급등주

이평선의 매도 시점은 오히려 캔들보다 좀 더 현실적인 매도 구간에 접근할 수 있는 매도 전략이다. 급등주의 경우라면 5일선 이탈 시 50% 매도, 10일선 이탈 시 100% 매도한 후 20일선 지지 여부를 체크한 후 눌림목을 공략하는 것이 가장 빠른 대응 전략이다. 가끔 3일선 대응도 하지만 저가 매수자라면 5일선과 10일선 대응이 바람직하며 매수가가 부담스럽다면 종가 음봉 기준으로 3일선 이탈 시 30% 매도, 5일선 이탈 시 전체 중의 70~80% 매도, 10일선 이탈 시 올 매도 전략이 가장 현실적이고 바람직하다.

[그림 6-21] 아주IB투자

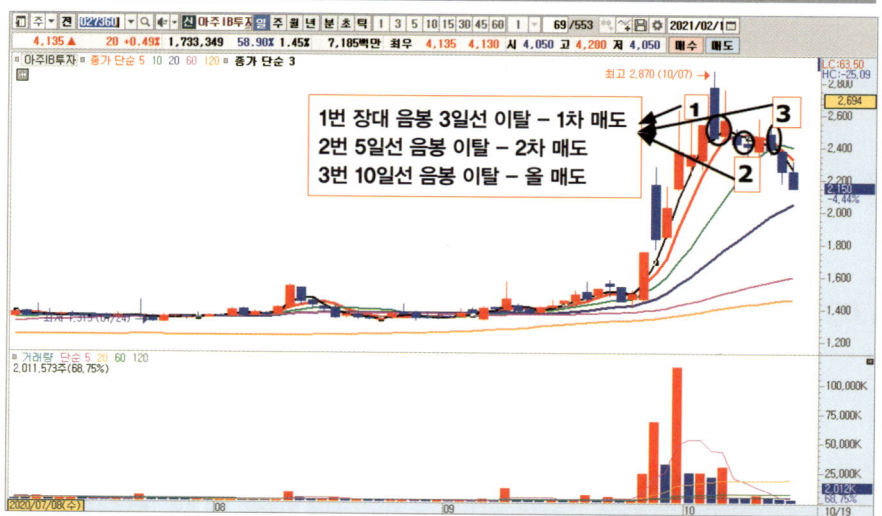

아주IB투자는 단기 저점인 1,300원대에서 2,870원까지 100% 이상 급등했다. 첫 상한가 이후 음봉이 나왔지만 3일선을 이탈하지 않았고 주가는 3일 이동평균선을 타고 더 많은 거래량이 수반되면서 급등했다. 1번 자리 10월 7일 고점에서 장대 음봉과 함께 3일선을 이탈하는 캔들은 1차 매도 구간이다. 이후 양봉이 나왔지만 위꼬리가 동반되면서 고점 차익매도가 함께 나오고 다음 날 2번 자리 5일선을 이탈하는 음봉이 출현했다. 2차 매도 비중 축소 구간이다. 이틀 후 5일선을 다시 회복하는 양봉이지만 역시 속임수 양봉이며 3번 자리 10일선을 이탈하는 음봉이 출현했다. 올 매도하고 현금화로 대응할 자리다.

- 이평선 매도 대형주

급등주가 아닌 대시세 종목이나 대형주라면 좀 더 여유 있는 대응 전략이 바람직하다. 대형주에 투자할 때는 기업의 미래가치와 성장성, 실적 등 모든 요소를 감안해 투자하는데 단순히 이평선과 캔들에 연연해 매도하기보다 기관과 외국인의 수급이나 경제 흐름, 경기 지표를 통한 대응 전략이 냉철한 전략이 될 수 있다. 하지만 대형주도 기술적 분석에서 분명히 지지선과 저항선이 있으며 그 구간을 이탈한다면 주가는 탄력을 잃게 된다.

2020년 테슬라 주가가 천정부지로 오르면서 LG화학 주가는 8개월 만에 400%나 급등했다. 이런 대형주를 위의 급등주, 소형주처럼 대응했다면 절대로 400%라는 수익을 내지 못했을 것이다. LG화학은 1번 자리 8월 27일 최고가를 갱신했지만 갱신하면서 음봉으로 마무리되었다면 일단 1차 비중 축소 전략으로 갔어야 한다. 고점에 대한 불안감으로 차익매도 물량이 출회했다는 증거다. 2번 10일선과 20일선을 이탈하는 LG화학처럼 동시에 이탈하는 경우도 있지만 따로 이탈하는 경우도 있는데 각 이평선을 이탈할 때마다 분할, 비중 축소 전략이 바람직하다. 3번 60일 이평선을 음봉으로 이탈할 때는 올 매도 전략이다. 60일 이평선은 실적선이라고도 하는데 물론 60일 이평선이 하향곡선을 그리지만 않는다면 다시 60일선이 회복되는 구간이 재매수할 구간이지만 만약 60일선이 횡보 또는 하락 추세로 전환된다면 그 종목은 실적에 문제가 있거나 당분간 전체적인 시장 흐름의 조정이 예상되므로 보수적 관점에서 접근하는 것이 좋다.

[그림 6-22] LG화학

5
거래량 매도

거래량으로 매도 자리를 포착하는 것은 필자가 이 책을 쓰면서 가장 강조한 부분일 것이다. 하지만 거래량도 단순히 거래량 지표 하나만으로 매도 타이밍을 포착하기란 쉽지 않다. 캔들이나 이평선을 반드시 함께 살펴보아야 더 정확한 매도 구간을 잡을 수 있다. 주가의 바닥권에서 대량거래나 점진적인 거래량 증가와 주가의 전 저점 지지가 나타난다면 적극적인 매수 구간이다. 그렇다면 반대로 매도는 어떠할까? 역으로 생각하면 쉬울 것 같다. 단기 급등한 종목이나 대시세를 보이면 오랜 시간 동안 상승했던 종목이 고점에서 대량거래가 터지고 그 캔들이 음봉이라면 그 자리는 그동안 저점에서 매수했거나 보유한 투자자들이 차익을 실현하는 자리다. 가끔 이렇게 고점에서 거래량을 동반한 음봉이 나타난 하루 이틀 후 2차 급등이 나올 때가 있다. 반드시 수반되어야 할 조건은 2차 급등 때 더 많은 거래량이 동반되거나 상승 갭이 출현하는 것이다. 이렇게 강한 수급이 동반되지 않는다면 주가는 하락 추세로 반전할 가능성이 크다.

티에이치엔은 저점 2,500원에서 단기 급등으로 4,380원까지 상승한 후 첫 상한가가 형성되었지만 다음 날 갭 상승한 후 최고가를 음봉으로 형성하고 전일 상한가보다 더 많은 거래량이 나오면서 장대 음봉으로 마감했다. 캔들에서도 이미 매도 자리가 포착되었지만 거래량도 고점에서 대량거래가 수반되었고 갭 상승 후 시가를 지지하지 못하고 당일 아침 9시 30분 무렵의 거래량×6~7배로 계산해 전일 상한가 거래량보다 많을 것으로 예상된다면 시가를 이탈할 때 가장 정확하고 빠른 매도 구간이다.

[그림 6-23] 티에이치엔

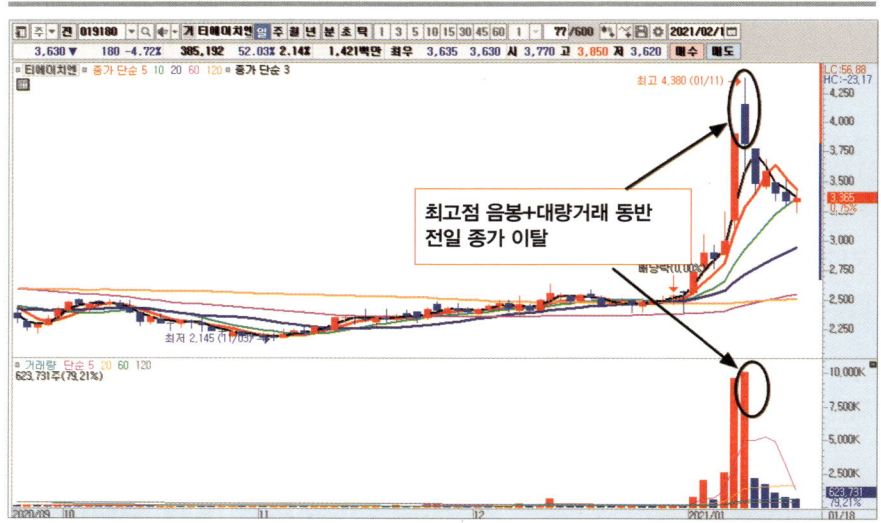

이 책은 2020년 코로나 사태 속에서 주식시장에 처음 입문한 주린이인 주식 초보 투자자들이 처음 접하는 기본적인 주식 용어부터 기본적인 기술적 분석과 기본적 분석을 토대로 차트의 각 지표를 통한 매수·매도의 급소를 소개하고 좀 더 성장해가면서 대시세 명품주와 세력 매집주에 대한

매매 기법 등을 다루었다. 주식은 저점에서 싸게 사 고점에서 비싸게 파는 절대원칙만 지킨다면 수익이 날 수밖에 없다는 것을 설명하고 그 기법을 소개했다. 내용 중에 추가 내용에 대한 궁금증이나 추가적인 공부를 원한다면 다음 사이트에 접속해 필자와 함께 힘든 주식시장에서 무궁무진한 수익을 내는 기법을 공부할 수 있다.

- 한국경제TV 와우넷(http://www.wownet.co.kr/)
- 한국경제TV 와우넷 밴드(모바일) (https://band.wownet.co.kr/partners/0016)
- 네이버 밴드 차트 여신 감은숙(band.us/@stockhacker) '
- 카카오톡 플러스 친구 등록 감은숙

EPILOGUE

　2021년 4월 기준으로 뉴욕 3대 지수 중 다우존스 지수와 S&P(Standard& Poor's) 지수는 사상 최고가를 연일 갱신 중이다. 국내 증시도 코스피는 종가 기준 전고점 직전이며 코스닥은 연일 신고가를 갱신 중이다. 이 책을 손에 들고 있는 당신의 이 시간 지수는 어느 위치인가? 우리는 날마다 증시의 변동성 안에서 지수 흐름과 주가 급등락에 파묻혀 항상 근거리 주가에 익숙한 단거리 육상선수처럼 달리고 있지는 않은가?

　주식을 하면서 많은 사람을 접한다. 주식 전문가라고 하면 많은 사람이 친해지려고 하거나 뭔가 돈 될 만한 것을 생각한다. 내게는 정말 감사한 일이다. 사람을 만나거나 전문가 방송 리딩을 하다 보면 사람들의 성향과 특성을 더 빨리 파악하게 된다. 주식은 마인드 컨트롤이 매우 중요하므로 가장 구분하기 쉬운 예로 모든 면에 긍정적인 사람과 부정적인 사람으로 나눌 수 있다. 결론적으로 긍정적인 마인드 소유자가 주식투자가 행복하고 즐겁게 수익을 내는 모습을 종종 본다. 종목을 매수하고 나서도 좌불안석, 전전긍긍, 시시각각 잔고와 호가창을 쳐다보는 것은 진정한 투자자의 모습이 아니다. 위에 언급한 단거리 경주에 익숙한 투자자일 것이다. 좋은 종목을 좋은 가격에 매수했다면 조금은 여유롭게 긍정적인 사고로 바라보자. 그렇게 불안하다면 아예 주식을 하지 말자. 차라리 강원도로 가자. 그리고 베팅하자. 돈은 벌고 싶고 한탕 하고 싶고 빨리 일확천금을 맛보고 싶은데 손실은 무섭고 수익이 난 종목도 들고 가기 겁나고 공부는 하기 싫고 다른 사람 수익 나는 건 부럽고 매번 자포자기하고 결국 손절. 내가 팔면 오르고 결국 악순환의 반복.

사실 오늘날처럼 인터넷 발달과 정보의 방대함, 접근성을 보고 있노라면 현대 주식시장에서 주식을 계속 보유하려면 상당한 배짱과 인내, 불굴의 의지와 용기가 필요하다. 어쩌면 개인의 기질도 필요하다. 그 기질이란 무엇인가? 건전하고 건강한 투자 원칙을 고수할 수 있는 인내와 감정조절이다. 성격이나 기질이 투자 특히 주식투자와 안 맞는다면 펀드나 부동산투자 또는 다른 투자자에게 예금을 맡기는 것이 나을지도 모른다. 물론 그 과정도 익혀 나가는 것이 주식투자의 가장 어려운 숙제라고 할 수 있다. 한 번의 과정으로 완성되지도 않는다. 인간은 망각의 동물이다. 그러므로 처음 가졌던 초심, 방향을 잃지 않도록 주기적으로 체크하고 되돌아보며 경계해야 한다. 항상 말하지만 진리는 누구나 알고 있다. 그 실천이 어렵고 실천이야말로 승패를 좌우한다. 항상 시장을 두려워하고 경계하자. 공포에 질리지 말고 용기를 내자. 기다림에 익숙해지자. 빚내 투자하지 말자. 절대로 달걀을 한 바구니에 담지 말자. 주식은 살아 있는 생물이다. 변동성에 위축되지 말자. 매도하지만 않으면 수익도 손실도 아니다. 진행 중일 뿐이다. 종목을 사는 것이 아니라 가격을 사는 것이다. 주식의 때를 사자. 거래량은 시세의 실체이고 주가는 그것의 그림자일 뿐이다. 그림자에 속지 말자. 모두 주식 격언들이다. 격언의 골자는 결국 각자의 심리 싸움이다.

코로나19로 인해 주식시장이 활성화되고 많은 사람의 관심이 커지면서 매스컴에도 주식 프로가 많이 생겼다. 공중파 방송부터 케이블방송, 신문, 잡지, 검증되지도 않은 리딩 방 등 정말 많이 생겼다. 개미투자자부터 슈퍼개미가 된 사연, 대박 수익 사연 그 와중에 필자는 2007년 SBS 스페셜 '쩐의 전쟁' 출연 이후 개인투자자에서 대한민국 최고 경제방송 '한국경제TV 와우넷'에서 베스트 파트너로 활동하고 있으니 세간의 관심사였던 것 같다. '여성동아'를 비롯해 여러 매체의 인터뷰와 촬영이 있었다. 주식으로 성공한 인생, 과연 성공이란 무엇일까? 사전적 의미로 성공(成功)은 '목적한 바를 이루는 것'이다. 필자는 주식에 처음 입문하면서 첫째, 부자가 되는 것, 돈을 많이 버는 것, 둘째, 전문가가 되는 것, 셋째, 한국경제TV 와우넷 전문가로 런칭하는 것, 넷째, 한국경제에서 베스트 파트너가 되는 것, 다섯째, 내 명의의 집을 사는 것, 여섯째, 내 주식 저서를 집필하는 것 이 6가지 목적을 모두 이루었고 현재도 진행 중이다. 돈이란 바닷물과 같아 마시면 마실수록 갈증이 난다고 생각한다. 그러므로 주식도 지속적인 욕심이 동반된다. 그런데 어느 날 내 목표가 바뀌기 시작했다. 돈을 쫓아가지 말자. 돈이 따라오게 하자.

첫째, 진심이 통하는 진정한 전문가가 되자.

둘째, 개인투자자의 마음을 힘들게 하지 말자.

셋째, 항상 노력하고 공부하고 아는 종목을 리딩하자.

넷째, 내 재산보다 회원들의 자산을 더 소중히 여기자.

다섯째, 많이 교육하고 지적 재능 기부에 앞장서자.

여섯째, 돈보다는 명예다. 이름에 부끄러운 일을 하지 말자.

일곱째, 가슴으로 리딩하고 머리로 결단하자.

나의 이 새로운 목표는 어쩌면 처음 전문가라는 직업에 입문하면서 삶에 찌들고 경제적 어려움 때문에 물질적인 것만 목표로 삼았던 내 이면에 자리잡은 내 진심이었다고 생각해본다. 아마도 그래서 위의 목표를 이루어 가고 있을 것이다. 대한민국의 주식문화가 건전하고 건강한 재테크 수단이 되는 그날까지 나는 항상 달릴 것이고 나의 인생 곡선은 아직도 우상향 중이다.

"The curve of my life is still upwards."

이 책을 읽는 수많은 개인투자자의 행복지수도 주식투자를 통해 우상향되길 간절히 소망한다.

"We are the Best!"